本教材系山东大学教育教学改革项目资助成果

旅游文化赏析
——与风景对话（第二版）

2nd edition

Appreciation of Tourism Culture

王素洁 程卫红 编著

北京大学出版社
PEKING UNIVERSITY PRESS

图书在版编目(CIP)数据

旅游文化赏析:与风景对话/王素洁,程卫红编著. —2版. —北京:北京大学出版社,2023.5
21世纪经济与管理规划教材. 旅游管理系列
ISBN 978-7-301-33949-7

Ⅰ. ①旅… Ⅱ. ①王… ②程… Ⅲ. ①旅游文化—高等学校—教材 Ⅳ. ①F590-05

中国国家版本馆CIP数据核字(2023)第068106号

书　　　名	旅游文化赏析——与风景对话(第二版) LÜYOU WENHUA SHANGXI ——YU FENGJING DUIHUA(DI-ER BAN)
著作责任者	王素洁　程卫红　编著
责 任 编 辑	刘冬寒　闫格格
标 准 书 号	ISBN 978-7-301-33949-7
出 版 发 行	北京大学出版社
地　　　址	北京市海淀区成府路205号　100871
网　　　址	http://www.pup.cn
微信公众号	北京大学经管书苑（pupembook）
电 子 信 箱	em@pup.cn
电　　　话	邮购部 010-62752015　发行部 010-62750672　编辑部 010-62752926
印 　刷 　者	北京鑫海金澳胶印有限公司
经 销 者	新华书店
	787毫米×1092毫米　16开本　14.75印张　350千字 2023年3月第1版 2023年5月第2版　2023年5月第1次印刷
定　　　价	42.00元

未经许可，不得以任何方式复制或抄袭本书之部分或全部内容。
版权所有，侵权必究
举报电话：010-62752024　电子信箱：fd@pup.pku.edu.cn
图书如有印装质量问题，请与出版部联系，电话：010-62756370

前 言

美无处不在，只是需要发现美的眼睛与心灵。发现美并不难，只是需要主体与所欣赏景观之间的沟通，即欣赏者与风景之间的"对话"。然而，对话不仅需要双方语言互通，还需要彼此理解对方的语意。在欣赏过程中，如果欣赏者面对自然、人文景观，却完全不懂所要欣赏的旅游景观的"语言"，欣赏也就无从谈起。何为旅游景观的语言？即有关景观文化以及景观美学方面的知识和素养。

自2013年《中外旅游文化赏析——与风景对话》出版以来，旅游学科所处的时代背景发生了诸多的变化。首先，党的二十大报告为新时代美育教材优化立柱架梁，指明了完善方向。党的二十大报告提出的坚定文化自信，以及"深化文明交流互鉴，推动中华文化更好走向世界""推动构建人类命运共同体"的重要思想，为新时代美育教材的修订锚定了目标。其次，中国共产党第十八次全国代表大会以来，中共中央办公厅、国务院办公厅印发的《关于全面加强和改进新时代学校美育工作的意见》等文件，强调美育旨在提升学生的审美和人文素养，引领学生树立积极向上的审美观念。这要求美育教材应弘扬中华美育精神，以美育人，激发审美创新。最后，科学技术的迅猛发展，既为美的展现提供了新的方法与手段，也丰富了美的内涵与外延。因此，在美育教材中体现科技人文的互融互通，既是时代之需，也是现实之为。为适应新时代对美育教材提出的上述要求，本教材对相关内容进行了适时更新，以使读者既能较全面了解景观审美的知识框架，又能培育发现美、感受美、创造美的能力，还能在教材的引导下开展实践活动，通过体验式教学，启发学生自我建构知识、创造美。

本教材主要在以下方面进行了修改和完善：

第一，强化价值塑造，弘扬中华美育精神。此次修订在许多章节中增加了中华美学精神的内容，将中华美学的种子播撒在读者的心田里，让中华文化之美照亮中华民族伟大复兴的征程。例如，在自然景观文化赏析章节中，增加了中国绘画中的自然景观，引导读者突破景观赏析的皮相之美，领悟并传承景观的精神之美。在园林景观文化赏析章节的习题中,要求以文献中的寿山艮岳为原型,设计一款具有知识性、趣味性与互动性的网络游戏,以传承、创新优秀的中华古典园林文化。

第二,体现从"各美其美"到"美美与共"的世界美学共同体意识。本次修订从中外视角对景观之美进行了解析,以构建读者学贯中西的视野,并引导读者将世界不同景观中的优秀文化进行比较,同时能用国际话语讲好中国景观中的艺术之美,让中国之美走向世界,影响世界。例如,在园林景观文化赏析章节中,既阐释了中国古典园林的意境之美,又探索了西方古典园林的理性之美,二者虽然风格迥异,但各美其美,美美与共。

第三,强化美育中的实践教学环节,打造智慧化教材。本版教材设置的课后习题由原来的侧重知识考查,过渡为强调能力培养与艺术创新相结合。某些章节的课后习题还提供了山东大学学生作品(以二维码形式展示),从而为使用该教材的授课教师考核、评价学生提供了参考。此外,本版教材配备教学视频链接,为教材的使用提供了便利。

本教材作为一本通识教育书,目的即向读者介绍景观文化,阐释旅游审美知识,与读者一起与风景"对话"。本教材以国内外常见自然、人文景观的文化意蕴与美学特点为研究对象,因其内容之博大,很难做到面面俱到,因此,本书采取专题的形式,每个专题代表了景观的不同类别,结合典型景观的文化分析与美学欣赏实例,引导读者了解景观文化和景观审美的精髓。

在内容上,本教材设置了四个板块:

第一板块是对与风景"对话"的整体介绍,主要是绪论部分,力图使读者建立一个对旅游与旅游审美、旅游文化的总体印象。

第二板块是对旅游景观审美系统的具体介绍,包括旅游景观、旅游景观审美系统和培育主体的审美潜能。

第三板块是对自然景观文化与自然景观审美的研究,包括自然景观的类型、自然美、自然景观赏析的基本方法、艺术中的自然景观等。

第四板块是对人文景观文化意蕴与美学特征的剖析,包括建筑景观文化与审美、园林景观文化与审美、聚落景观文化与审美、饮食文化与审美。

这四大板块力求紧密配合,环环相扣,从不同的角度为读者展现景观文化和景观审美的博大精深。

本教材撰写工作的具体分工如下:绪论(山东大学王素洁),第一章(青岛海洋大学段若曦、王素洁),第二章(第一、第二节段若曦,第三、第四节王素洁),第三章(山东大学谷健辉、王素洁),第四章(王素洁),第五章(谷健辉、王素洁),第六章(济南大学程卫红、王素洁),第七章(程卫红、段若曦)。由王素洁负责最后的修改与定稿。

在本教材的编著过程中,我们得到了许多帮助:山东大学教学改革项目为本教材提供了资助;在素材的积累与书稿的撰写中,许多学生给予了有益的意见、建议和反馈;本教材也凝结了编者家人们的关爱和支持,在此向他们表示感谢。

鉴于我们的能力所限,教材中可能会存在诸多不足之处,敬请读者批评指正。

编者

2023年1月

目　录

绪　论　与风景对话 ………………………………………………………… 1

第一章　旅游景观审美系统 ………………………………………………… 5
　第一节　审美视野下的旅游景观 ………………………………………… 6
　第二节　景观审美关系中的主体认识 …………………………………… 12
　第三节　人景互动之境 …………………………………………………… 16

第二章　自然景观文化赏析 ………………………………………………… 20
　第一节　自然景观概述 …………………………………………………… 21
　第二节　自然景观美 ……………………………………………………… 26
　第三节　自然景观审美的方法与能力培养 ……………………………… 34
　第四节　绘画中的自然景观审美 ………………………………………… 41

第三章　建筑景观文化赏析 ………………………………………………… 52
　第一节　建筑景观概述 …………………………………………………… 53
　第二节　古典建筑景观的风格变奏与特征 ……………………………… 59
　第三节　建筑景观审美的方法与能力培养 ……………………………… 75
　第四节　建筑景观精粹赏析 ……………………………………………… 83

第四章　园林景观文化赏析 ………………………………………………… 102
　第一节　古典园林概述 …………………………………………………… 103
　第二节　古典园林寻踪 …………………………………………………… 106
　第三节　中国古典园林探美 ……………………………………………… 112
　第四节　西方古典园林探美 ……………………………………………… 129

第五章　聚落景观文化赏析 ………………………………………………… 139
　第一节　聚落景观概述 …………………………………………………… 140
　第二节　聚落景观文化探美 ……………………………………………… 146
　第三节　聚落景观精粹赏析 ……………………………………………… 153

第六章　中国饮食文化赏析 ………………………………………………… 182
　第一节　跟着食物去旅行 ………………………………………………… 183

第二节　中国饮食文化之美 …………………………………………… 186
第三节　文人与饮食文化赏析 ………………………………………… 203
第四节　悠久典雅的茶文化 …………………………………………… 211

第七章　西方饮食文化赏析 …………………………………………… 219
第一节　西方饮食文化发展概略 ……………………………………… 220
第二节　中西方饮食文化比较 ………………………………………… 225

后　记 ……………………………………………………………………… 229

绪论　与风景对话

旅游是人类生命存在的组成部分，是人类生命系统的开放和拓展，是以审美和愉悦为主要目的的休闲活动。第二次世界大战后，到异地体验文化、欣赏美景在全球发展为一种广泛而普及的大众活动[①]。受诸多因素的影响，中国大众性旅游活动的兴起较晚。20世纪80年代后，真正意义上的大众旅游才在中国姗姗起步，自20世纪90年代中期以来，旅游业发展迅速而蓬勃，时至今日，我国已进入"大众旅游时代"，外出旅游已成为民众日常文化生活的一个重要组成部分。与此相适应，旅游审美这个最大的社会美育课堂，将会受到越来越多旅游者的关注。故而，在旅途中学会"与风景对话"，与各类景观构建深刻而亲密的关系，感受美、发现美、创造美变得越来越重要。

那么，"与风景对话"的人文内涵、功能是什么？又怎样实现"与风景对话"呢？

一、"与风景对话"的人文内涵

旅途中，欣赏各类自然、人文景观，体验自然美、社会美、科技美等，是旅游者主要的旅游活动。尝试"与风景对话"的人将有更多的收获。那么，什么是"与风景对话"呢？

（一）"与风景对话"的内涵

"与风景对话"是旅游者旅途中的一种精神活动。这种活动超越了日常的物质活动和功利性活动，也是旅游者尝试对自我生命有限存在的超越，它旨在满足高层次的精神需要，发现日常生活之所不能发现。与风景对话虽然不能满足旅游者的物质需要，但是在与景观对话的那一刻，旅游者便与景观建立了最深刻、最亲密的关系，从而感知到自己与景观、与世界是合一的，也即中国古人所说的"天人合一"。景观与"我"是互通的，"我"能感受景观的精神与美好，旅游者与景观共同诗意地栖居在大地上。

"与风景对话"是旅游者与所欣赏景观互动构建意象世界的一种审美体验。旅游者在与风景对话的过程中，用自己的心灵之光照亮景观，使景观之美得以呈现或创造，形成一个生动活泼、意趣盎然的世界，与此同时，旅游者的精神与心灵得以在自由的世界里遨游。因此，"与风景对话"的世界是一个真、善、美彼此相融的世界。

"与风景对话"是旅游者以景观为媒介展开的一种文化体验活动。这种文化属性既体现在对审美主体文化积淀的要求上，也表现在景观欣赏受到社会文化因素的影响中。一方面，"与风景对话"具有鲜明的个体性，对话收获往往取决于对话者的文化修养与审美敏感性。另一方面，任何旅游者在与风景对话时，必定受到他们所处社会的文化背景、风俗习惯、宗教信仰等因素的影响和制约。

[①] 李天元，2006.旅游学(第二版)[M].北京:高等教育出版社.

(二)"与风景对话"的内容

"与风景对话"是一种主要以寻求愉悦和感受美好为目的的审美过程,是一种自由的、潜移默化的文化交流活动。在这个过程中,旅游者与风景的对话主要包括:与自然对话、与文化对话,以及与自己对话。

与风景对话是旅游者与大自然的对话,是旅游者感受大自然原始生气和精神的过程。如哲学家歌德所言,"大自然是举世无双的艺术家——她用最简单的材料造出了一个大千世界"。这个世界巧夺天工、霓裳华羽、妙手天成。无际的天空、无边的大海、狂卷的风、缠绵的雨、高耸的山峦、低洼的山谷、春天的小草、秋天的落叶、清澈的小溪、肥沃的土地、盛开的花朵、奔跑的动物……都有独属于自己的特点和魅力,皆有大美可观可听。因此,旅游的本质是在大自然中发现山光、水色之妙。

与风景对话是在"人文山水"中阅读历史和人生。自然景观虽是宇宙的鬼斧神工所造,其上的人文烙印只是轻描淡写,但它却是自然精神和自然文化的体现,是自然科学的教科书,反映着人与自然的和谐。人文景观是长久以来历史与文化的积淀,是历史的见证和时代文明的象征,记录着人类社会文化的发展轨迹,是人与物审美关系中的一种物化形式。这些景观虽然"默默无言",但只要旅游者能体悟它们所蕴含的精神,它们封存久远的文化内涵就会"哗"的一声奔泻而出,与旅游者侃侃而谈。

与风景对话是一个过程,一次发现,是寻找自我的途径。旅游过程中会见证他人的生活方式,会让人们反思自己现有的生活方式,从中发现新的自我,以及在自己的惯常生活中并未发现的生命特质。真正的旅游也让旅游者看到外面的世界,在不确定、不熟悉的环境中直面自我,看到自己在这个世界中的位置,并在旅途中感知生命的真情、真爱、真知、真理和遗憾,使已有的生活得以扩容和拓展。

"与风景对话"就是旅游者以超越功利的眼光和散淡的胸怀前往异地,以寻求愉悦、审美为主要目的,且有意识或无意识地了解文化、认识自我的休闲活动。善"游"者通过旅游,在精神上可达到一种自由的境域,获得一种美的享受。

二、"与风景对话"的功能

"与风景对话"既有文化属性,也有美育属性,在培养审美心胸、提升审美能力和人生幸福感等方面均多有裨益。

(一)"与风景对话"有助于培养审美心胸

审美心胸是旅游者欣赏美景的重要前提,也是我们观察、体悟景观的一种特殊态度。在日常生活中,我们习惯以实用或功利的态度看待周围的事物,比如对于家门口的一条小巷子,我们无比熟悉,当以实用的态度审视这条小巷时,我们就会想到,小巷巷口可以买酱油,巷子深处有家鞋店等。但当旅游者看到小巷时,他可能注意到巷子两旁建筑的风格、色彩,巷口晒太阳的老人、正在觅食的小猫等,万事在有心的旅游者眼中都是新奇的。原因何在?这是因为,旅游者在休闲状态下,与所欣赏的景观有适当的审美距离,放下了"习以为常的不见事物直接外观的做法"①,以一种新奇的眼光观察日常生活中司空见惯的事物,用心灵和眼睛拥抱映入眼帘的一切景观,这个时候旅游者所面对的世界就是五彩缤纷、诗意美好的。最大限度地调动我们的感官"与风景对话",可以培养我们的审美心胸,让我们看到旅途中更多的美,收获更多的快乐。

(二)"与风景对话"有助于提升审美能力

审美能力是一种直觉能力,是对周遭世界及其丰富内涵的感性感受能力②。它不同于科学研究运用缜密的思维,探究客观事物的本质或运行机理,而是通过调动感官细致地感受景观的意趣。这种能力离不开旅游者的文化素养,需要旅游者在"与风景对话"的实践活动中进行训练和培养,从欣赏身边的一草一木、一石一花开始,不断增强感官感受世界的敏感性,日积月累后,对耳边清风、山间明月等景观之美的感受将日益灵敏。

(三)"与风景对话"有助于提升人生幸福感

幸福的人生是多数人毕生的追求。幸福的实现既依赖于社会救赎,也依赖于自我救赎。前者受社会生态的影响,是个人所不可控的,因此,自我救赎对实现幸福的人生是必需的③。自我救赎的渠道众多,提升人生境界是重中之重。"与风景对话"有助于提高旅游者的文化素养与审美能力,更重要的是引导旅游者树立高远的精神追求,向天地境界不断靠近。冯友兰先生把人生境界分为自然境界、功利境界、道德境界与天地境界。其中天地境界是最高的精神境界,是人与万物融合的境界,具有超功利性,以审美为导向,以自由为旨归④。达到此境界者,不管其人生是飞黄腾达还是落魄困顿,都可以体验到快乐和幸福。因此,旅游者以"在路上"遇到的诸多景观为媒介,涵养胸襟,提升人生境界,将离幸福更近一步。

三、如何"与风景对话"

既然旅游是旅游者与风景的对话,是旅游者与所欣赏景观之间的沟通,这就不仅需要双方语言互通,还需要理解对方的语意。在旅游过程中,如果旅游者欣赏自然景观或人文景观时,完全不懂他要欣赏的旅游景观的"语言",欣赏也就无从谈起。何为旅游景观的语言?这种语言即是有关旅游景观文化以及旅游审美方面的知识和素养。

首先,只有洞晓旅游文化,了解旅游审美,才能解读风景,在旅程中发现美、感受美,乃至创造风景之美、生活之美。旅游是一种兼具综合性与复杂性的审美活动,熔山水鸟兽、百花顽石、园林建筑、宗教民俗、社会风情等于一炉,集自然美、社会美、艺术美为一体,涵盖了阴柔、阳刚、秀美、崇高、绮丽、飘逸、壮美等一切审美形态。一片悠久的古建筑群,就是历史的沉淀;一方绿色的土地,就是希望的源泉;一块奇特的顽石,就是一件精美的天然"雕塑"……凡此种种,在旅程中无处不在。旅游同时又是一项具有文化属性的活动,旅游者所面对的旅游景观文化琳琅满目,包罗万象,如自然景观文化、园林文化、建筑文化、宗

---

① 卡西尔,1985.人论[M].上海:上海译文出版社.
② 叶朗,2009.美学原理[M].北京:北京大学出版社.
③ 王柯平,1997.旅游美学纲要[M].北京:旅游教育出版社.
④ 叶朗,2009.美学原理[M].北京:北京大学出版社.

教文化、人文景观文化等，不一而足。每类文化都似一根拨动心灵的弦，给人带来一种诗意感受。然而，"如果你的心中找不到美，那么，你就没有地方可以发现美的踪迹"[①]，如果旅游者胸中缺少文化的积淀，即使人文美景毕陈于眼前，他也会视而不见，无动于衷。旅游者所具备的文化知识和美学修养，是找到美、发现美、与文化对话的重要源泉。因此，对旅游者而言，只有培养审美的心胸和眼睛，增加文化的积淀和修养，才能得山水自然和人文历史景观的真趣、妙境，发现景观的至真至美，从而逐渐提升自己的人生境界，使自己具有光风霁月般的胸襟。

此外，旅程中，旅游者要具有散淡从容的闲适心态。这是审美胸怀的基础，它能使旅游者与风景相近相投，相融相化，有心情与风景对话，有能力与风景细语轻言，从而在真正意义上领略景观之美，品赏景观文化之博大，享受旅游的乐趣。

基于美学、文化学原理，本书将对"与风景对话"的理论、原则与方法进行解读，希冀引领读者感受旅游景观的生命力和创造力，启发读者用自己的眼睛、耳朵去发现景观之美、生活之美，并尝试启迪读者用心灵与风景对话，解读和创造风景的生命，最终在愉悦的阅读中收获快乐的知识、美好的体验和思考的乐趣。

? 思考与练习

尝试偶尔放慢脚步，欣赏身边和生活中的美，将它们穿成串，做成生活之美的画册。扫描下方二维码可见山东大学学生作品（作者：鲍蕴心，山东大学化学与化工学院）。

---

① 宗白华，1981. 美学散步[M]. 上海：上海人民出版社.

21世纪经济与管理规划教材
旅游管理系列

第一章

旅游景观审美系统

【学习目标】

本章旨在介绍景观的类型、审美范畴,探讨景观审美中的主体认识,以及景观审美的人景互动性。完成本章学习后,应达到以下学习目标:

■ 知识
- 能描述旅游景观的含义、类型和特征
- 能解释景观审美系统的特征和旅游景观场的构成
- 能阐述景观审美的层次,解释景观观赏之道
- 能分析旅游景观审美的过程,学会培养景观审美心境的方法
- 能分析旅游景观审美的不同层次,能运用所学知识进行景观审美

■ 能力
- 提升审美鉴赏力、审美想象力与创造力,具备用审美的眼光和心胸看待世界、自我成就诗意生活的能力
- 形成较强的自主学习、团队协作和沟通表达能力

■ 素养
- 提升审美境界,诗意栖居于世界中
- 以天地境界作为生活的目标,内心和谐,热爱生活,积极阳光,行稳致远

漫步大地,与风景对话,用心灵同旅游景观交流、倾诉,无疑是一种美的享受。然而,与风景进行对话,需要了解有关旅游景观和景观审美的知识,培养正确的审美态度和高雅的审美情趣,丰富对旅游景观审美的想象力,不断挖掘自己多方面的审美潜能。

旅游景观审美活动是一个系统,其中旅游者是审美主体,旅游景观是审美客体,而旅游者与景观相互作用,相融相化,形成景、情、形、神统一的氛围,即审美场。审美场创造出具有一定文化内涵的美学符号,又反作用于旅游者和旅游景观,进一步影响着审美效果(见图1.1)。如果审美主体与景观能达到情景交融,审美心境与景观场契合,审美系统的功能就能得到很好的优化,旅游者的生理、心理世界与外部世界就实现了最大和谐,能获得极大美感。

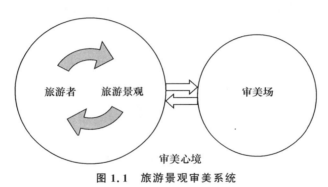

图1.1　旅游景观审美系统

第一节　审美视野下的旅游景观

生命对美的追求是虔敬而不懈的,某种意义上审美活动的存在推动着人类文明的前进。旅游审美是指,审美主体即旅游者逃离日常生活环境,转换生活空间后的一种审美活动。在这种从日常生活"逸出"的活动中,旅游者暂时摆脱了日常生活中的某些约束,因此在旅游审美活动中,一些普通的、在常住地不曾或较少关注的景观,均可能进入旅游者视野,既可"供耳目之娱",又可"养仁智之性"。

一、旅游景观的内涵与分类:自然杰作与文明的痕迹

人们每天都在行走,随时随地都在有意无意间欣赏着景观。那么,什么是景观呢?

(一)旅游景观的内涵

据考证,"景观"一词最早出现于希伯来文的《圣经》(Bible)中,用于对圣城耶路撒冷总体美景(包括所罗门寺庙、城堡、宫殿在内)的描述。现代英语中景观(landscape)一词来源于荷兰语中的"landskap",是描述自然景色的绘画术语。后来该词不再限于绘画,更多地用来指画家眼中由各种空间要素构成的风景。19世纪初,德国地理学家亚历山大·

冯·洪堡(Alexander von Humboldt)将"景观"作为一个科学名词引入地理学中,将其解释为"一个区域的总体特征",并提出将景观作为地理学中的核心概念。[①] 后来俄国地理学家贝尔格等沿着这一思想发展形成了景观地理学派。"景观"一词被引入地理学研究后,它已不仅具有视觉美学方面的含义,而且具有地表可见景象的综合与某个限定性区域的双重含义。在早期西方经典的地理学著作中,景观主要用来描述地质地貌属性,常等同于"地形"(landform)的概念。园林学、建筑学、生态学以及应用美学的研究中,也引入了"景观"这一概念,并赋予了其美的成分。对于中文文献中何处最早出现"景观"一词的问题,目前还没有被广泛认可的论断,但我国大型工具书《辞海》对"景观"的解释也是把"地表自然风景"的含义放在首位。由此看来,无论是在东方文化还是西方文化中,"景观"具有更多视觉美学方面的意义,即与"风景"(scenery)同义或近义。目前文学艺术界以及绝大多数研究园林风景的学者所理解的"景观"也主要是这一层含义。为此,我们可以对"景观"做如下理解,即地面及地面上的空间和物质所构成的综合体,它是复杂的自然过程和人类活动在大地上的烙印。

旅游景观,在本质上,与"景观"的内涵一脉相承。因为旅游的实质就是一种审美活动。我国美学家叶朗曾说:"离开了审美,还谈什么旅游?旅游不仅涉及审美的一切领域,而且涉及审美的一切形态,旅游活动就是审美活动。"[②] 既然如此,旅游景观就必然具有审美和愉悦价值,而且是令旅游者为之向往的自然存在、历史人文遗存或社会现象。与此同时,"景观"与"旅游景观"又有所差异,二者是包含与被包含的关系,"景观"必须是可见的自然生命或人类文明的痕迹,"旅游景观"是在非旅游者常住地,具有审美价值,并给旅游者带来愉悦感受的客观存在或文明结晶。它可以是有具体形态的物质单体或复合体,如一座因自然力量而崛起、因土壤和雨露滋养而生机勃勃的山峰,或规模宏大、直指苍穹的科隆大教堂;也可以是不具有物质形态但存在于意识中的文化、民风民俗等,如丽江玉龙雪山"一米阳光"的传说、印第安部落淳朴好客的风气等。因此,景观不仅仅存在于收取门票的景区中,它是无处不在的。然而,需要指出的是,旅游景观的范畴会随着人们审美意识和价值观的变化而变化,昨天不在人们审美视野中的对象,可能就是今天人们旅行中趋之若鹜的景观。

旅程中,旅游者通过抛弃"寻常看待事物的方法",往往可以看到普通事物不平常的一面。因此,无华的景观,如贫瘠的土地上开出的一朵小花、崎岖小路边的一块顽石……陡然间都可以显出奇姿异彩,让人感受到自然的生命律动和文化的生生不息。

(二)旅游景观的分类

旅游景观世界,林林总总,五彩斑斓,不胜枚举。然而,从文明发生学的角度切入,按照系统结构分析法,仍可以将旅游景观分为两大类:自然演化结构中的自然旅游景观和文明演化结构中的人文旅游景观。

自然旅游景观,指的是自然存在的、非人工创造的、具有审美特征和旅游吸引力的物象形态。作为旅游者的审美对象,它呈现出千姿百态的形式,而其美学价值与审美精神则

[①] 肖笃宁,钟林生,1998.景观分类与评价的生态原则[J].应用生态学报,9(2):217—221.
[②] 叶朗.旅游离不开美学[N].中国旅游报,1988-01-20.

受旅游者的文化背景影响。自然景观可以分为无机的自然景观和有机的自然景观两部分,前者包括地貌、水体、气象等旅游景观,后者主要包括植物、动物等旅游景观。每一类旅游景观又可进一步细分。在景观体系中,自然景观占有格外重要的基础性地位。它不仅是人类文明的根基,而且在某种意义上也是人类文明的归宿。当今社会的旅游活动中,人们回归自然、欣赏自然景观的动机日趋强烈,便是自然景观之美具有强大吸引力的证明。旅游者对自然景观赏析的方法较为一致,对各类自然景观的欣赏方法差异也相对较小,因此,在本书中,我们将自然景观审美归为一章。

人文一般指人类社会的各种文化现象,是人类创造的物质和精神财富的总和。人文旅游景观又称文化旅游景观,是人类文明发展和历史演进过程中,受人类社会行为影响形成的、具有人类社会文化属性的、对旅游者具有吸引力且能给旅游者带来愉悦或启示的事物。此类景观镌刻着人类文明的痕迹,是整个人类生产、生活活动的艺术成果和文化结晶,而且深受自然环境的影响。它主要可分为社会景观、艺术景观两大类。人文景观与自然旅游景观不同,它不仅呈现出多种形态,而且蕴含着丰富的文化内涵,如同"无字的史书",诉说着特定历史时期的地域文化、意识形态等。世界文明悠久而灿烂,人文旅游景观种类多、数量大,内容特别丰富,鉴赏的方法差异也较大。故在本书中,我们择其主要类型分章论述。

二、旅游景观的特征

旅游景观有其自身的客观特征,但是作为一种具有欣赏价值的综合体,它又有受动特征。这就决定了旅游景观具有二元性的特征。

(一)客观特征

1. 组合性

旅游景观不同于其他景观,它有极强的组合性。孤立的具体构景要素不能形成旅游景观,只有众多构景要素有序组合起来的综合体方能成为旅游景观。一方奇石、一座木桥、一株小花、一片水面、一座雕塑都可成为旅游者观赏的对象,而由主景和背景等多方面要素组合而成的都市风光、田园风光、山水风光、小桥流水人家等则会形成旅游景观。它是一幅幅内容丰富、多姿多彩的立体画,旅游者可以进入其中,进行全方位、多角度的审美,每个人也会有不同的情感体验。正因为旅游景观组合性的特点,旅游者在鉴赏时,就需了解各种构景要素的一般特征,懂得组景的基本规律,这样才能达到较高的鉴赏水平。

2. 时代性

在不同的时代,因生产力水平、经济发展水平、政治社会观念、审美情趣、技术工艺水平等各不相同,创造和留下的旅游景观也会带有鲜明的时代烙印。自然景观是大自然的造物。纯粹的自然景观的时代性并不明显。然而,随着人类实践活动的不断深化,自然景观"人化"日益清晰,人的本质力量有形或无形地凝固在物态化的自然景观上,自然景观也呈现出一定的时代性。修剪如艺术地毯般的法式植被景观,是法国古典文化的体现;中国古典园林中,自由舒展的花木是中国传统文人遵循让自然"宛自天开"的文化暗示。而大多数的人文景观则时代性很强。不同时代留下的建筑、雕塑等人文景观的构景要素,都会烙印着特定时代的特点。如魏晋时期和唐朝时期保留下来的雕塑,风格就有较大差异。

魏晋时期形成了张扬个性、潇洒不羁的"魏晋风度",雕塑中的人物秀骨清相、神采飘逸。唐朝时期文化繁荣,社会安定,人们生活富足,就形成了雄浑壮伟的盛唐风格,雕塑中的人物丰满圆润、气势非凡。总而言之,主要由人工创造的物质要素构成的旅游景观的时代特色更鲜明。欧洲古镇的教堂、中国古代都城的宫殿、现代都市的摩天大楼,都是旅游景观时代性的体现。

3. 地域性

旅游景观是一种环境综合体,总是分布于一定的地理空间,其形成既受特定区域的地理环境的影响,也受社会因素的制约,带有这一地域的鲜明特点。例如,在气候湿热的热带和亚热带,除了有繁茂而绚丽多彩的动植物,还在地上形成了大量孤峰、石林、石芽等山地地貌,在地下则形成了溶洞、石笋、石柱、钟乳石等喀斯特地貌。在气候寒冷的寒带和极地,主要分布着针叶林和冰原景观,给人以壮美之感。

为适应特定的地理环境,生活在这个区域的人们逐渐会形成与之相适应的文化,从而出现了带有鲜明地域特征的人文景观。结合各自地域特点,世界不同区域的民居景观各有特色,欧洲北部气候寒冷、降雪频繁,为了避免积雪,当地建筑的屋顶大都较陡峭;中国西南部地处亚热带,炎热、潮湿,民居景观多为"竹楼"等。而就中国人文景观的总体特征而言,大体说来是南秀北雄。北方地区自古以来绝大部分时间是我国的政治、经济、文化和人类活动的中心地区,统治阶级为了满足其统治、享受和显示威严权贵的需要,往往倾国家之力,修建工程浩大的建筑。诸如宫殿、陵墓、园林和各种礼制建筑等,不仅气势雄伟壮观,而且用料讲究、艺术性高,极为富丽堂皇。而在南方地区,这类建筑极少。但南方地区经济发达,富贾巨商较多,一方面私家园林和宅院建筑一般较北方气派,建筑形式、建筑结构和用工用料都极为讲究;另一方面这些建筑终因是私家民宅,其建筑式样、结构、色彩都受到诸多限制。故南方建筑虽具有秀丽淡雅、曲径通幽之趣,但富丽堂皇、雄伟壮观之感稍显不足。

环境和历史的不同,造就了不同地域居民的性格气质差异,其创造出的人文景观也带有鲜明的地域特色。

总之,不同地域的旅游景观特点不同,即使在同一地域,不同地区的旅游景观也各具特色。正是这些差异和地域特色,才致使旅游景观对异地的游客充满了吸引力。

4. 广泛性和多维性

旅游景观的外延非常广阔、内涵极其丰富。从外延上看,凡是能对旅游者产生吸引力的任何事物都可构成旅游景观,既包括自然造物,也包含人文和社会结晶;既有历史遗存,也有当代之物;既有有形之景,也有无形之象。从内涵上看,旅游景观涉及内容的范围极广,除了已被发现和享用的旅游景观,还有许多尚待发现和尚待创造的景观,不断扩充着旅游景观的内容。旅游景观的这种广泛性和多维性是由客观世界的复杂性决定的。

(二) 受动特征

环境综合体成为旅游景观的前提是它必须成为审美对象,作为审美客体的景观是相对于审美主体而存在的。无人欣赏,也就无所谓美与不美。旅游景观总是受到游客感知阈限、心理状态、文化素养和审美经验等方面的影响,这样审美客体——旅游景观就具有了受动性。

1. 审美空间的局限性

旅游景观一般都有比较广阔的物理空间。在旅游过程中，旅游者主要是通过直觉感知旅游景观进行判断。而人们感觉器官的感知范围是有限的，也就是说，旅游者不可能看到整个旅游景观，而只能看到景观的一部分，鉴赏的范围也只能以其视域为限。即使在视域范围之内，超出一定距离或观赏角度不佳，审美效果也会受到影响。只有在距离适中、观赏角度恰到好处的时候，才会看到最美的画面，有最佳的审美效果。另外，旅游审美的效果如何，不仅与旅游者看到的物理空间有关，而且与旅游者的心理空间有直接关系。这种心理空间，与旅游者的文化素养、审美经验、审美情趣紧密相连。在进行旅游景观审美时，文化素养高、审美经验丰富、审美情趣高雅的人，其心理空间就大，受到的限制就小，得到的审美体验就强烈。所以，作为客体的旅游景观，究竟能给人们提供多少美感，与审美主体密切相关，受制于不同审美主体的视域、心理空间等，其感知的审美空间必然有一定的局限性。

2. 旅游审美感知的个体差异性

所谓旅游审美感知，是旅游景观的客观美在旅游者身上所引起的愉悦感受的心理活动和心理过程。旅游景观的美是客观存在的，但是旅游者的审美感知具有个体差异性。旅游景观审美，是对景观美的形式和文化信息的感知和体验，是旅游者对面前景观的欣赏和评价，而非对旅游景观的科学考察和学术研究。旅游景观所蕴含的文化内涵类型多样，内容丰富，表现千差万别，在同样的景观面前不同的旅游者往往会根据个人喜好各有侧重。此外，不同旅游者的文化艺术修养、审美能力、生活经验、知识结构、特定心境等主观条件也是有差异的，这样，不同的旅游者在欣赏同一旅游景观时，展开的联想、产生的共鸣、得到的情感体验也会大相径庭，产生的审美效果也是各异的。即使是同一旅游者，游览同一旅游景观，在不同的时间、不同的心境、不同的气候、不同的季节观赏，其审美感受也一定会有明显变化。这种差异性的裨益之一，是它导致了景观鉴赏中审美创造的丰富性。

3. 审美画面组织的多样性

旅游景观是一幅幅立体山水、人文画，旅游者进入"画"的空间观赏时，不可能将所有的构景要素纳入自己的视野，必须从众多画面中进行选择。有经验的旅游者总是在自己感知范围内，选择一个或几个构景要素作为主景，把其他构景要素作为背景形成画面来鉴赏。如到泰山旅游，行进在前往二天门的陡峭石梯上，不妨把南面起伏连绵的群山、壁立高耸的石壁、漫山遍野的大小树木作为背景，选取著名的迎客松作为主景，组成画面开展审美。面对青岛的五四广场，把蔚蓝无边的大海、广场上盛开的鲜花、葱郁的树木作为背景，选择大型雕塑《五月的风》作为主景来欣赏，那肯定会得到不一般的美的享受。缺乏经验的旅游者，面对眼前应接不暇的美景，常常选不出最具美感的画面。当然由于每个人的爱好、情趣不同，选择的画面也会有所差异。在旅游过程中，随着旅游者的行进，景观画面不断展开，由于观赏视角不同，审美素养各异，旅游者在主景选择和画面的组织上也是有明显差异的。

三、旅游景观的美学范畴:静穆的伟大与惊天动地的崇高

审美形态是特定的社会文化环境中产生的某一类型审美意象的"大风格"。审美范畴是这种"大风格"的概括和结晶。虽然大千世界有旅游景观万千,但从美学角度分析,其范畴主要可分为优美和崇高美两类。

优美,又称秀美,是景观美的一般形态,它是一种优雅之美、柔媚之美,是从古希腊文化土壤培育出来的审美形态。从根本上而言,优美景观的本质就在于景观欣赏者与眼前景观之间的和谐统一。这种和谐统一既体现在内容与形式方面,也体现在理智与情感方面。从审美属性上看,优美的景观主要具有绮丽、典雅、含蓄、秀丽、纤柔、婉约等特点,是"高贵的单纯和静穆的伟大"的代表。优美引起的美感,是一种始终如一的单纯、平静的愉悦之情。在自然景观中,这种美体现为自然现象或事物以其光、色、形、音等要素规律的组合,呈现出明暗、浓淡、大小、高低、刚柔等的和谐统一。如小溪流水、清风徐来、春暖花开、荷塘月色……皆为优美之景,欣赏者与景观处于一种和谐、协调及静态的关系之中。在人文景观中,优美表现为人文景观所展示的自然景观、社会人生、实践活动及其产品给予人直接的和谐与自由感。如园林小品、教堂前圣徒雕像的典雅文静,与周围环境均衡、协调,显示出优美的格调。总之,优美景观一般体现的是优雅之美、安静之美、均衡之美。它在形态上表现出一个突出特点,即和谐。现实世界的对立和抗争在这类景观中鲜有呈现,而集中表现出对立双方矛盾的化解。正是因为优美体现出事物发展中对立双方的均衡、协调,所以它才具有静态的、柔性的特点。

崇高美,又称壮美,是一种雄壮、阳刚的美,是从希伯来文化和西方基督教文化土壤培育出来的审美形态。从审美属性上看,具有崇高美的景观主要有宏伟、雄浑、壮阔、豪放、奇特等特点。崇高美的基本特征是突出了主体与客体、人与自然、感性与理性的对立冲突,其本质在于欣赏者的本质力量与景观之间处于尖锐的对立与严峻冲突。景观企图以巨大的气势和力量压倒欣赏者,迫使欣赏者在严峻冲突中进一步激发自身的本质力量与之抗争,并最终战胜或征服欣赏者。崇高美的核心意蕴是追求无限和一种宏伟深远的空间感。这种空间感同时也是一种历史感,是对于命运、时间、生命的内在体验[①]。自然景观的崇高美往往通过其体积的巨大,力量气势的强大,范围的广阔,形态的雄奇、险峻、瑰丽等特征,及其给予欣赏者的震撼感、超拔感表现出来。"天门中断楚江开""鹰击长空""千里冰封,万里雪飘""大漠孤烟""长河落日"……这些奇特的美景是一种自然界的崇高美。人文景观中,崇高美多表现为一种昂扬的激情和悲愤,且情感表现得越激烈,景观美越显得崇高。科隆大教堂这一哥特式教堂是崇高美的典型代表,教堂拔地而起,尖肋拱顶,奔腾向上,直插云霄,渲染出强烈的飞腾升华、超脱尘世的审美效果,展现出上帝的力量、气势和精神。当欣赏者立于其下,愈发感觉自身的渺小、压抑和无助,教堂壮丽、惊天动地的崇高美愈发明显。一般而言,具有崇高美的景观体积巨大,气势宏伟,迅疾、奔腾、趋于动态,常常有意突破或违背对称、均衡、节奏等形式美,对美的展现往往欲扬先抑,充满动荡与斗争。

---

① 叶朗,2009.美在意象[J].北京大学学报,46(3):11—19.

在体现优美和崇高美的景观之中，有一种灵魂之美，它闪耀着高洁、神圣的精神光辉。景观之美的本质是一种大爱，是对生命和自然的尊重和敬畏。旅游者面对这种灵魂美，内心深处的神圣感油然而生，而这种神圣感对旅游者的心灵又是一种净化和升华。

第二节　景观审美关系中的主体认识

景观审美是主体自由开展的一种自由、动态、愉悦的精神活动，是主体与景观的心物感应。既然景观审美是一种主观心理活动过程，主体对景观的感受就会随着审美心境及审美心理的变化而变化。不断调整审美心境，优化审美心理过程，最大限度地实现与景观场的契合，将会提高景观审美的质量，获得愉悦的审美感受。

旅游者在审美活动中的心理过程涉及多种要素，诸如审美感知、审美心境、审美态度等，它们相互融合，在自由和谐的互动中产生了美感。

一、审美感知

在旅游审美过程中，审美感知通常起一种先导作用，是审美意识的门户。所谓旅游审美感知，泛指旅游景观刺激审美主体的感官而引起各种感觉与知觉的综合活动。一般而言，感觉是知觉的基础，知觉是感觉的发展。

审美感觉关注的是景观的某些物质属性，是景观在人们头脑中的主观印象。人的五官和大脑神经系统专门组成了听、视、嗅、味、触的感觉分析器官，接收和传达外界的各种信息。然而，在丰富多彩的旅游审美实践中，感官的功能是相互有别的。根据传统美学思想，视觉和听觉往往被看作主要的或高级的审美器官，在审美功能和审美层次上，处于比其他感觉分析器官更高的地位。与此同时，味觉、嗅觉及触觉在旅游审美活动中也发挥着积极作用。景观自身具有各种各样的感性状貌，如色彩、形状、气味等，感觉就是通过人的感官对景观的这些个别属性的反映。远观科隆大教堂，首先映入眼帘的是向上升腾的直线和坚硬、冰冷的石材；有"天下第一泉"之称的趵突泉，首先给人的感觉是清澈温润、浮珠累累、流水潺潺；洛阳牡丹盛放，色泽艳丽，花型层层叠叠；海宁秋潮，或呈海天之间的一线白浪，或卷起滔天巨浪。当景观世界这些林林总总的个别属性进入相应的感觉通道时，旅游者就会开始对景观之美产生最初的情绪反应。

审美知觉则将景观的个别属性连接组合成整体，从而完整地反映面前的景观。审美知觉的特点在于，它不仅反映景观的个别属性，而且通过与主体大脑所储存的有关经验相结合，从而将感觉到的属性综合为完整的形象。审美知觉又表现为运用多种感觉的综合活动反映景观的多种多样的外观属性。如凝神观察草原骏马，马的形状、颜色、神态等个别感觉特征经过综合，就构成了有关马的视觉形象。再加之听觉的参与，欣赏者感觉到马的长啸嘶鸣、蹄声阵阵。此时，有关马的知觉就更加完整了。知觉是欣赏者在感觉的基础上注入了对眼前之景的有关知识经验的解读。人们在彼时彼地的经验，对此时此地景观的知觉综合过程起着重要作用。

一般而言，审美感知主要具有敏感性和丰富性等特点。一方面，处于审美感知状态的旅游者，具有敏锐地觉察外界事物的细枝末节及其变化的特点。在日常生活中，人们对花开花落、日出日落、细雨清泉等景致,常常视而不见、听而不闻,即使观察也常常不够仔细。而在旅游审美过程中,人们因暂时摆脱了原有日常俗务的束缚,故对身边美景有了更敏锐的感觉,即使不是诗人,也常常生出诗化的眼睛和耳朵。另一方面,审美知觉通常建立于充分调动五官感觉的基础之上。多种感官的共同参与,为感知的丰富性奠定了基础。而多层面、多角度地感知景观,有助于欣赏者从整体上感受景观世界之美。最能体现审美感知丰富性的是通感。这是一种不同的感觉之间相互挪移流通的心理现象。一般而言,五官感觉并无直接、自动的关联,但在一定条件下,五官感觉可产生联系,形成通感。如闻到沁人的花香(嗅觉),因花香的层次错落,绵延不绝,联想到清脆悦耳的乐律之声(听觉)。

二、审美心境

心境指的是人的情绪、心态,或者说心理境况,是一种比较持久的情绪状态。审美心境则是指欣赏者面对景观,进行审美时的情绪状态和内在心理结构。它影响着人的审美感知,具有蔓延性和扩散性的特点,不同的审美心境可使欣赏者为眼前景观染上不同的感情色彩,以影响人们的审美感知。理想的审美心境应是"虚静心境",即主体一发现景观的"美",便感到胸中无一物,内心体验空且静。这是超越现实物质与功利欲念后的空灵平静心理空间,它不求真、不求用,是情绪平静、轻松、和谐的状态,其主要特征是主客融合、怡然平静、物我相忘[①]。

审美虚静心境有如禅境,刹那顿生,悄然而来,飘然而去,是主体的"心的感悟",他人难以目见。概而言之,审美虚静心境主要具有以下特点:

(一) 主客融合

主客融合指主体、客体已不是对立关系,而是欣赏者就生活在审美对象之中,景观也仿佛从欣赏者那里得到了自由生命力的灌注,二者处于和谐统一的关系状态。处于和谐状态中的景观,因在认知层面得到了审美升华,获得了自由生命力,而显得异常美丽;而处于和谐状态中的主体,也因自我与景观的互动,其自由生命力得到充分而强烈的感染,并投入到景观观赏之中。欣赏者因在其所创造的对象世界中得到了充分的表达、沟通和肯定,从而产生强烈美感。此时,景观与欣赏者之间,没有了对立和对抗,转而呈现出稳定、和谐、融合的状态。美和美感,便是这种如春风化雨般和谐状态的特殊效应。而这也正是审美虚静心境的一个重要特征。

(二) 怡然恬淡

虚静心境中的欣赏者,心中忘却了世间俗事及物欲的吸引,心平气和,全身心都陶醉于静谧清寂的美感享受中,心灵获得了真正的审美自由与解放。在这个特殊的心境世界中,欣赏者超越了时间和空间,进入了自由自在的"大美"状态。这是禅境的深处,也是审美与艺术得以自由创造的妙处。得此妙处,欣赏者便享有了面对景观的迷人心境。而主体的怡然恬淡心境则是暂时放弃种种世俗欲念和功名利禄后的审美升华。如果欣赏者面对景观仍沉湎于世俗欲念与功名利禄,难以放下心中俗事,则难以获得一份闲适心情,也

[①] 葛启进,2005.试探审美虚静心境[J].西华师范大学学报(哲学社会科学版),2:80—84.

不可能真正进入怡然恬淡的审美心境。

（三）生机盎然

虚静心境并非主体心中"空无一物"，反而是欣赏者心中呈现出万象涌动的盎然生气。在欣赏者渐入佳境后，原来心中累积的世俗功利欲求暂时淡出，而具有审美特征的"物"——审美表象，乘虚而入，并五彩纷呈涌现于审美主体的整个心理空间。因为欣赏者心中暂时的"空""静"，故而有足够的空间包容万千景象，并把握其运动规律。心中新出现的这些缤纷景象，因联想、情感等要素的连接，已非物我的对立，而是"万物与我为一""天籁人籁合同而化"的"和谐"境界。小溪潺潺的流水声、鸟儿啾啾的鸣叫声等，都是欣赏者的声音；大地的万紫千红、天空的清浅碧蓝，皆有自我的色彩，这是人和景观共有的生命律动，万千景象被推涌到浩荡的心胸中和广阔的视野中。

在旅游审美过程中，旅游者需要不断组织、调整、创造虚静心境，从而为审美活动的进行提供条件。

三、审美态度

如果欣赏景观时，没有一个正确的审美态度，那么旅游者的观赏将是随机、茫然的。正确认识审美态度，是探究旅游者审美心理的必要前提，而每一个景观欣赏者审美态度的建立，都将意味着美感的获得与提升。毫无疑问，这对于景观赏析至关重要。

（一）审美态度的内涵

那么，什么是审美态度呢？它就是人们在旅游景观审美活动中所持的一种特殊心理态度，是摆脱庸俗、狭隘的实用主义观念的羁绊，在对景观的凝神观照中，以感性的直觉形态获取美感的态度。这种态度既不同于实用态度，也不同于科学态度[①]。它与实用态度的不同表现在：它与直接的、实用的功利私欲没有关联，也不是获取某一功利所需要的动机行为。一旦把注意力转移到实用生活目的，审美态度便不存在了。它与科学态度的区别在于：审美态度与抽象的名词、概念、逻辑判断不相关，也并不致力于论证某一理论问题。面对旅游景观，一旦开始有意地用概念去分解它、评判它，而非以审美直觉去感受它、领悟它，审美态度便不复存在了。这就是说，在欣赏某一旅游景观时，是审美的，就不会亦是实用的或科学的。例如，在旅程中，旅游者面对漫山遍野的迎春花，可能会有三种不同的态度。第一，看到迎春花，就想到它的名称，在植物分类学中的门、类、属，它的形状特征，它的生长需要哪些条件以及经过哪些阶段，这里所体现的是科学态度。第二，看到迎春花，就想起它有什么功用，值多少钱，如果出售可带来多少经济收入，这里所反映的是实用态度。第三，见到迎春花，便把它和其他事物的关系一刀截断，把它的联想和意义一齐忘去，徒留一个赤裸裸的孤立绝缘的"它"形象，无所为而为地去观照它，赏玩它，这就是审美态度。审美态度是审美前的一种心理准备，其指导作用和能动作用的影响会贯穿于整个审美心理过程的始终。要感受景观之美，就要善于运用审美态度，既不去考虑景观的实用价值，也不去对景观进行科学上的抽象思考和分析，而是通过直接感知景观来体味同生

---

① 朱光潜，1996.文艺心理学[M].合肥：安徽教育出版社.

活相联系的某种情调、意味、精神境界等。不论世间存在多少美景,如果欣赏者不能采取审美的态度去观赏,美景对其而言就是不存在的。

（二）审美态度的心理流程

审美态度贯穿于整个审美心理过程,也就是说,审美心理过程是审美态度发生和发展的流程。根据在每个阶段审美态度所呈现出的特征,我们可以将其心理流程划分为初始、展开和效应三个阶段。

在初始阶段,审美主体的心理状态具有前审美心理的性质。这一阶段的核心是完成由日常心理向审美心理的转化,也即由审美注意进入审美期待,进而产生审美态度。注意是人的一切心理活动的开端,是人们对情境中某些部分或方面有选择的关注,它贯穿于人的心理活动的全过程。从审美角度看,审美注意也是审美活动的开端,出现在审美心理过程的准备阶段,是审美态度进入到审美经验的中间环节,并贯穿于审美活动的全过程。在人们的旅游活动中,一旦有与旅游者的审美意象相对应的对象出现,旅游者就会受到刺激,潜伏在心灵深处的审美意象就会释放出来,具体表现为旅游者的审美注意会主动与眼前景观建立双向建构的关系,从而进入审美活动过程。例如,雪后初霁,到公园堆雪人的旅游者,无意间瞥见了墙角几枝凌寒盛开、娇艳欲滴的寒梅,在洁白无瑕的雪花映衬下分外妖娆,于是不由自主地在这几枝梅花上多加停留目光,这便是一种最初的审美注意。但堆雪人的初衷胜过了赏梅,笑闹、堆一堆惟妙惟肖的雪人成为关注的重点,并未有意识地去观察、审视梅花,也即对梅花不会细加观赏,并品味其高洁的品质。就赏梅而言,这意味着当时的欣赏者还在审美注意与日常注意之间徘徊,其中日常注意占主导,审美注意仍处于从属地位。反之,如果审美注意占了主导,欣赏者则会长时间驻足梅花前,凝神静思,意识聚焦到梅花之上,而关于现实世界的意识范围则越来越小,以至于暂时忘却了后者。只有在这个时候,才标志着主体真正完成了由日常态度向审美态度的转换。但此时的审美主体只是获得了一种初步的直觉美感,而进一步了解审美对象的继续探索的欲望促使着初始阶段的结束和展开阶段的到来。

审美态度在第一阶段完成了主客体双向关系建构任务,在第二阶段则主要完成主客体之间彼此对话的任务。在初始阶段,旅游景观欣赏者仅仅是发挥了自己的感知功能,到了展开阶段,则需要充分调动记忆、联想、想象、情感和理解等心理要素参与到审美活动中,并且与审美主体自身的经验结构进行认知比较、体察辨析,从中找出某种具有相似性的对应关系,从而激发美感共鸣。例如,旅游者欣赏黄山"奇松"伊始,注意的只是其外部形象,对它的欣赏尚处于直觉性感知阶段。而当其将看到的奇松,与自己已有的文化积淀或审美经验联系起来,可能由此联系到陶渊明、文天祥、陈毅等人宁折不弯的高洁品质,想到他们在重压和恶劣环境之下,依旧坚持自己的崇高理想,并因此把青松与他们的品质联系在一起,进而在此基础上展开丰富的想象,欣赏者由此领略到眼前之景所蕴含的审美意味。此时,欣赏者调动了多种心理功能,并将其投射到"青松"之上,青松因"接纳"了审美主体对其的解读而更加充满魅力,最终欣赏者与青松经过对话交流而融为一体,体验到一种妙不可言的愉悦。至此,审美态度心理流程的展开阶段结束,而进入第三个阶段。

审美态度的第三个阶段,是效应阶段,是审美态度心理流程的尾段,却直接关系到审美能力的提高和审美素养的优化,审美经验的积累和沉淀不仅丰富了审美主体已有的经验,而且也使审美主体从新的审美活动中获得了更多的审美经验,为下次景观审美奠定了基础。在这个阶段,欣赏者完成了意象形态的创造,同时意象成了欣赏者的对象化的自我,而景观通过主体的再创造,成为具有更高意义的存在。欣赏者和景观共同获得了价值实现,欣赏者的心理也由于能量的释放获得了一种前所未有的平静,内心所荡漾的美感格外馥郁醇厚、意味隽永。这时欣赏者所拥有的愉悦不同于展开阶段的感官愉悦,而是一种激情过后的空明和澄澈。经过三个阶段的审美态度心理流程后,欣赏者在心灵和审美方面有了很大的提升,体现了景观之美对人所产生的终极效应。至此,随着景观审美过程的结束,审美态度也重新恢复到了日常态度。但此时的欣赏者已在景观审美的过程中得到了潜移默化的提升。

人在旅途,很多情况下是抱着一种审美态度观察眼前景观。在这个过程中,如果旅游者能通过创造性想象力的发挥,构筑各种意象形态,一个五彩缤纷、绮丽多姿的景观世界将在旅游者心中拔地而起,所谓所见皆可成风景,所行皆可如人生。

第三节 人景互动之境

主体面对客体时,可能产生多种关系,其中主要的是实用、探究和审美三种。在旅游活动中,旅游者是主体,旅游景观是客体,旅游活动审美与愉悦的本质决定了二者之间更多的是审美关系。当二者都有了审美潜能,即主体能感知审美信息,具有审美需求、美学素养和能力,有一定文化积淀和审美经验,客体在外观、自然属性、社会属性上具有审美价值时,主体、客体在一定条件下相遇,会相互激发对方的审美潜能,互为力场,产生多种力的关系,从而形成特定的审美场。

一、旅游景观场的内涵

景观场的概念源于"场"的概念,"场"的概念主要来自物理学和建筑学两个学科。

"场"在物理学中是描述电磁感应现象的一个术语,是指物质体系之间辐射与吸收的相互作用,以及产生的某一中间粒子的集合及其波的效应的综合。它的本质特征是物体之间的相互作用力,包括斥力和吸引力。心理美学率先把这一物理学概念引入美学研究领域,以"力场理论"分析主体与客体的"力的结构"及其对应、同构关系,并指出没有一个地方不受到力场的影响[①]。旅游审美活动中,存在着多种"力"的要素,如旅游景观的吸引力、旅游者的内驱力、审美主客体的同化力与旅游者的审美力的对立统一生成的整体张力与凝聚力等,因此,旅游审美活动本质上也是一种力场,旅游审美活动一旦发生,旅游景观场也相伴而生。概而言之,旅游景观场就是由旅游者、旅游景观在特定的时空环境下,所形成的各种审美关系的一种实体性表现形式。它既不是景观客体,也不是纯粹的主体情感的表现,而是一种旅游者与景观相融同化的审美现象与审美境界。这是旅游景观的派生物,是一种景与情、形与神相统一的,具有审美景观意象的氛围或意境。这种意境弥漫

---

① 李启军,2000.一道不俗的美学景观:中国当代审美场研究[J].桂林市教育学院学报(综合版),14(2):14—18.

于整个景观空间,创造出具有一定文化内涵的美学符号,可激荡人心,进而产生舒适感、愉悦感。具有一定审美修养的旅游者,更容易感悟甚至营造景观场,并获得高层次的审美享受。通常,景观场是一个立体、动态结构,系统中任意要素的变化都会导致其状态的改变。

二、旅游景观场的特点

旅游景观场作为力场的一种,具有力场的基本特点,除此之外,它还具有动态性、模糊性和吸引性等特点[①]。

首先,旅游景观场具有动态性。旅游景观场往往随审美关系的变化发展而转化演变,当审美关系即审美中的景观空间及旅游者心理空间、心理结构形式、心理内容四者之间关系发生变化时,审美场必随之改变。例如,在自然景观审美中,随着景观空间的不断变化,一个个独立的或相关的审美场会相继出现,如近看"两个黄鹂鸣翠柳"的审美场,随着空间的变换,远看则可能是"一行白鹭上青天"的另一个审美场。随着视角的变化,景观空间的不同,审美场也会相应发生变化。

其次,旅游景观场具有模糊性。其模糊性主要体现在两个方面:一方面,作为视域空间综合体的旅游景观场,因受欣赏者自身感知半径的差异、大气能见度的影响和视觉阻挡,其边界和形式通常不清晰,使人难以清晰地界定旅游景观的结构形式和界限,如面对层峦叠嶂的山岳景观,在雾气蒙蒙的天气之所见边界与在万里晴空的气候之所见必有所不同,因此,同一景观在不同情境下,其景观审美场的范围也必定有所差异。另一方面,旅游景观审美场是旅游景观向欣赏者呈现出的难以言说的场景氛围,而对场景氛围的体验与欣赏者的自身条件相关,其形式必然是模糊的。形式的模糊性为欣赏者的审美活动带来了相对的包容性和宽松性,给予了欣赏者较大的想象空间和审美空间,激发出差异化的审美体验,创造出多元化的精神世界。

最后,旅游景观场具有吸引性。这种吸引性表现为一种心灵的震撼,其震撼程度既与景观的形式美和内涵美有关,也与欣赏者的文化背景、美学修养、审美能力、心境等有关。如仅就形式美的吸引力而言,低层次的形式美缺少变化、灵性和个性,其吸引力比不上主次分明、渐变、柔和等中等层次的和谐,而高层次的形式美最具有吸引力,它是一种动态平衡,富有新颖性、独特性、变化性,这些千变万化的形式能为欣赏者的多种情感找到归宿。此外,欣赏者如在日常生活中,逐步积淀深厚的文化背景,积累审美经验,提高审美能力,也可为景观审美插上飞翔的翅膀,感受到景观审美场的强大吸引力。

三、旅游景观场的状态

在旅游景观审美活动中,因审美活动深入程度的不同,旅游景观场呈现出不同状态,总而言之,主要有"物境""情境""意境"三种。物境"得形似",情境"深得其情",意境"张之于意而思之于心,则得其真矣"。

(一)物境

面对纷至沓来的美景,在一定心境的影响下,旅游者与景观之间展开了不同形式的互

[①] 沙润等,2005.旅游景观审美[M].南京:南京师范大学出版社.

动，其中最重要的便是感官与景观形式美的互动。旅游者在闲适的心态下，充分调动视觉、听觉、嗅觉、触觉等感官，对景观丰富、生动、奇特的形式美产生感官的感知，因悦耳悦目而产生感性的愉悦感，表现出轻松、舒适、幸福、喜悦等情绪，这就是物境。物境属于审美的初级状态，直接源于景观的外在形式，得景观"形似"之美。审美在物境状态获得愉悦感的强弱，取决于主景的美学吸引力和主体的心境、审美注意和审美态度。

（二）情境

在物境状态下，旅游者的美感享受主要源于感官的快感，要获得精神上的美感，还应在原有基础上，赋予主景生命和相应的情感，将其人格化、艺术化，实现移情于景、亦景亦情、情景渗透，景中含情、情中带景、情景交融，步入情境状态。情境是旅游者在审美体验中，将物境延伸和扩大，并伴随具象联想而产生的情、神、意的体味和感悟。当旅游者被景观感染，进入自由心境，则会因景起情，主动调用心中已有情感体验，向观赏物"外射"，去丰富景观显现的审美情景，进而获得心理层面的美感。情境追求景观"情"之美，要进入这一状态，常常需要具备两个条件：一是旅游者有审美认识定势的形成，了解景观的相关知识；二是能运用形象思维，插上想象的翅膀，进行艺术形式的再创造。如游走于圣彼得大教堂，观赏《圣殇》雕塑，欣赏者在注目雕塑的纹理、构图和材质时，想到圣母玛利亚对爱子耶稣强大无边的母爱，则可能感觉到至坚至硬的大理石都会变得柔软，会在凄美中感受到心灵的震撼。面对一望无际的荷塘时，如不只是看到荷叶、荷花的形态、色彩，闻到阵阵荷香，还在审美观照中联想到凌波而行的洛河女神、出淤泥而不染的君子仁人，审美场则会充满了情感的激荡，愉悦自会从耳目走向内在的心灵。

情境景观场的形成，表明旅游者开始了与风景的对话，心理结构的审美场也步入了有序化，审美渐入佳境。

（三）意境

意境是旅游景观审美的最高状态，它已不再满足于景观对审美主体造成的美感。旅游者以整体景观作为体验对象，全身心地融入景观审美带来的精神氛围，以炽热的情感为动力，经感知、思维、理解、想象等多种审美心理活动，获得精神上的完善、飞跃和超越。这时，主景已融入审美场之中，整体旅游景观对旅游者形成巨大的视觉冲击力，审美主体全方位地把握形象整体，进行审美想象，使审美活动通过感知直插心智层面，审美心理与旅游景观实现了契合共鸣。旅游者的心灵在审美场和谐有序的心理结构中绽放出神圣而安详的光芒，旅游景观则因受到审美主体的洗涤焕发出永恒而不朽的光彩。这是一种物我两忘的状态，如王国维所说的"不知何者为我，何者为物"；像庄子《蝴蝶梦》中描述的，不知是自己化为了蝴蝶还是蝴蝶变为了自己。在审美场的制约下，主体已不由自主地向景观场移出感情，寻找理想；单一的主景已汇入景观场，景观场以惊人的魅力冲击审美场，经多次碰撞，主观审美场和客观景观场同构共鸣，达到了生理世界、心理世界和外部世界的极大和谐。这是情感激荡后的平静，审美主体像插上了翅膀，超脱了一切，横跨无限宇宙，叩动古今人生。意境追求景观"真"之美，它是悦志悦神的精神享受，是精神上的解放、视野上的扩大、心灵上的震撼、情感上的净化、道德上的升华。

以上三种景观场状态，是人景时空互动的结果，但并不是旅游审美过程中必然经历的三种状态,也不是每一个旅游者都能进入的状态,不必也无法强求。在旅游活动中,获得自己的美感,不断积累审美经验,开发自己的审美潜能,旅游审美的能力就会不断提高。

❓ 思考与练习

1. 请回忆你的某次景观赏析过程,并分析你的景观赏析中景观场的构成、内涵与特点。

2. 请阅读苏轼的某一首描写景观的诗词,对苏轼当时的审美心境进行分析,并据此分析怎样的审美心境有利于旅游审美。

3. 查阅最新相关研究成果,以你某次欣赏景观的过程为例,分析道家"自然为美"这一美学思想的基本特征,并思考这对你的审美心境有何影响。

第二章

自然景观文化赏析

【学习目标】

本章旨在分析自然景观的审美特征和审美价值,探索中西绘画中自然景观审美观的异同,学会自然景观观赏之道。学完本章,应达到以下学习目标:

■ 知识
- 能描述自然景观的美学形式、美学特征、美学价值
- 能阐释自然景观欣赏的审美范畴
- 能阐述景观审美的层次,解释自然景观观赏之道
- 能分析自然景观美的根源与性质
- 能分析中西绘画中自然景观审美的差异
- 能分析影响中西绘画中自然景观审美观差异的原因

■ 能力
- 在小组合作中,培养团队意识和合作精神,提高沟通交流的能力
- 将课堂理论知识应用于实践小文创,完成至少一件作品,提升创造力和解决问题的能力,培育勇于尝试、创新的品格

■ 素养
- 结合自然景观的美学赏析,感受中华山河之壮丽,树立尊重自然、爱国爱家之观念
- 以经典自然景观美术作品为例,认识中国传统美术中的审美,增强民族自信和自豪感
- 结合中西自然景观艺术审美观的差异,辩证评价艺术之美,树立美美与共的美学观
- 在欣赏景观中,激发视觉愉悦感,舒缓情绪,提升心理健康
- 从欣赏八大山人画笔下的《墨荷》入手,领略中国传统美术中"荷"的魅力,建立中华美学自信
- 认识中西绘画中自然景观审美的异同,引导学生认识中西文化的互补与差异

第二章 自然景观文化赏析

大自然集万物之灵气,钟秀毓然,是造物主赐予人类的美的源泉。因此,古往今来,许多优美的自然景观成为旅游者欣赏、审美的对象。时至今日,随着旅游活动的深入,自然景观的审美活动在人们的精神文化生活中扮演着更加重要的角色。

山水花木,风雨雷电,是大自然的艺术家,它们为能与其对话的知己挥毫描绘着一幅幅天成的水墨丹青,为其欣赏者弹奏着一曲曲天籁般的交响乐。然而,在观赏自然景观的过程中,要想获得水墨丹青和交响乐的视听效果,前提是欣赏者需要具有较高的审美能力,能够发现美,且善于发现美。美的观赏是发现景观之美,是照亮景观并创造景观之美。故本章将以讨论自然景观的分类、自然景观审美、自然景观探美为基础,通过分析一些具体案例,引导欣赏者提高对自然景观的审美层次及审美能力。

第一节 自然景观概述

自然景观是指由具有一定美学价值、文化价值、科学价值并具有旅游吸引功能和游览观赏价值的自然旅游资源所构成的旅游吸引物,也就是指主要由大自然自身所形成的天然风景。然而,现实中的自然景观很少是纯粹的"自然造物",往往被打上了人文的烙印。即使这样,我们仍然将自然天成的景观称为自然景观。

大自然多姿多彩,自然景观种类繁多,林林总总。但是,一般而言,可将自然景观划分为地文景观、水域景观、生物景观及天象景观和气象景观。其中地文景观如同其骨架,水域景观犹似其血脉,生物景观是其跳跃的灵魂,天象景观和气象景观为其多变的情感,它们共同构成了气象万千的自然景观场。

一、地文景观

地文景观是指地球内、外力综合作用于地球的岩石圈而形成的、能对旅游者产生吸引力的现象或事物的总称。[①] 地貌景观一般体量大,视觉敏感性高,不同的地貌类型所形成的旅游空间和景观构图往往具有很强的视觉感染力。此外,独特的地貌景观不仅是许多自然景观形成的基础和前提,而且可体现景观的总体特征。它主要有以下几类:

1. 山岳景观

山岳景观是指陆地表面高度大、坡度较陡的,且具有一定审美价值、科学价值和文化价值的高地。山岳景观大多分布在地球内力作用强烈、地壳上升的地区。一座山从上到下可分为山顶、山坡和山麓三部分:山顶是山的最高部分,形状有平顶、圆顶和尖顶之分;山麓是山的最下部,它往往和平原或谷地相连接,但两者之间一般都有明显的转折;山顶和山麓之间的斜坡就是山坡,它的形状有直形、凹形、凸形和阶梯形等。

---

① 因地貌景观是更为常见、更有吸引力的地文景观,且因篇幅所限,本章中的地文景观主要围绕地貌景观进行论述。

按照海拔高度,山可分为高山、中山和低山。海拔高度超过3 500米为高山;海拔高度超过1 000米,不高于3 500米为中山;海拔高度超过500米,不高于1 000米为低山。

因风景瑰丽、山形奇特或因历史、人文底蕴而闻名于世的山岳景观都是颇有旅游吸引力的景观。欧洲阿尔卑斯山、美国落基山、日本富士山、德国黑林山、希腊奥林匹斯山、非洲乞力马扎罗山等都是观赏山景的绝佳去处。中国是一个多山岳景观的国家,雄伟险峻、清秀奇特的山岳遍布华夏大地。泰山、华山、恒山、嵩山、衡山、五台山、峨眉山、普陀山、武当山、青城山、崂山、庐山等吸引了很多游客观赏徜徉。

2. 喀斯特地貌景观

喀斯特地貌景观是可溶性岩石在以地下水为主、地表水为辅,以化学过程为主、以机械过程为辅的破坏和改造作用下形成的,具有一定的审美价值,且对旅游者具有一定吸引力的地貌。世界上著名的喀斯特地貌景观主要包括:有"海上桂林"之称的越南下龙湾、美国猛犸洞、马来西亚黑风洞、印度尼西亚加里曼丹岛石林等。我国西南地区是世界上最大的喀斯特地貌景观地区,主要分布于云南、广西、贵州等地。广东肇庆七星岩有七座石灰岩山峰,形如北斗七星,山中多洞穴,洞穴中多有暗河、各种奇特的溶洞堆积地貌。广西桂林山水和阳朔风光主要是以石芽、石林、峰林、天生桥等地表喀斯特地貌著称于世。云南石林风景区地表峰林奇布,主要为巨型石芽群景观,大部分石灰岩山峰分布在河谷两侧,各种形态的石峰似人似物,形态逼真,栩栩如生。四川黄龙风景区钙化池、钙化坡、钙化穴等组成了世界上最大的岩溶景观。浙江桐庐的瑶琳仙境是浙江省规模恢宏、景观壮丽的岩溶洞穴旅游胜地,也是浙江迄今发现的最大洞穴,以"雄、奇、丽、深"闻名于世。此外,贵州、江苏等地的喀斯特景观也是奇石异柱,洞壑深邃,绮丽异常。

3. 风沙地貌景观

风沙地貌景观指风对地表松散堆积物的侵蚀、搬运和堆积过程中所形成的具有审美价值和旅游吸引力的地貌。风沙地貌景观是大自然独具风格的杰作,包括风蚀地貌和风沙地貌。

风蚀地貌类型较多,如风蚀柱、风蚀蘑菇、风蚀垄槽、风蚀城堡等,在我国新疆乌尔禾地区的白垩纪岩层构造上,该地层因含盐分较多,风化、盐化作用强,外部形成了一层疏松的风化壳。而这种疏松易受侵蚀的地层,又正位于准噶尔盆地西部著名的大风口上,经常受到六七级以上大风的吹蚀。长期风化剥蚀,加上暴雨侵蚀,在地面上形成了深浅不一的沟壑,而裸露的石层则被狂风雕琢得千奇百怪:似古堡、如怪兽、类亭台楼阁等,傲然挺立,气势磅礴,景色极为壮观。此外,罗布泊"雅丹"魔鬼城地貌、土耳其的卡帕多奇亚的红砂岩等也是典型的风蚀地貌景观。

风沙地貌景观指因风沙堆积作用形成的,具有审美、科学价值的沙丘、戈壁、沙漠、响沙等,如我国甘肃敦煌月牙泉的鸣沙山、宁夏中卫的沙坡头都有鸣沙现象。一些"新月形"沙丘、"金字塔形"沙丘等景色也很壮观,如我国塔克拉玛干沙漠和巴丹吉林沙漠均有大量"新月形"沙丘、"金字塔形"沙丘分布。非洲撒哈拉沙漠、美国"彩色沙漠"等也是世界上著名的风沙地貌景观。

4. 海岸地貌景观

海岸地貌景观是海岸带动力与陆地动力相互作用的结果,包括海蚀地貌和海积地貌。

前者主要包括海蚀崖、海蚀台、海蚀柱等，后者则包括海滩、沙滩、连岛坝等。中国的海岸地貌景观丰富，如厦门鼓浪屿、大连金石滩、青岛海岸、秦皇岛黄金海岸、三亚天涯海角、花莲清水断崖、北海红树林海岸等都是中国较为著名的海岸地貌景观。南非好望角、挪威西海岸的峡湾风光、泰国普吉岛、法国科西嘉岛、澳大利亚大堡礁等则是世界闻名的海岸地貌景观。

5. 特异地貌景观

特异地貌景观主要指世界上较为罕见的、具有审美价值的地貌景观，如地缝裂谷、火山地貌、化石、怪石等。澳大利亚艾尔斯岩石，美国科罗拉多大峡谷，中国贵州以地缝、天坑、峰林三绝著称的马岭河地缝裂谷景观，黑龙江以石龙石海和火山口为特色的五大连池火山熔岩景观，福建鸳鸯溪白水洋水下石板广场，云南元谋土林等均为中外著名的特异地貌景观。

二、水域景观

各种形态的水体在地质地貌、气候、生物以及人类活动等因素的作用下，形成了不同类型的水域景观。凡能吸引旅游者进行观光游览、度假健身、参与体验等活动的各种水体资源都可视为水域景观。

水域景观是自然景观的重要组成部分，它灵动而奔放，给大自然带来了勃勃生机和无限活力。江河湖海、飞瀑流泉、冰山雪峰既可独自成景，也可点缀周围景观，使得山依水而活，天得水而秀。水域风光动中有静、静中有动。它主要有以下几类：

1. 江河溪涧

河流是陆地表面沿线性凹地运动的经常性或周期性的水流。规模较大者称为江或河，规模较小者称为涧或溪。江河溪涧是潇洒不羁的画家，那些性格多变、清澈无邪、色彩纷呈者常受到旅游者的青睐。河流景观包括大江巨流、河川清流和山间溪流。例如，长江、雅鲁藏布江、多瑙河、恒河、莱茵河等即为闻名世界的大江巨流景观；漓江、新安江等是各具风流的河川清流；福建九曲溪、湖南金鞭溪、湖北神农溪等属于充满无限生机的山间溪流。

2. 湖泊水库

湖泊是陆地表面天然洼地中蓄积的水体。大自然中的湖泊，或温婉恬静，或俏丽活泼，千湖千面，为自然景观增添了无限风采。水库，即人工湖泊。常见的湖泊有构造湖、冰川湖、风蚀湖、岩溶湖、河迹湖等。国内享有盛誉的湖泊水库景观如洞庭湖、西湖、天山天池、长白山天池、青海湖、月牙泉、千岛湖，国外则有俄罗斯贝加尔湖、瑞士日内瓦湖、英国尼斯湖等。

3. 飞瀑流泉

瀑布是水流从陡坡或悬崖倾泻而下形成的水体景观，通常由水流、陡坎和深潭三个要素构成。瀑布完美地将山水融为一体，动感的形态、急促清脆的声音、变幻的色彩，令人神往，是水域景观中颇具吸引力的景观。中国著名的瀑布景观有贵州黄果树瀑布（岩溶型瀑布）、黄河壶口瀑布（差别侵蚀型瀑布）、黑龙江吊水楼瀑布（火山熔岩瀑布）、江西庐山瀑布（构造型瀑布）、四川九寨沟瀑布群、湖北神农架水帘洞等。非洲维多利亚瀑布、南美伊瓜苏瀑布、南美安赫尔瀑布和北美尼亚加拉瀑布等举世闻名。

泉是地下水涌出地表的天然露头。从观赏角度而言，那些拥有喷涌奇观的泉更有观赏价值。然而泉水的养生、文化价值也值得旅游者停下脚步。此外，泉水所在之处，往往流水潺潺，树木苍翠，环境清雅宜人，自古以来是人们游憩的好去处。中国的趵突泉、华清池、安宁温泉、五大连池和美国的黄石公园温泉等都是风景优美的名泉。

4. 冰川景观

冰川是具有特殊形态特征和地貌景观特征的固体水域景观，主要分布于高山和高纬度地区。国内的珠穆朗玛峰冰川、天山一号冰川、海螺沟冰川和雪宝顶、祁连山七一冰川以及国外的勃朗峰、乞力马扎罗山、富士山、北极冰川、南极冰川等都是冰川景观旅游的首选。

5. 滨海景观

滨海景观是大海与海岸、海岛等合为一体的复合景观。大海集优美与壮美于一身，平静的大海卷起洁白的浪花，有节奏而悠扬地拍打着海岸，展示出一种和谐统一的优美感；愤怒的大海，波涛汹涌，海浪咆哮，充满力量和气势，呈现出一种令人敬畏的崇高美。海岸与海岛常常成为海景的延长线。国内如"壮观天下无"的浙江钱塘江大潮、海南三亚亚龙湾、有"东方夏威夷"之称的河北北戴河，国外如美国夏威夷威基基海滩（Waikiki Beach）、西班牙"太阳海岸"、墨西哥坎昆海滨等地都对钟爱大海的游客有着独特的吸引力。

三、生物景观

生物是地球表面有生命物体的总称，按性质可分为植物、动物和微生物三类。生物景观是自然界最具活力的因素，它的存在为世界增添了色彩，使地球变得生机盎然，是具有灵魂性质的自然景观。生物景观的色彩、形态、声音、活动、习性及某些生物中所蕴藏的精神和寓意，常使旅游者心旷神怡。生物景观一般可分为以下四类：

1. 森林景观

森林景观指具有独特的美学价值和功能的野生、原生以及人工森林。森林景观可供旅游者开展探险、探奇、探幽、科学考察、疗养、健身、生态旅游等活动。中国的森林景观主要分布在东北的大小兴安岭、长白山，西南的横断山脉和藏东南地区，以及长江中下游的山地丘陵地区。其中湖南张家界常绿落叶阔叶混交林、云南西双版纳原始森林、东北长白山原始森林、广东肇庆鼎湖山、安徽金寨天堂寨亚热带落叶阔叶混交林、浙江安吉竹海、湖南益阳竹海等较具有代表性。国外著名的森林景观包括欧洲北部的亚寒带针叶林、南美洲亚马孙河流域和非洲刚果河流域的热带雨林、地中海沿岸的亚热带常绿林景观等。

2. 草原景观

草原景观主要指大面积的草原和牧场形成的、具有审美价值的植被景观。根据水热条件，草原景观可分为典型草原景观、荒漠草原景观和草甸草原景观。草原一般有明显的季节变化，因此，景色常常季季相异，既有艳丽夺目的繁华，也有"天苍苍，野茫茫"的苍凉，尤其对来自城市的旅游者有着不可抗拒的吸引力。国内如内蒙古锡林郭勒草原、新疆巴音布鲁克草原，国外如澳大利亚中西部大草原、阿根廷潘帕斯大草原、非洲热带稀树草原等都是独特的草原景观。

3. 名木奇花景观

名木奇花景观主要指能给人带来审美愉悦的植被景观。此类景观种类繁多,形态、色彩各异,有很高的欣赏价值。其观赏美、寓意美、嗅觉美既可启迪心灵,也能陶情怡性。不仅仅是自然界中的古树、名木、奇花、异草或具有历史文化价值的植被会吸引观赏者的注意,只要有其独特之处,即使是无名的小草、无华的小苗也会成为观赏者的审美对象。如水杉、银杏、鹅掌楸、珙桐等因其或飘逸多姿,或苍劲古雅,或刚毅挺拔,广受人们喜爱。陕西黄帝陵的"轩辕柏",山东孔庙两千多年树龄的"孔庙桧"、泰山"五大夫松"等因其承载了悠久的历史文化,千百年来吸引着络绎不绝的游客。玫瑰、牡丹、梅花、兰花等因其神、色、韵、姿、香俱佳,引无数旅游者竞折腰,而不起眼的狗尾巴草摇曳在风中也自有一番风情,同样会引起旅游者的注意。

4. 珍禽异兽

动物在自然界中最具活力。与植物相比,动物可自由运动,会发出悦耳的声音,有的甚至有些许人的灵性。不少动物的体态、色彩、姿态和声音都极具美学观赏价值,那些能为人们带来美感的动物历来就是世界各地游客喜爱的观赏对象。概而言之,根据动物的美学特质,可将其划分为观形动物、观色动物和听声动物。观形动物外形千奇百怪,特别是一些外形奇异的动物,常常给人一种气质美感。如东北虎外形雄伟,极具王者风范;孔雀有美丽的尾巴、高昂的头颈,华贵而骄傲。世界上以斑斓色彩吸引旅游者的动物比比皆是,如雪白的北极熊、如乌金般的黑叶猴、如烈焰般的火烈鸟等,色彩极为美观。还有那五彩缤纷的昆虫世界和鸟兽王国更让人陶醉,不少动物发出的悦耳之声能激发人们的听觉美,如夜莺鸣声,悠扬婉转,仿佛天籁;弹琴蛙,叫声如委婉动听的古琴声。国内如四川卧龙自然保护区、四川九寨白河自然保护区、东北虎栖息地长白山自然保护区,国外如尼泊尔奇特万皇家公园、非洲卡拉哈迪羚羊国家公园等都是观赏动物的好去处。

四、天象景观和气象景观

天象是指天文现象,即日月星辰等天体在宇宙间的分布、运行的变化现象。奇特的天象景观是极佳的观赏对象。气象是大气中的各种物理现象和过程。包围地球的大气圈每天都在发生着各种各样的物理现象,它通过风、雨、云、雪、霜、雾、电、光等形成千变万化的自然景观,并在特定的地域和时期,与其他构景因素相结合,形成独特的气象景观。

1. 天象景观

天象景观系指在特定的地理环境下由气象因素所表现出来的奇特的形、色等变化,它往往结合地形、沙漠、海浪等要素,形成独特、壮丽甚至神秘莫测的景观,是一种特殊且可遇不可求的景观。天象奇观主要有极光、佛光、海市蜃楼、日月景观等。

极光,是太阳带电粒子在高纬度地区进入地球大气层,受磁场影响形成的色彩艳丽的发光现象,形状多样,千姿百态,在高空5千米—10千米亮度最强。美国阿拉斯加州北部、加拿大北部、冰岛南部、挪威北部和俄罗斯新地岛南部以及中国的漠河和新疆阿尔泰地区等是观赏极光的好去处。

佛光,也叫"宝光""金光",在低纬度高山地区云海中,由于阳光斜照使大气中的水珠发生衍射而呈现的色彩华美的光环,光环会随观测者而动,观测者的投影会进入光环之中,给人一种神秘的"神佛显圣"之感。中国可以观测到佛光的地方有庐山、泰山、黄山、梵净山、峨眉山,其中以峨眉山"金顶佛光"最为壮观。在德国的哈尔茨山、瑞士的北鲁根山也会有佛光出现。

海市蜃楼指由于气温垂直方向上的变化以及相应的空气密度垂直分布发生分异,引起光线的折射和全反射现象,使远处地面景观出现在人们的视野中,形成神秘的景致,一般多出现在海湾、沙漠和山顶,在中国的最佳观测地点是山东蓬莱阁和浙江普陀山。另外在连云港海州湾、渤海长岛、北戴河东联峰山、庐山五老峰和塔克拉玛干沙漠也都可观测到海市蜃楼。

日月景观主要有旭日东升、夕阳西下、日月并升以及夜间月景等。日出景象,气势磅礴,绚丽壮观;日落时分,晚霞绚烂多彩,景象万千,变幻莫测。因此,旭日东升、夕阳西下都令人着迷。山峰、水边等是观赏日月景观的较佳观赏点,如黄山翠屏楼、泰山日观峰、华山东峰、峨眉山金顶、蓬莱丹崖山、秦皇岛海滨、杭州西湖等地。日月并升景观在中国有五个地方可以观测到,最佳观测地点是浙江省海盐县南北湖畔的云岫山。夜间月景可以给人不同的心理感受,如"人有悲欢离合,月有阴晴圆缺""月到中秋分外明"等。明月与其他景观构成了著名的岳阳"洞庭秋月"、杭州"三潭印月"、无锡"二泉映月"等景观。

2. 气象景观

气象景观主要包括雨景、云景、雾景、朝霞、晚霞、雾凇和雨凇。

雨景指的是小强度降水所形成的景致。我国许多地方都有雨景胜迹,如蓬莱十景之一的"漏天银雨"、峨眉十景之一的"洪椿晓雨"以及桂林的主要景观"漓江烟雨"。黄山的云海、苍山的玉带云、庐山的瀑布云、三清山的响云、泰山的云海玉盘等都是云雾奇景。雾凇又名树挂,是在冬季寒冷的雾天,雾或水汽在树枝或其他物体上直接凝华而成。中国雾凇出现最多的是吉林省。吉林省松花湖的滨江两岸,冬季常在树上结成洁白晶莹的雾凇,玉树琼枝,姿态各异,景致之美仿佛童话世界。雨凇是小雨滴在物体上冻结起来的透明或半透明的冰层。雨凇裹嵌着草木,可结出美丽的冰凌花;挂于乔木,能织成长垂的珠帘,是难得一见的美景。峨眉山是常见雨凇的地方。

第二节 自然景观美

自然景观之美神奇多姿,形象美、色彩美、动态美、听觉美、嗅觉美……绚丽生动。这些美的形式通过在时间和空间上的有机组合、有序交替和运动变化,给人们带来享受不尽的自然美。正是这丰富多彩的自然景观美与人们审美心灵的契合,产生了无尽的精神文化火花,为人们的生活增添了一抹生机和亮丽。

一、自然景观的美学形式

(一)形象美

自然景观都以某种形态而存在,形态包括体量、形状、色彩、线条、结构等,所以自然景观无不与形态有关。自然景观的形象美是指某些审美意识与自然景观总体形态和空间形式有机结合,所形成的美学概念。形象美可大体概括为雄伟、秀美、幽美、奇特、旷达、险峻等。

多姿的风景在形象美的基础上,还交织着色彩美、听觉美、动态美等因素。这些因素在时空上的耦合,构成了山水美的动听交响乐。

1. 雄伟

雄伟是指高大壮丽、气势恢宏的自然景观所具有的审美属性。具有雄伟特点的自然景观一般具有以下特点:一是体积厚重,有席卷一切之态、气吞山河之势。素有"五岳独尊"之称的泰山堪称雄伟美的典型。五岳之首泰山崛起于华北平原之东缘,凌驾于齐鲁丘陵之上,绵亘数百平方千米,雄浑阔大,大有通天拔地之势,除了西北600千米处的太行山可与之比高,千里内外,无与伦比。尤其南坡,因有东西向断层,泰山骤然上升,汶河流域下陷,山势陡峻,更有依天壁立之感,气势尤为雄伟。二是相对高度大,有巍峨之姿。如"雄秀西南"的峨眉金顶"平畴突起三千米",近观或远眺都十分雄伟。江南的某些小规模山水,如绍兴东湖,石壁苍古,潭水幽深,驾小舟游于岩下,也觉得它们雄伟美丽。三是坡度陡峭,有峻拔之态。如有"夔门天下雄"之称的瞿塘关,两山对峙,坡陡如削,加之急流、云雾的衬托,"高江急峡雷霆斗,古木苍藤日月昏",更显得雄伟壮丽。当然自然景观的高大雄伟,也包含着历代精神文化的渲染和人文景观的相得益彰。

雄伟的自然景观,高大壮阔,为崇高之境,是阳刚之美,在欣赏过程中,给人以奋发向上的激情,令人心生敬畏。

2. 秀美

秀即秀丽、秀美、优美、柔美等。一方面,秀美的自然景观一般体量较小、结构匀称而且线条柔美。外形轮廓透迤多变,绵延起伏,翠绿欲滴,山清水秀,便勾画了典型的山景秀美容貌。如峨眉山素以"天下秀"著称,远观其态,山体虽然高大,但山体线条流畅柔美,尤其是云雾弥漫时,两峨状如黛眉。另一方面,秀美的风景,有茂密的植被,色彩雅丽,终年不枯,呈现出一种生机盎然之势。我国南方多烟雨且植物繁茂,因此,南方风景的特点以"秀"著称。此外,秀美的山景常常有水和植被,山得水而活,得草木而灵。

秀景,为柔情之境。它给欣赏者带来亲切、平和之感,显示出勃勃生机。秀美,如同一首抒情诗,好似一首钢琴曲,恰如一支轻舞,令人陶然自得。

3. 幽美

幽美是指景观景深而层次多,难以一览无余,给人深不可测之感。"幽"有"移步换形"之妙,同疏朗旷远形成对照。在视觉上,幽美景观一般都是以丛林深谷和伸展的山麓为地形条件,并辅以繁茂的乔木灌林,随着山谷的自然转曲,形成明暗阴影变化异常的景色。"山重水复疑无路,柳暗花明又一村"就是这种景色风格最好的写照。在听觉上,幽美指恬静幽雅的听觉环境。"蝉噪林逾静,鸟鸣山更幽"是幽美风景听觉特征的写真。所以,视听相互协同的欣赏是游览幽美风景的一大特点。青城山就是非常有代表性的幽美景致。"青城天下幽"是由青城山植被和地形所致。青城山由红色砾岩和砂岩构成,经构造上升、流水切割、冰川雕刻等作用,呈现出群峰耸立、涧壑幽深、状如城郭的地貌,形成了许多隐蔽空间。山中古木繁茂葱郁,遮天蔽日,将宫观亭阁掩映于浓荫翠盖之间,通幽小径穿行于丛林深谷之中,处处幽深、处处清静。人行山中,瞻前顾后皆疑无路,竟难辨身处何地。其他如峨眉山黑龙江栈道、雁荡山筋竹涧、武夷山桃源洞等处亦以"幽"取胜。

幽景,是超脱逸世之境。身入幽景,如至世外桃源,给人以安全和超然物外之感,隐逸之情油然而生。

4. 奇特

奇特,是指相对于常见景观美而言,某些景观或因其数量稀少难觅,或因其特色突出、形态特异,或因某些要素的互相配合构成的出人意料的美感。黄山风景"步步生奇",其奇特之美,享誉古今。黄山奇在何处?主要是奇在构成黄山自然景观的基本要素上,即峰奇、石奇、松奇、云奇以及它们之间的有机结合。黄山素有"无峰不石,无石不松,无松不奇"之誉。山峰高峻宏大,石峰纤细挺拔,巨细对比,景观生动而富有变化。石浑厚而简洁,松苍劲而洒脱,松得石而刚,石得松而灵,如"喜鹊登梅","鹊"为石,松为"梅",相映成趣。有时某些因素的巧妙配合更有出奇之妙。如泰山"仙人桥",系三块巨石在跌落过程中偶然挤压在一起,形成凌空的"桥"。津巴布韦的"奇石公园"、美国的黄石公园等景观,虽然它们的形成原因各不相同,但都是世所罕见,具有令人心神俱爽的奇特美。

奇特的景观多为难以常见之景观,大有出人意料、激动人心之感,实为探索之境、激化之景。它启迪人们去思索、去探求,激励人们勇于创新和超越。

5. 旷达

旷,指辽阔开朗、视域宽广无边所带来的美感,即通常所谓的旷远、辽阔、敞旷、浩渺、空阔等。几乎所有能产生旷达美的景观,欣赏者皆视无遮拦,极目天际。如浩渺的水面、苍茫的原野、居高而望群峰等容易带来旷美之感。旷景有平旷和高旷之分。平旷以平原、水面得景,高旷则以高山峰顶览胜。所谓高旷,就是登高望远,提高视点,扩大视域,增加观景信息。高旷之美,视域景观丰富,令人心胸开阔,心旷神怡。泰山玉皇顶"会当凌绝顶,一览众山小"之美,华山落雁峰"只有天在上,更无山与齐"之美,衡山"上观碧落星辰近,下视红尘世界遥"之美,皆为高旷之美。所谓平旷,就是观赏者多从平视视角览胜,视野广阔,一览无余。从海洋到湖泊,从大江到原野,都各具平旷之美。"天苍苍,野茫茫,风吹草低见牛羊"是极目草原的平旷之美,"孤帆远影碧空尽,唯见长江天际流"为远眺长江的平旷之美。

旷景,壮阔之境,海阔天空,有雄浑、博大、深沉之势。观旷美之景,令人心胸坦荡,情思奔放,心旷神怡,进而领悟宇宙之大和自身的价值,开拓胸怀,激起雄心壮志。

6. 险峻

险,能以特殊的夸张形式引起人们强烈的兴趣。险峻美常与危峰峻岭、悬崖峭壁、陡坡深谷共生。险峻的景观是艰险之境,令人惊心动魄,望而生畏。然而险峻之美在于其激发人们的探险心理,故智勇者上,怯懦者止。"无限风光在险峰",说明了险与美的关系。许多名山甚至开辟险峰供人登览领悟。除了"天下险"的华山,庐山的五老峰、黄山的天都峰、九华山的天台峰、武夷山的大王峰等均以险峻而闻名。

上述形象美特征在自然景观中,往往是共生交错的,但是总以其中一两个为主要特征。欣赏山水风景,既要注意山水的总体气势、总体风格,也要细心品评一些局部的风景特点,做到宏观与微观相结合,远望与近视相结合,更好地领略自然风景富有生气、变化无穷的美。

（二）色彩美

自然景观不仅展示了种种形象美,而且具有五彩斑斓的色彩美。色彩既有色相、明度、纯度属性,又有色性差异,对人的生理、心理产生特定的刺激信息,具有情感属性,这就形成了色彩美。自然景观的色彩美主要由树木花草、江河湖海、山石土壤、夕阳落日等自然光色构成。

自然景观中最引人瞩目的色彩,莫过于五彩缤纷的植物了。碧绿的荷叶、火红的玫瑰、洁白的玉兰、金黄的郁金香、紫红的月季、粉嫩的桃花、淡紫的丁香……构成了一幅幅璀璨夺目、绚丽多彩的自然画作。四季交替的气候变化和阴、晴、雨、雪等天气现象则构成大自然色彩斑斓的宏观变化。春艳夏绿秋金冬银,是自然景观的季相变化。山岳景观最常见的是绿色,但一年四季总有一些花儿为山峦绿色的长袍绣上多彩的图案,偶有的淡云薄雾则给山岳抹上了一层调和色,使群山的色彩柔和、淡雅、协调。远近不同,山岳色彩有异,近山绿而远山蓝,渐远渐淡,层次分明。阳光云霞也是点染山山水水的调色板,总能让山水在瞬间穿上彩虹般的霓裳。水是大自然的一面镜子,它映照出天空和周围的景象。有的水体由于含有某种矿物质,水色晶莹艳丽。如九寨沟与黄龙寺前的五彩池之水,明净清澈,绚丽无比。

色彩在自然景观构景中也起着非常重要的作用,在某些情况下,自然景观的色彩美胜过了其形象美,甚至在一定程度上改变了景观的形象,而赋予其特有的神韵。一棵黄栌从树形而言,可能难以给人带来丰富的形象美感,但当漫山黄栌一片火红的时候,则让人从整体上感受到了红色带来的蓬勃生命力。无名的野花野草的形象往往不能与阆苑仙葩媲美,然而当大地上呈现出花团锦簇的景象时,其魅力绝非玩赏单独的一枝名花可比。

自然景观的色彩可影响旅游者的情感,使其产生不同的情感和生理变化。大海深深浅浅的蓝色使人心境平和、宁静,森林的翠绿色令人感到快乐和充满希望,绚丽的花朵使人兴奋、开心……自然景观不同的色彩美共同陶冶着人们的性情。

（三）动态美

自然景观的动态美是指自然景观中"动"的因素所带来的美感,主要由流水、飞瀑、飘云浮烟、飞禽走兽、生命演替乃至大陆升降、岩石风化等因素而产生。奔流天外的大江发出惊天动地的吼声,清澈的泉水从岩石缓缓地流过,飞流直下的瀑布气贯长虹,这是流水的动态美;春雨过后,云海变幻,时而如大海波涛,汹涌翻滚,时而悠然飘逸,缠绵袅绕,置身其间,宛若"仙境",如作"云游",风起云动,云飘似山移,营造出"山在虚无缥缈间"的意境,这也是自古以来山水审美中的动态美;日出瞬间,天幕由漆黑变为五颜六色,最后一团红彤彤的"火球"一跃而出,腾空而起,在瞬息间变幻出千万种多姿多彩的画面,这是日出的动态美……大自然是神奇的,静的景观也会因风而动,风起云涌,柳枝摇曳……风是自然界产生动态美的一种重要动力。

需特别指出的是,有时相互间的空间位置并未改变,即一般所谓静止的景观,也能够产生动态美。例如由于地壳和岩浆运动造成倾斜的岩石"层理"(如武夷山的"五马奔槽")或岩柱,风化作用形成的"风动石",由岩石纹理与植物共同组成的某种形态(如桂林漓江沿岸的"九马画山"），某些建筑和雕塑（如哥特式建筑的尖顶），都给人以动感。

动态美使人活泼、有朝气，激励人进取。

（四）听觉美

形象美、色彩美和动态美是大自然带给我们的视觉美，然而神奇的大自然除了为旅游者提供视觉上的饕餮大餐，还为旅游者悉心调配了听觉天籁。浪花拍岸、雨打芭蕉、风舞山林、泉水叮咚、鸟语蝉鸣、竹林萧萧、钟磬鼓乐等声音，在自然景观中，都给人以天籁般的享受。有的景区建有"松涛亭""听泉亭"等，就是为旅游者提供欣赏自然界的"音乐"之便的。"流水无弦万古琴"就是欣赏水"演奏"的旋律。听觉美甚至有时会成为某些景观的特色。如浙江普陀山潮音洞有声若雷鸣之异，四川阆中音乐崖有步移声异之奇，峨眉山万年寺弹琴蛙可一唱百和。

此外，自然景观中的鸟语、风声、雨声、水声，在特定的环境中会对景观起到一种对比、反衬、烘托的强化作用，取得"此时无声胜有声"的效果。所谓"鸟鸣山更幽"即听觉美带来的景观美的体现。

自然景观中的不同声音带给人们不同的感情共鸣。柔美的声音、徐缓的节奏，使人松弛、沉静，有助于沉思；激越的声音、跳跃的节奏，令人欢欣鼓舞。对于久居闹市、长期生活在噪声环境中的人来说，去名山大川欣赏天然交响乐，无疑会使他们兴趣盎然。

（五）嗅觉美

嗅觉美是一种以生理快感为主要特征的审美享受，包括新鲜空气、海洋气息、木香、草香、花香、果香等给人带来的愉悦，其中最典型、最普遍者是花香。一年四季，自然景观中的香气季季不同。春日青草引领着百花散发出馥丽之香，夏日荷花泛出清雅之香，秋日空气中弥漫着桂花的蜜甜之香，冬日寒风中浮动着腊梅的幽暗之香。水果、稻菽、海风……大千世界给人以嗅觉之美者众多，就连泥土也有其芬芳，俗语常说的"清新的泥土气息"正属此。嗅觉美为自然景观的观赏起到了锦上添花的作用。

总之，旅游者在神奇而优美的自然景观中徜徉，所得到的美感形式多样而丰富，通过耳濡、目染、鼻嗅等感官系统可有节奏地同时感受到景观的声音、形象、色彩、动态、气味等自然之美，从而引起精神上的极大愉悦，获得至美的享受。

二、自然景观之美产生的根源：美在意象

旅途中，我们面对浩瀚的大海、飘零的落叶、皎洁的月光、壮丽的日出等常常会发出美的赞叹，但是也不乏这样的场景：面对同样的景观，有人觉得美不胜收，趣味盎然，有人却觉得索然无味，意兴阑珊。那么自然景观之美是如何产生的呢，为什么不同的欣赏者对同样的景观会有不同的审美感受呢？概而言之，这是因为，"美不自美，因人而彰""心不自心，因色故有"，情景交融，有象有心，"美在意象"。①

1. 美不自美，因人而彰

首先，自然景观本身无所谓美与不美，景观的美，不能单靠景观本身，它离不开欣赏者

---

① 叶朗，2009. 美是什么[J]. 社会科学战线，10：226.

的审美体验和审美创造。在旅游活动中,旅游者所面对的景观,如一枝盛开的牡丹,它的物质存在相对来说是不变的,但是在不同的旅游者眼中或同一旅游者的不同游览时间,牡丹之美却在变化。在黯然神伤的旅游者甲眼中,牡丹之美是红颜易逝的凄美;在志得意满的旅游者乙看来,牡丹之美是雍容华贵的尊崇之美。景观的客观存在是物质的,而旅游者对其形象的感知则是知觉的结果,有精神的因素。当旅游者把自己的生命存在灌注到其中时,景观的客观存在就可能升华为非客观的形式。因此,旅游者的欣赏活动总是与他们的创造性紧密相连。景观只不过是原材料,经过旅游者的加工、赏析、创造,才能显现出它的特殊之美。例如广西的象鼻山,不过是漓江水面上的石灰岩山石,但在旅游者的心中则是如同一头站在江边伸鼻豪饮漓江甘泉的巨象。旅游者的欣赏活动活化了山石与水,赋予山水灵魂,从而建构出不同的形象。因此,景观"美不自美",因人而彰显。

此外,景观之美因人而异,同一景观在不同旅游者眼中展现的美不同。并非所有旅游者对风景之美的感受都固定不变,而往往随着旅游者性格、情趣及心情的不同而变化。风景之美也是旅游者性格和情趣的一面镜子。朱光潜在《诗论》中说道:

> 景是个人性格和情趣的反照。情趣不同则景象虽似而实不同。比如陶渊明在"悠然见南山"时,杜甫在见到"造化钟神秀,阴阳割昏晓"时,李白在觉得"相看两不厌,只有敬亭山"时,辛弃疾在想到"我见青山多妩媚,料青山见我应如是"时,姜夔在见到"数峰清苦,商略黄昏雨"时,都见到山的美。在表面上意象(山)虽似都是山,在实际上却因所贯注的情趣不同,各是一种境界。我们可以说,每人所见到的世界都是他自己所创造的。物的意蕴深浅与人的情趣深浅成正比例,深人所见于物者亦深,浅人所见于物者亦浅。①

总之,不同文化背景、不同情趣的人,或同一人在不同心境下,欣赏同样的景观,所看到的景象、所体验到的意蕴是不同的。

2. 心不自心,因色故有

一方面,景观之美非完全客观,需"因人而彰";另一方面,景观之美也非完全"主体化",美的存在依托于景观的客观存在,即"因色固有",纯粹主观的"美"并不存在。景观美与否,是客体景观的本来面目在旅游者心中的体现。雪中怒放的寒梅,之所以美丽动人,不仅是因为旅游者的心灵之光照亮了梅花,而且因为梅花所具有的客观物质属性——淡淡的幽香、特殊的色彩、一定的形状;圆明园的断壁残垣,之所以吸引旅游者,不仅是因为旅游者读懂它们之后,其内部封存久远的文化意蕴奔泻而出,而且因为这些建筑自身所体现出的材质、色彩和纹理等物质属性。

3. 美在意象

景观之美既然既非实体化、外在于人的美,也非纯粹主观的美,那么景观之美源于何处呢?叶朗指出,景观之美,美在意象。② 审美活动就是要在景观物理世界之外构建一个情景交融的意象世界,即所谓"山苍树秀,水活石润,于天地之外,别构一种灵奇"(方士庶,《天慵庵随笔》)。"意象"的本质是"情景交融","情"与"景"的统一乃是审美意象的基本结

---

① 朱光潜,1984.诗论[M].北京:三联书店.
② 叶朗,2009.美在意象[J].北京大学学报,46(3):11—19.

构。观景之"情"与"景"不是相互截然分离的,而是相融相合、骨肉相连的。离开主体的"情","景"就不能显现,就成了"虚景";离开客体的"景","情"就不能产生,也就成了"虚情"。只有"情""景"的统一,才能产生审美意象。审美意象是一个感性世界,它借助于人的视觉、听觉、嗅觉乃至味觉器官,引入旅游者的情感,与其心灵进行碰撞,激起旅游者的感动,使其陶醉。李白心中的"床前明月光""月色醉远客",张先眼中的"明月却多情,随人处处行"是情景交融的世界,龚自珍目中的"落红不是无情物",杜甫看到的"感时花溅泪""可爱深红爱浅红""无边落木萧萧下"也是情景交融的世界。自然万物与人的生存和命运息息相关,因此当意象世界在人的审美观照中映现出来时,必然含有人的情感或情趣。换言之,意象世界必然是带有情感性质的世界,景中生情,情中含景,人的感情在旅游者和景观之间来回穿梭。

三、自然景观美的属性

自然景观之美,是指在审美活动中对鉴赏者具有特定审美价值的自然景观的品质特征,是自然景观区别于其他类型景观之美的独特属性。自然景观之美属于现实美,与典型的艺术美相较,稍显零散和粗糙,但更为生动和丰富。自然景观之美与人文景观之美虽然都属于现实美,但由于它们存在于不同的现实领域,两者之美亦有别。自然景观的美学特征主要表现在以下三个方面:

（一）自然属性

自然景观之美的自然属性是指自然景观的美具有非人为的客观性。一方面,一切自然景观最明显的特征就是物质性,它构成了自然景观审美符号的基础。自然景观的美都是其自身物质性的体现,如令人陶醉的流云、飞雾、绿水、奇峰、怪藤、苍松、劲竹、瑶草等景观之美皆源于其本性,是这些景观自然本真的体现,是大自然的造物。如果没有神奇、瑰丽的大自然,就没有峻岭的雄奇、水乡的明媚、落日的壮美、戈壁的辽阔。即使由人所种植的各种观赏类花卉草木,也必须依赖于其自身的生长发展规律,如草长草灭、花开花谢等,并通过其自然属性来表现其美丽。另一方面,自然景观之美具有非人际关系性。自然景观之美在于其自然属性和形式之间的关系,与人文景观之美相比较,它现实地存在于自然世界中,其本身并不构成人类社会关系。

（二）形式性

自然景观之美的形式性,是指自然景观的形式因素在审美活动中具有主导作用。与人文景观之美相比,自然景观之美的内容朦胧、宽泛、缺乏确定性,它更侧重于形式,且其形式清晰而鲜明、具体而生动、复杂而多样。例如,"日出江花红似火,春来江水绿如蓝"的视觉美,"鸟鸣啾啾"的听觉美,"落霞与孤鹜齐飞"的动态美,"鸟宿池边树"的静态美,"日出而林霏开,云归而岩穴暝"的变化美,"江作青罗带,山如碧玉簪"的形象美,"岸映松色寒,石分浪花碎"的感受美,"大漠孤烟直,长河落日圆"的意境美……当然,自然景观之美的形式并不是空洞的,而是充实着一些象征符号。如"大漠孤烟直,长河落日圆",美就美在它是一种有意味的形式,其意味来自符号实践漫长的文化建构。这种蕴含于形式之中的意味构成了自然景观符号的"气势"美。正因为自然景观的形式是激起人们强烈审美感受之所在,因此,人们在欣赏自然景观时,常常因自然景观的形式美,而忽视其比较隐晦的内容。如有些自然景观,虽然于人有益,但因其外形丑陋,人们都觉得它不美;而有些自然景观,尽管对人有害,但因其外形美丽,却可能得到旅游者的青睐。

(三) 多样性与变易性

多样性是指自然景观之美的形态具有多层次、多侧面、多角度的特征。同一自然景观从不同的角度、不同的距离去欣赏,往往会体会到不同的美感。即所谓"横看成岭侧成峰,远近高低各不同"。自然景观之美的多样性,还表现在许多自然景观常常是各种形态的美的综合体,如某些山峰常常集雄奇、诡谲、秀逸、幽深、险峻、妩媚、狂狷等多方面的美学特征于一身。

自然景观之美的变易性,是指自然景观之美具有动态性。同一自然景观随着季节、时令、天气或空间的变化,而呈现出不同形态的美。自然景观之美往往与时间紧密地联系在一起,随着季节的更替,景观有季相之异,一日随朝暮之变,景观有晨夕之分。同样的山景,春天山花烂漫,夏天青翠欲滴,秋天层林尽染,冬天银装素裹,一年四季表现出不同的色彩美。所谓"一道残阳铺水中,半江瑟瑟半江红""日落江湖白,潮来天地青",都是因朝暮的转换而形成的多姿多彩的自然景观。而同一自然景观在同一时间,因所处空间的不同,其景色也会有差异。黄山耕云峰上的奇石,从不同角度去看,形象各不相同,如耕地的犁头,像鞋靴,似松鼠。"人间四月芳菲尽,山寺桃花始盛开",描绘的就是春天庐山山下与山顶景色的不同演绎。总之,流动的时间与跳动的空间,共同交织成了万千美丽的自然景色。

可见,自然景观作为审美客体,形象丰富,有声有色,表现出不同于人文景观之美和艺术美的特点。人们在游赏自然景观时,只有细心体悟,方可发现其大美所在。

四、自然景观审美的价值

欣赏自然景观是人类钟情的一种审美活动。当旅游者寄身山水,陶醉于湖光、山色、松风、鸣鹤所构成的审美景观中,其躁动变得沉静,浮躁趋于安宁,浸润山水里的思想格外敏感和宁静,并能以一种闲适的心态品味世界、思考人生、追索生命的意义。因此,自然景观带给人的审美价值是不言而喻的。

第一,自然景观审美可以唤起人的生存及生命价值意识。自然景观的存在不仅使大地呈现出了生机盎然的迷人美景,还以草枯木荣、朝夕交替表现出生命新陈代谢的过程,展示出大自然的神奇与美丽,如青山绿水、鸟语花香、花开花落……自然景观都有生命的韵律。旅游者在自然美景的浸润中,无意识地通过"依类象形"的方式体悟到人与自然景观生命韵律的类同性,从而唤起旅游者的生命意识,激励其实现物我生命节律的共振。

第二,自然景观审美有利于增强人们对自然景观的保护意识。在人与自然景观构成的审美关系中,自然景观以其独特的魅力感染着旅游者的耳目,陶冶着旅游者的身心,形成了一种和谐的审美价值。旅游者有了这种体会和游览体验后,就会明白要保留这份美好,人们应顺应自然,多一份对自然景观的爱护之心,与自然和谐共生,让自然景观按规律发展,让万物自由生长,还自然一片"鸢飞鱼跃"的美好景象。

第三,自然景观审美可唤起人的社会文化意识,使其产生社会文化价值感。一次自然景观审美,对旅游者心灵的刺激是暂时的,但无数次的自然景观游赏,则长期刺激着旅游者的感官,陶冶着旅游者的情操,影响着其审美心灵的造就,会使其形成相对应的心理模式。个人审美意识在一定群体和文化圈中被接受,形成集体审美意识。集体审美意识被社会接受,进一步影响全社会,就形成了社会审美意识,并通过既有的文化遗存熏陶、影响着后人的感受方式。如中国旅游者观竹会想到高洁的气节,赏瑞雪压青松则想到松柏的坚贞等,这就是中国人在社会审美意识的作用下,欣赏某一自然景观时产生的审美价值。总之,自然景观审美对人类集体意识的传承起着重要的作用,其产生的价值在一代代人的审美活动中发生作用而成为凝结的价值。

此外,面对自然景观,旅游者基于不同的生活境遇、文化素养和心理素质等会产生新的审美意识成分,如新的情感体验、思想意志等,这些都是旅游者未来艺术创作的灵感和创新源泉。

第三节　自然景观审美的方法与能力培养

随着经济的发展,社会的进步,人们的精神文化生活日益丰富。尽管自然景观审美只是人们多彩的精神文化生活之一隅,但它是反映人类文明的高层次审美活动,将随着物质文明水平的提高而不断发展。所谓高层次审美活动,是人类社会发展到一定阶段才产生的,而一个人也只有在具有一定文化素养的条件下,才会产生高层次审美需求。同时,自然景观审美能力不同,人们对美的感受、理解就会有差异。因此,只有培养自然景观审美能力,提高自然景观审美层次,才能充分领略、欣赏和享受大自然赐予我们的自然景观之美。

一、自然景观的审美层次

自然景观的审美层次,是指旅游者发现、感受、理解、评价和欣赏山水美的能力和深度。其中包括审美意识、审美经验、审美素养、审美感受以及一定的生理心理结构和想象能力等多种因素的结合。① 面对同样的山水和花草,不同的人所获得的审美享受不尽相同,有的认为是人间至美,有的认为平淡无奇,甚至还有的感到索然无味。自然景观是客观存在的审美对象,审美主体之所以对美的感悟有种种差别,是因为审美主体的自然景观审美能力和深度(即审美层次)存在差异。这种差异大体可以分成由浅入深相互关系的三个层次,即"悦形""悦情""畅神"。这三个层次呈现逐层递进的关系。自然景观审美活动过程,首先是旅游者通过观赏自然景观的形式美,如形象、色彩、声音、动态等,引起心理、生理上的愉悦感。进而基于旅游者的审美个性、文化素养等,在旅游者与景观间情景交融达到"悦心""悦情"阶段。最后,经过感性和理性的融合统一,升华为"悦志""悦神"的境界。

1. 悦形

悦形是指旅游者通过感觉器官欣赏自然景观所引起的最初的情绪激动,是客体信息

---

① 谢凝高,1993.山水审美层次初探[J].中国园林,3:103.

传递到主体感官系统所产生的直观反应。旅游者所体会到的这种美感,通常以直觉为特征,往往旅游者在看到自然景观后,无须过多思考,便可瞬间感受到景观之美,同时唤起感官的满足和喜悦。换言之,任何山水风景美,首先是以其特有的形式通过耳、目等感觉器官感知,激起生理舒适与情感愉悦的交融,进而产生心灵的美感。这也意味着,悦形是最普遍也是最初级的审美感受层次,如果旅游者不能感受到这一层次的美,也就不会有更高层次的审美体验。人们看到山清水碧、鸟鸣花开、晚霞披彩,首先是自然景观的形、音、色的客观表象给人的直观感受,是其形式美令人耳目一新,进而唤起愉悦之情。旅游者在山水之间审美,观山如卧佛、如象鼻,观水清澈,观云多变,观花艳丽,听泉如歌……情趣盎然,凡此种种,皆以形论美,得形而乐,谓之悦形。那些具有新、异形式美的自然景观,更会引起旅游者的新鲜感和愉悦感。然而,"悦形"的审美感受,仍主要是主体的直觉感受,没有想象和移情的介入,并没有形成主客体的交互,还有待于进一步的扩展和深化。

应该指出的是,欣赏山水过程中所体验到的悦形感受,并非纯直觉和感性的,而是渗透着一定的理性和社会因素,是文化在自然中渗透的结果。

2. 悦情

所谓悦情,就是审美主体在悦形基础上,获得大量的风景信息,有了丰富的山水审美经验,经过对比、联想等心理思维活动,有时还赋予自然景观(客体)以某种人格和灵性,在主体处于超脱状况下,进行主客体之间的审美感情交流,从而达到"物我相亲,情景交融"的境界。

悦情作为一种审美认同体验,其发生往往需要旅游者具有以下三种心理活动:一是把自己或他人类比于审美对象。如心情不佳的旅游者,看到飘落的黄叶,感于萧索之景,把自己类比于落叶。二是审美主体把审美对象类比于另一抽象的事物。如孔子将山和水的某些自然特征和规律性,比作贤达之士的优良品德,即把山水美与人的品德视为同一的美德,提出"仁者乐山,智者乐水"的"比德说",认为人与山水可相互学习交流,相得益彰,通过这种交流达到主客体审美情感的融合。三是审美主体将自己的情感移入审美对象,把审美对象拟人化或神化,赋予山水景观以动人的灵性。如观赏石林、长江三峡神女峰的旅游者,若对石林阿诗玛的传说、长江三峡神女峰的故事耳熟能详,在欣赏时,则可能将眼前景观与爱情故事结合起来,浮想联翩,情景交融。总之,得到悦情感受的旅游者以各种方式寄情于审美对象,赋予无知无觉的自然山水某种品格和感情,活化山水,与山水进行审美感情交流。

相比于悦形审美限于审美客体的形象结构,悦情审美则是对自然景观的自由想象和理解状态,旅游者在凝神山水的那一刻往往借助了想象的翅膀,"精骛八极,心游万仞",已经超过了自然景观的具体形象,而深得景观其中蕴含的深刻意味。尤其是旅游者的已有经验与看到的景观感性形象吻合交融时,他们便会在审美过程中创造出"象外之象,景外之景",从而深化和丰富审美感受。例如,既没有审美经验,也无一定知识积淀的旅游者,面对五岳之首泰山,所看到的只是泰山的形式美;但了解泰山的历史,拥有与泰山有关的文章、诗词、游记、小说以及绘画等知识的旅游者,登临泰山时则可能有一见如故之感,生发出内心的愉悦感,仿佛进入了情景交融的审美境界。

3. 畅神

南宋山水画家宗炳在《画山水序》中指出:"至于山水,质有而趣灵……云林森眇……万趣融其神思……畅神而已",从而提出了山水"畅神"的美学观。畅神,是以人的精神自由为出发点,在摆脱功利欲求杂念的状态下,以超然的心境去观赏自然景观,并且在此过程中,欣赏者与自然水乳交融、心物交应感受到愉悦的状态。它在悦形和悦情的基础上,登上了审美的最高层次,包含了一种把有限的自我融入无限的宇宙的努力,进入了山水审美的自由王国。

从宗炳的审美体验来看,获得畅神审美体验的旅游者一般要达到以下条件:

首先,旅游者须性好山水,且具有高情远致,在欣赏自然景观时,可全身心地投入自然山水的怀抱,与山水融为一体,忘记世俗的功利与烦恼,沉浸于自然山水的大美之中。宗炳能够在欣赏自然景观时达到"畅神"的境界,开辟通向山水审美自由王国的新大道,与他学识渊博、善书画、好山水、"怀尚平之志"是分不开的。

其次,旅游者与景观之间应"澄怀味象,应会感神"。也就是说,旅游者进行审美时只有摒弃一切世俗所见和现实功利,将心沉静下来,形成虚静空明的心境,以纯净或无限自由的心境,全身心地投入到审美中,才可能与所观之物、所味之象的内在性灵相融通。白居易"仰观山,俯听泉,旁睨竹树云石,自辰及酉,应接不暇",之后他感到"俄而物诱其随,外适内和。一宿体宁,再宿心恬,三宿后颓然嗒然,不知其然而然"。可见他在自然景观的审美过程中,心随景化,沉醉于自然山水美的王国之中。这是一种优柔和谐、至情至深的审美境界。这往往是旅游者与秀丽、幽深之景融合而产生的审美境界。思接千载、视通万里的想象,则多与雄伟、敞旷景观融合而产生,如李白的"黄河之水天上来,奔流到海不复回""飞流直下三千尺,疑是银河落九天"等境界,都是通过奇、险景观形象的"应目会神",所产生的深层神思和联想。

最后,旅游者与景观之间达到"物我同化,景中得理"。山水审美的"物我同化",是指审美主体认识和把握客体自然美规律时,主体对客体的欣赏全身心地投入,从而出现了主体完全客体化,即主体进入物化状态,其审美意识和思想行为与自然美规律产生共鸣融合时的审美境界。景中得理,是旅游者通过深入的审美活动,把握景观的深层美和自然规律,领悟山水之灵魂,将山水审美境界提高到哲学高度,进入山水审美的自由王国。如苏轼在庐山玩赏时,感悟到"横看成岭侧成峰,远近高低各不同。不识庐山真面目,只缘身在此山中"。这不仅把握了庐山整体特征,而且赋予了山峰形态哲理意义。因为庐山形同一座巨型笔架,故横看成岭,侧看成峰。只有绕庐山一周,全方位观察,才能发现其真面目。卞之琳游赏时发现"你在桥上看风景,看风景的人在楼上看你。明月装饰了你的窗子,你装饰了别人的梦",赋予了风景和"赏景人"新的意义,得出了"人观景,人即景"的感悟。

"畅神"审美结果彰显了一种摆脱"人为物役"的尘世功利束缚的审美境界,追求精神的自由和超越,是一种回归自然的态势,这也是自然景观审美的最高境界,在很多情况下,旅游者的审美体验可能仅仅停留在前两个层次。要想得到"畅神"的审美感受,除了深入自然的怀抱,观大势、察文理、目凝神飞,还需要了解更多的山水科学和文化知识,以利于得"山水之质"。总之,知识掌握得越多,在山水审美中所激发的联想越多,想象越丰富,也就越有利于审美主体进入美的自由王国,欣赏层出不穷的美景。

自然景观审美的三个层次处于一个动态变化的过程,随着旅游者审美能力的增强,可从低层次逐渐向高层次转化。

二、自然景观的观赏之道

自然景观是一部动人心弦的交响乐,要得其中真味,需用审美的心灵、科学的方法,找到美的轨迹。概而言之,观赏自然景观的基本方法有以下几个方面:

(一)确定观赏角度

许多自然景观在不同的观赏位置,因距离、角度的变化造成了透视关系、纵深层次、视野范围的差异,因而所产生的美感不同。自然景观审美时最佳位置的选择是由距离和角度决定的。

自然景观是神奇的,不仅每一处自然景观独成风景,而且,不同的自然景观之间一起一伏,或高或下,形成有节奏的空间。因此,在欣赏自然风景时旅游者要"用心灵的眼,笼罩全景",从宏观上由近推远,由远及近,从整体观察审美客体与其所在景观场各个组成部分的有机联系,注意景观的四面八方,以把握全景的阴阳开合、高低起伏的节奏。在中国山水画中有"三远"说,这同样也适用于赏景。所谓"三远","自山下而仰山颠谓之高远,自山前而窥山后谓之深远,自近山而望远山谓之平远"①。而旅游者所处位置不同,景色有异,"高远之色清明,深远之色重晦,平远之色有明有晦。高远之势突兀,深远之意重叠,平远之意冲融而缥缥缈缈"。可见随着旅游者的视线变化,所见之景起伏流动。如北京颐和园的万寿山,如果从西边的玉泉山看,万寿山只不过是一个单调的小山头,无美可言。如果从东边的……看,万寿山林木苍翠,高峻雄伟,玉泉山和西山的群峰也成了颐和园的景观了。这样,远景朦胧,近景清晰,构成了一幅层次分明而完整的图画;同时,每个独立景观又是一个由不同部分构成的有机整体,宏观欣赏全景固然重要,仔细欣赏景观中的局部空间同样精彩。这样的观赏可以让人们由近知远,由小观大。如山中的一木一花、一泉一石可能都承载了整座山峰的典型特征和灵气。

宏观欣赏和微观细察是相辅相成、辩证统一的,它是欣赏、把握自然景观美的规律和实质的审美观念和方法论。在自然景观欣赏过程中,既要俯仰宇宙以取山川之势,又要微观细察,以得景象之实。这样观赏的效果才会虚实相生,相得益彰。

(二)把握最佳审美时机

一般而言,自然景观具有节律性,往往随时间、天气、季节的不同而呈现出不同特点,因此,在不同时间、天气、季节条件下,自然景观之美形态各异,甚至有的自然景观现象只出现在特定的时间,一旦错过,景象皆非。作为旅游者,学会选择最佳观赏期就显得尤为重要。如观赏梨花的娇羞,宜在雨后天晴的时候;观赏腊梅的孤芳自赏,宜在雪后初霁的时候;观赏庐山的变灭如虹,宜在春夏多雾的时节;观赏钱塘怒潮,宜在初秋时节……总之,只有了解自然景观的运行规律和本质特征,才能把握住最佳审美时机,享受世间至美。

---

① 本部分内容参考宋朝郭熙《林泉高致·山水训》。

(三)充分发挥审美想象

审美想象是通过对审美知识表象进行加工改造,形成新的艺术形象的过程。在自然审美的过程中,审美想象尤为重要,它如同一条彩带把自然景观和人文知识巧妙而协调地联系起来,从而使眼前的景观更加灵动而多情,对旅游者产生更大的感染力。如宋朝时期,苏轼在清明的雨后游览西湖,西湖婀娜多姿,风姿绰约,不管晴姿雨态还是花朝月夕,总是风情万种,这激发了苏轼审美灵感的翅膀,他将西湖想象成有同样美的风姿的西施:无论浓施粉黛还是淡描娥眉总是美的,并赞叹道"欲把西湖比西子,淡妆浓抹总相宜"。他用一个奇妙而又贴切的比喻,描绘了西湖的神韵。这个比喻得到后世的公认,从此,"西子湖"就成了西湖的别称,西湖也因此诗句更加迷人。

旅游者可通过三种类型的审美想象对自然景观进行欣赏:一是感知想象。在此想象中,联想扮演着重要的角色。旅游者要由眼前景观联想到其他物品,由实景推及虚景。联想又可分为接近联想、类似联想和对比联想。接近联想,是由景观与其他物体表象的接近所引起的联想,如看到小草,想到春天的脚步近了;看到落叶,想到秋天即将到来。对比联想,是将眼前景观与其他物体表象之间进行对比引起的联想,如看到脚下坚挺的山峰和空中的浮云,从而产生"万族各有托,孤云独无依"的联想。类似联想,是感知自然景观与其他物体表象之间的类似而引起的联想,如范仲淹在风景秀丽的富春江,想到严子陵的人品与山水之美相得益彰,赞颂其"先贤之风山高水长"。二是再现想象。即看到眼前之景后,通过记忆唤醒过去的某些感知表象,这类想象蕴含着思想、凝聚着情感,需要旅游者有一定审美经验和广博的文化知识。如了解三峡的神女峰与楚襄王梦遇女神的爱情故事的旅游者,观三峡时如联想起这些爱情故事并与眼前之景结合起来,则可能浮想联翩,情景交融。三是创造想象。它是指旅游者对所观赏的自然景观进行创造性的改造和变形,从而产生新的形象。如白居易农历四月来到大林寺,山下已是芳菲落尽,但不期在高山古寺之中,又遇上了含苞待放的桃花。白居易妙笔生花,一方面,将春天看成与人捉迷藏的孩子,让春景有了一份童真;另一方面,"长恨春归无觅处,不知转入此中来"又将美妙的春天延长了。真景和幻景交织变幻,皆影映于心灵视野中,旅游者超越了时间和空间的界限,而陶醉于这自然美的王国之中。

总之,要观畅神之景,获得更大的审美享受,旅游者要充分发挥审美想象,以各种方式寄情于审美对象,展开想象的翅膀,赋予本无知觉喜怒的自然景观以某种人情品格,给它们以形象的比喻和美好的附会,使它们表现出令人心醉的美。

三、自然景观审美能力培养

自然景观总是美的,然而"对于非音乐的耳朵,最美的音乐也没有意义",因此,对于对自然景观没有兴趣,也不具备一定的审美能力的人而言,奥妙无穷的自然景观不过是一堆冰冷的无情物。要想在自然景观中听到绿水弹奏的无弦琴音,看到青山描绘的千秋画作,审美主体的审美能力和审学素养是必需的。概而言之,自然景观审美能力和审美素养的培养可从以下两方面着手:

1. 培养山水之趣

随着社会经济的进步、城市化水平的提高,以及人与自然的渐行渐远,人们对自然山水的眷恋、对山水审美的渴望,将可能日趋强烈。人是自然之子,流连山水间乃"回归自然",对于抖落一身的疲劳、涤荡精神的萎靡、陶情冶性大有裨益。要培养对自然景观的观赏兴趣,一方面,要学会留心身边的自然景观,捕捉和发现身边的自然之美。每个人都生活在美丽的自然之中,只要放慢脚步,早上会听到鸟儿婉转的歌唱,中午会看到怒放的鲜花,傍晚会发现多彩的晚霞。当留心成了习惯,我们就会对大自然越来越兴趣盎然,并能敏锐地发现周围的自然之美。另一方面,要尝试到大自然中旅行,欣赏自然之美。兴趣分为生而有之的本能兴趣和后天培养的习得兴趣。习得兴趣源于知晓和了解,不去观赏和不懂得观赏自然风景,也缺少对风景的耳濡目染,对山水的兴趣自然寡淡。然而,当迈出了自然景观旅行的第一步,或许在奇山秀水的刺激下,会与自然一见钟情,从而打开山水审美的心灵窗口,进而爱上自然景观审美,并使审美不断地深化和升华。

2. 读万卷书,储博学之识

自然景观审美离不开文化知识的积累。其一,自然乃万卷无字之书,常常集地理、历史、文学艺术、书法石刻、宗教信仰等于一体。旅游者如果没有一定的审美素养,就难以真正领略、理解、欣赏自然景观之美。其二,一定的知识积累,既有利于旅游者认识纷繁的自然景观和各种构景要素的形式特征及其规律性,也能丰富旅游者的想象力,使旅游者思接万年,视通古今。

为山水审美而读书,需要读那些传统的山水文化,包括哲学、美学、诗词、游记、画论,以及园林志、地理志和名山志等有关山水审美的知识和理论,从中汲取有用的知识营养。山水审美知识和理论是不断积累的,那些符合山水审美规律的山水文化、艺术是永恒的,不因时代的变化而变化。如莲花之美与"不蔓不枝,香远益清,亭亭净植"的诗意之美,杭州西湖之美与"欲把西湖比西子,淡妆浓抹总相宜"的诗境之美,富春江之美与黄公望《富春山居图》之美,会稽山之美与谢灵运山水诗之美,泰山之美与泰山封禅文化之美,五台山之美与佛教文化之美等,都是永恒的。读书更应读现代与山水有关的科学文化书籍。山水审美,离不开山水科学,尤其山水美学是涉及许多学科的综合科学,要读些现代的地质、地理、植物、环境、生态、气候、水文、建筑、旅游等科学文化知识,了解这些知识对山水审美水平的提高大有裨益。

总之,自然景观审美能力的提高如同游山览景的登山道一样,虽然每登高一步,都需付出努力,但拜自然为师,多学多看,多积累直接或间接的审美经验,将可能到达最佳的境界,直通审美巅峰。

四、自然景观赏析案例——黄山松石相争之美

在了解自然景观美的形式和欣赏方法之后,下文将以我国久负盛名的美学家、文艺理论家王朝闻先生对自然景观的欣赏为例,学习如何欣赏、感受这些"天开图画"。

王朝闻先生对大自然充满着感情,黄山的一山、一石、一松,常常让他如痴如狂。在游黄山时,他敏锐地捕捉到了黄山松石的独特之美,并与唐宗良先生一起分享,令唐先生印象深刻。

下文为作家唐宗良先生及美学家王朝闻先生一起游览黄山时，唐宗良先生记录下来的王先生赏析黄山松石的过程和美学分析。

  黄山的松树，千姿百态，无奇不有。盘根错节的龙爪松，宛如苍龙巨爪，刚劲有力；粗壮结实的黑虎松，虎虎有生气，拔地而起；卷曲伏地的卧龙松，似一条正在栖息的小龙，稚气赖生，讨人喜欢。此外，还有迎客松、送客松等。除了松树，黄山的石头，也是各具特色，似是而非。正是这些松、石，还有云海、涣水、山脉等才构成了奇美的黄山。

  但是，在一般画家的纸上，大都只有迎客松，其他松很少见。对此，王朝闻大为不平，他常对我说，每棵松树、每块石头都有它特殊的美的地方。迎客松美，但它终究替代不了其他松树能给人的美。老是画迎客松，好像黄山就只剩这一棵树了，这实在是太委屈了其他的松树了，不公平。

  一天下午，我与他重游清凉台，路上偶尔发现了一棵不为人注意的松树，它长得特别怪，树身的下部是单干，往上伸展，分裂为两株，弯弯曲曲地从一块顽石底下钻出来。王朝闻站在这棵不知名的受人冷落的松树前，许久许久，他赞叹地对我说："这景致美，你瞧，这顽石有点霸道，硬要把松树挤掉，但松树也不示弱，在顽石的重压下，弯曲生长，也在使劲，想把顽石掀翻。是啊，自然界里本来充满着生存的竞争。"接着，他又考我了："你能联想出什么来？"说真的，此行黄山，是我平生第一次游山，只觉得新奇，很少去思索，尤其是美学上的一些问题，更不待言了。王朝闻见我不语，就说："我看，松与石像两个人，在互相争斗着。因为，社会生活中充满着美与丑，善与恶，真与假的斗争，双方互不相让，所以，我才能由这松、石联想到人。欣赏者心目中的自然美，是能够联想到人和人的生活，尤其是体现了人们曾经历过，或者注意到了的那种生活现象。"

从上文中我们可以看到，王朝闻先生在欣赏黄山松石时，首先对它们的形式美进行了观赏："黄山的松树千姿百态，无奇不有""树身的下部是单干，往上伸展，分裂为两株，弯弯曲曲地从一块顽石底下钻出来"；黄山的石头，也是各具特色，似是而非。树形和石状，令王朝闻先生和唐宗良先生耳目一新，激起心灵的审美愉悦，产生了"得形而悦"的第一个层次的审美感受。因王朝闻先生具有深厚的美学修养和审美经验，且对山水美的特征和规律了解深入，因此，他在"得形而悦"的基础上，内在的某些特殊感情因共鸣而被唤醒，并通过对比、联想等心理思维活动，赋予了黄山松、石人的品格和灵性，如顽石"霸道"，松树"不示弱，想把顽石掀翻"。并因此想到"社会生活中充满着美与丑，善与恶，真与假的斗争，双方互不相让"，进而联想到"松与石像两个人，在互相争斗着"。王朝闻先生在此阶段实现了他与松石之间的审美情感交流，达到了"物我相亲，情景交融"的境界。

  自然景观审美是人们体验自然界生命律动和惊心动魄之美的过程，同时也是对自然美进行创造的过程。松石作为客观自然物是静止的、无思维的，但它们却使王朝闻先生联想到了生活哲理，感受到了社会与自然的和谐之美。由此，人们如果要发现和把握自然美，首先要准确地把握人的美和社会生活的美。把握不住人的美也就很难把握自然的美。

只有积累广博的自然科学和社会科学知识、深厚的美学素养，了解人生，才有可能由自然景观的触发，思接千载，得到独特的美的享受，才能如王朝闻先生那样去发现类似松石相争的美。

总之，自然景观审美虽然是深不可测的学问，但只要善于观察，善于分析，反复思考，持之以恒，总能欣赏到险峰的"无限风光"。在这个过程中，审美主体要有一种精神，也就是松石相争的精神，在任何困难条件下都不屈服的精神。

第四节　绘画中的自然景观审美

如泰戈尔所言，"艺术家是自然的情人，所以他是自然的奴隶，也是自然的主人。"在面对大自然时，艺术家既可以静观，也可以反照；既可以发现常人所不能发现，也能表达常人所不能表达。以自然景观为主题的画作是画家对观赏到的自然的高度浓缩和提炼，既透露着艺术家的个性，也传承着他们所生活社会的文化与美学基因。故而，绘画中所隐藏的自然审美观更加生动、鲜明地体现出了中西自然景观审美的差异！

几千年的历史长河中，中国与西方以自然景观为主题的画作均浩如烟海，宏观的比较恐过分抽象、难以把握。因此，本节将以中西绘画中相似体裁的作品为例，阐述中西自然景观审美的异同，探究生成不同自然审美观的文化诱因。

一、中西绘画中的自然景观

自然景观之美是人类艺术的一个古老而永恒的话题。自古以来，中西画者倾心于山水花树等纯粹美好的自然之景，用心灵之光照见活泼、灵动的自然之美，画诸笔端，留下了不计其数的以自然景观为题材的画作。中西画者因对人与自然万物关系追问与观照结果的不同，自然景观类画作的艺术精神与审美特点也千差万别。

为了一探中西绘画"自然美"诠释的特点，我们将选择技艺水平相近、绘画主题类似的画作进行比较，以管窥中西绘画中自然景观审美之一豹。朱耷，是中国明末清初卓越的写意画艺术大师[1]。他的一生中写荷、咏荷，传世的荷画作百余幅[2]。法国画家莫奈是西方印象主义画派的一代宗师，一生画作寄兴于睡莲。据不完全统计，在大约30年的时间，他创作了181幅关于睡莲的作品[3]。可见，朱耷与莫奈都将画睡莲科植物视为艺术生命中举足轻重的一部分，并且二者都是大师级的画家。因此，对二人笔下之植物的比较，或能洞见中西自然景观艺术审美的差异。

---

[1] 范曾，2006. 八大山人论[J]. 北京大学学报（哲学社会科学版），5：130—138.
[2] 朱良志，2010. 八大山人艺术的孤独精神[J]. 文艺争鸣，16：16—21.
[3] 舒芯成长空间. 为何印象派大师莫奈画了181幅《睡莲》？匪夷所思的为情所困！[EB/OL]. [2022-10-08]. https://www.sohu.com/a/316312251_692290.

（一）朱耷及其荷作赏析

1. 朱耷生平

朱耷(1626—1705)，号八大山人(以下简称八大)，具有纯正的明朝朱姓皇家贵胄的血统。他自幼聪慧过人，大约8岁时即可出口成诗，11岁时就能画山绘水，15岁时偷偷参加了当时的科举考试，不费吹灰之力考中秀才①。当八大即将开启传奇人生之时，人世陡转。1644年，清军入关，崇祯皇帝被迫自尽，明亡。紧接着，八大父亲离世，其整个家族作为明朝"贻患"遭到迫害。不久，他的妻儿在逃亡时被杀害。顷刻之间，山河不在，国破家亡，生命维艰。23岁时(1649)，他剃发为僧，遁入空门，隐姓埋名，潜居山野，以躲避随时可能来袭的杀身之祸②。1662年，他在历经十三年的佛教徒生涯后，又转而开建道院，进一步寻找生命的真谛与意义。1687年，他离开道观回归故乡。对佛道多年的参悟，使得八大的艺术作品留下了深深的禅道烙印。晚年，八大流落南昌街头，寄居于破庙败庵之中，过着贫寒孤寂的日子，并于1705年离开人世③。八大一生，身负家仇国恨，但他作为一介文人，既无力反清，也不能复明，甚至为保护自己，万千情绪也不敢诉诸文字。于是，手中的画笔，就成为八大挥洒万千感情的利器，而其一幅幅画作则写照人生，倾泻情感。

2. 朱耷荷作赏析

八大一生寄兴荷花，留下了大量荷花作品。这些荷作既彰显了其独特的人格精神，也烙印着中国文人士大夫的审美观，呈现出如下特点：

（1）在内容表达上，重在写意与表达情感，对荷花的表现重在神，不求形似。

一方面，八大托荷寄兴，以荷比德，体现自尊与不屈。八大倾心荷花，以荷映射自身，并用心灵之光照见荷开落之间的美，表达其精神追求。他笔下之荷种类繁多，或菡萏欲放，或莹莹盛开，姿态不一而足，许多与自然中的荷并不相同，但均清丽出尘，呈执拗之势，蕴含着八大对生命的认知，彰显了自身品性。如八大的《杂画册》的第一开画《荷花》，画面仅现一枝卓然不群的菡萏(见图2.1)，独自傲立于荷塘之上。初看是亭亭玉立的荷，再看则似一把镰刀或利斧，充满力量和倔强。那一枝独立的荷即是孤单的八大，虽然生存环境四处"淤泥"，但其生命高洁、不屈，凛然不可侵犯。八大晚年的作品《河上花图》既是绘荷，也是写照自己的人生。卷首之荷，枝繁叶茂，生机勃勃，如幼年八大，前程远大；中段之荷，夹缝中生存，艰难中生长，执拗倔强，暗示青年时的国破家亡，生活窘迫，但其志与尊严不可夺；卷尾之荷，满目乱石衰草，或隐或藏的荷亦是凋零萧瑟之状，但是仍与兰草竹叶相伴，展露出八大步入晚年，历经困窘，对高洁之追求始终不改。因此，八大笔下的荷，貌似是对自然之荷的描绘，实则是对其自身生命与尊严的写照。

---

① 米舒. 朱耷之癫［EB/OL］.（2019-06-21）［2022-06-06］. https://baike.baidu.com/reference/501139/37d5EtLaz03IWzji-loAHcXnTciKHjxrwG4b4vUCpooZwsFGzFIlJMAU4qHIoST2tdks_rCvKbonqOZSo1W2POqOn5MkMxKsz5qvuRso1b_-hrt6HFL5ozCP.
② 陈世旭, 2014. 孤独的绝唱：八大山人传［M］. 北京：作家出版社.
③ 俞兆鹏, 1982. 八大山人的生平与艺术［J］. 江西社会科学, 5：105—109.

图 2.1 《荷花》
图片来源：朱良志,2010.八大山人艺术的孤独精神[J].文艺争鸣,16:16—21。

另一方面,八大澄怀观道,以荷作体现对人生命价值的认知。

1644 年,随着明亡,八大国破家亡,自己隐姓埋名,离群索居,开始了独居的生活,直至生命的尽头。但这样的人生体验,让八大对人的生命价值有了更深入的思考:人生只有孤独才是真实的,孤独是通往自由之径[①]。因此,八大画笔下的荷是孤独的,也是自由的。如八大作于 1692 年的《莲房小鸟图》图轴(见图 2.2)中,仅现一枝莲枝自左侧向右倾斜而出,曲而有力,莲枝顶部是结有如珍珠般莲子的莲房。莲房之上一只张口瞠目的小鸟,用纤细的长足立于莲房之上,一双翅膀似乎还在动、止之间,闪烁不定。画面干净、安宁、毫无喧嚣,天地之间只有荷、鸟相伴。《安晚册》的第十幅《荷花小鸟图》(见图 2.3),画面舒朗、简洁,但见墨荷错落,两枝荷枝自水中出尘挑起,其中一枝荷枝上落有一只单足而立的小鸟,小鸟垂首沉思,单目斜视。荷是孤的,鸟是单的,画面悠闲恬淡。《杂画册》的第一开画,那枝含苞待放的荷也是孤单的,但是曲而立的身姿充满力量。因此,这样的孤单更多地体现了八大对外物的无所依傍,以及几经乱世不向世俗屈服的倔强。八大深受禅宗思想影响,在禅宗哲学中被依赖的外物是一种非存在,当人脱离了对非存在的依傍时,也就实现了心灵的自由与透脱自在。因此,八大画笔下孤单的荷即是他对人生自由途径思索的艺术体现。

---

① 朱良志,2010.八大山人艺术的孤独精神[J].文艺争鸣,16:16—21.

图 2.2 《莲房小鸟图》
图片来源:朱良志,2010.八大山人艺术的孤独精神[J].文艺争鸣,16:16—21。

图 2.3 《荷花小鸟图》
图片来源:朱良志,2010.八大山人艺术的孤独精神[J].文艺争鸣,16:16—21。

(2) 在艺术特色上,八大笔下墨荷通过墨色的浓淡、线条的瘦腴、刚柔、曲直营造淡雅之感,构图大多极简,笔墨简练,画面有大片留白,气韵生动。

如《杂画册》的第一开画《荷花》,仅在画面右下角用或浓或淡的墨,晕染几片荷叶,荷枝从荷叶中向左斜上方高高挑起,含苞欲放的荷花在左上方傲立,画面其他地方均为留白。《莲房小鸟图》既无荷塘、荷叶,也无盛放的荷花,仅有一莲房一小鸟,简单的构图元素,灵动的小鸟,大片的余玉,给欣赏者留下了无限的想象空间,带来了悠远深邃的情感体验,让人回味无穷。《河上花图》(见图 2.4)则以呈现河中清荷的千姿百态为主题,荷梗或弯或斜或卧,荷叶舒舒卷卷,浓淡相宜,荷或盛放,或含苞,或隐或现。荷叶多用粗笔,用浓墨去渲染,随意挥洒,不羁狂放,浓、淡、焦、润等诸多墨色淋漓尽致地呈现在画面中,层次分明。荷花的花瓣儿,多用细笔去勾勒,一圈而就,并且是双钩,均留下了气口,气足神满,与荷叶相映成趣。整幅画中,用墨浓淡相宜,画风上刚柔相济,取法自然。

图 2.4 《河上花图》局部

图片来源:https://www.sohu.com/a/544732631_121124775.访问时间:2022-10-08。

总之,八大山人以墨白之色,在似与不似之间、在意象的引导下描绘着两种荷。一种是天地之间荣枯开谢,随四时而变的植物荷花;另一种是寄寓八大生命写照,抒发生命尊严与人生态度的隐喻之荷。八大荷作的生动气韵与呈现出的意象,带给欣赏者精神上的震撼与感动。

(二)莫奈及其睡莲赏析

1. 莫奈生平

莫奈(1840—1926)是法国印象主义画派代表人物和创始人之一。[①] 他出生于巴黎的一个商人之家,自幼酷爱绘画。18岁时,开始跟随风景画家欧仁·布丹(Eugene Boudin)在室外作画。19岁时,莫奈在巴黎开始了坎坷、辉煌的艺术之路[②],开始将画夹子从室内搬到了户外。1872年,莫奈以勒阿弗尔的某处海景为对象创作了《日出·印象》。该画画面朦胧模糊,笔触随意,展示了一种雾气交融的景象,波光粼粼的海面反射着天空和太阳的光影和色彩,被评论家讽刺为"印象主义"画作。莫奈将错就错,将自己开创的绘画风格命名为"印象主义"。

莫奈一生对睡莲情有独钟,睡莲是他艺术生命的创作主题。仅1897—1926年,他就创作了181幅关于睡莲的作品。在人生暮年,莫奈从庄园外引入流水,在自家园内修建了一方小小的池塘,水面放莲,水边栽柳,营造了令人意醉神迷的"莫奈花园"。自此,他对着

[①] 何政广,1998.莫奈:印象派绘画大师[M].石家庄:河北教育出版社.
[②] 申永红,张京峰,2010.解读印象派大师莫奈及其作品[J].山西大同大学学报(社会科学版),24(1):109—112.

院子里的这些睡莲,在不同的光线之下,在晨曦转换之中,在四季更替中,一遍遍地描绘着睡莲在水中的波光摇曳,色彩缤纷。

2. 莫奈的睡莲作品赏析

莫奈是睡莲的虔诚欣赏者与膜拜者,他带着西方文化的基因,用画笔解读着睡莲。概而言之,其睡莲画作具有以下特点:

(1)就内容表达而言,莫奈笔下的睡莲作品,是他对大自然中观察到的风姿绰约的睡莲真实形态与客观外形的表达,但其晚年作品在写实的基础上有了些许写意的韵味。

面对美丽的睡莲,莫奈选择睡莲最打动他的瞬间印象,并将睡莲在那一刻的状态凝固为永恒的时光。与此同时,他又通过晨夕之异、四季之别、光线变换描绘着同样的睡莲在不同时间的景象,让欣赏者感受到了睡莲历时景色的微妙演变,将绘画从凝固的时光变成了变幻的时光。晚年之前,莫奈的睡莲作品,总体而言,呈现的是温和的天气,明丽的阳光,多彩的水面,波光摇曳,深深浅浅的莲叶,多姿多彩的睡莲,以及朦朦胧胧的水雾形成的和谐、温馨、宁静的画面,如梦似幻(见图2.5)。步入晚年,莫奈深受白内障的困扰,视线模糊,笔下的睡莲更加朦胧;此外,垂柳及其水中的倒影被纳入画面,与睡莲交相辉映,展现出一幅幅水光一色的迷人景色(见图2.6)[1]。总之,睡莲的美打动了莫奈,他通过画笔一遍遍地对其进行着不遗余力的描绘。

(2)就艺术特色而言,莫奈的睡莲如同光影、色彩的交响乐,遵循焦点透视,画面饱满,笔触丰富,营造出烟水迷离、莲色无边的朦胧之美,让欣赏者感到平静悠远。

首先,在色彩上,莫奈把颜色作为描绘睡莲的一个个跳动的音符,画面颜色丰富多彩、艳丽明亮,色彩和谐、过渡自然。他强调,在画睡莲时,要忽略绘画对象的具象,而把睡莲看成不同形状的蓝色、黄色等的组合,直到它达到最初的印象[2]。如他晚年的巨幅《睡莲》,色彩呈现三层:睡莲的粉黄白、天空清浅的蓝色以及睡莲叶子、池水与垂柳倒影共同形成的绿色。远远看去,各种颜色和谐相融,犹如色彩的舞蹈[3]。其次,在构图上,画面没有留白,睡莲有大面积背景,焦点透视。如莫奈1900年的作品《睡莲池》,灌木丛、睡莲、桥、垂柳、背景树木由远及近依次布置,画面饱满,水面上的睡莲,从眼前向远处延伸,直至在水面深处淡出,营造出一种幽深之感。最后,莫奈以笔触的肌理、形状、走向,表达着他对睡莲的审美感受。他的多数睡莲作品,笔触纵横交错、宽窄相异、粗犷细腻不一,使得睡莲生动、悠远[4]。如1916年的作品《睡莲》中,莫奈表现垂柳与水波的笔触饱满、平滑,用涂、扫、长短不一的笔触营造出睡莲丰沛的艺术生命,为欣赏者营造了别具一格的审美感受。

总之,莫奈的一系列有关睡莲的作品更注重体现睡莲的客观外形,以呈现出光影婆娑、色彩满目、空灵淡然的迷离之美。

---

[1] 林印吉,2014.睡莲中的灵晕[J].新美术,35(3):99—107.
[2] 张桂英,2007.美国法学教育理念与模式对我之启示[J].黑龙江高教研究,6:85.
[3] 张琼,周顺花,2009.色彩思维初探——以莫奈《睡莲》、沈约《咏芙蓉》为个案[J].咸宁学院学报,29(2):21—22.
[4] 范倩颖,2015.莫奈《睡莲》系列与海派画家作品的意象性比较研究[D].江南大学,30(07):124—125.

图 2.5 《池塘·睡莲》

图片来源:https://www.sohu.com/picture/353808314.访问时间:2023-03-10。

图 2.6 《蓝色睡莲》

图片来源:https://www.sohu.com/picture/353808314.访问时期:2023-03-10。

二、中西绘画中自然景观审美的异同

艺术家,尤其是画家,在欣赏大自然时,对大自然的观察更加细致入微,是一种自觉的审美活动。当他们去欣赏大自然时,他们看到的大自然的形貌是他们眼中之大自然,但脑海中所形成的大自然形象已然变成了他们的心中之大自然,当他们再在笔下去呈现大自然时,受表现技艺的影响,画中自然已成笔下之自然。在这个过程中,画家的个人偏好、审美趣味、民族文化等均会影响他们对自然景观的呈现。所以,从不同文化背景下不同艺术家对相同或相似绘画对象的艺术表达中,或可窥见其自然景观审美观的异同。

八大与莫奈虽然身处山川异域,但均被睡莲科植物的美丽打动。他们一生分别醉心于荷与睡莲,用画笔酣畅淋漓地描绘了数百幅姿态各异的荷与睡莲。当两位艺术家的画作呈现于我们面前,风格虽有天壤之别,但都是那么的美,那么的直击人心。基于前述对他们画作的赏析,以下将对二人在画作中的自然景观审美异同进行分析。

(一)八大、莫奈画作中自然景观审美的差异

我国八大的百余幅荷作与法国莫奈的系列睡莲组画,都在世界绘画史上留下了浓墨重彩的一笔,闪耀着熠熠光辉。但因文化背景、美学理念等因素的不同,他们在其作品中体现出的审美也不同,从审美内容、审美追求与审美关系等方面可以略窥一斑:

首先,在审美内容上,莫奈对睡莲的审美更多地关注睡莲的形式之美,而八大对荷花的审美则更多聚焦荷花与其周边环境呈现出的意境之美。莫奈用艺术家的眼光观察睡莲,感受色彩,在其画作中将睡莲之美呈现为睡莲真实的色彩、形状、光影、质感等视觉属性。在空间布局上,遵循远小近大原则,画面空间得以蔓延,画面呈纵深感。在其作品中,他用明丽的色彩,描绘着阳光下睡莲的五彩缤纷,诸多色彩交错运用,对比色、互补色、邻近色彼此呼应。光与空间的应用表现得淋漓尽致,水面的波光粼粼、天空的娇艳、柳枝的婆娑倒影,与睡莲的色彩和谐相融,共同谱写了睡莲光与色的诗篇。八大笔下之荷,不求形似,但求神似。其所有荷作,仅有黑白两色,淡然悠远。画面不但不填满,反而大面积留白,给欣赏者留下丰沛的想象空间。在外形上,其画中之荷,与真实之荷有几分相像,但又有较大差异。如前述八大作品中《荷花》(见图 2.1),状如利斧,并无真实荷花的客观形态,画面除了那一枝出尘之荷与右下角几片荷叶,再无他物,清净、孤单、深邃、悠远的意境油然而生。因此,八大画作中荷之美更多的是一种精神意象之美,如抑扬顿挫、余音袅袅的音乐,让欣赏者回味无穷。

其次,在审美追求上,莫奈旨在"以形写形",而八大则尝试"以形媚道"。莫奈的数百幅睡莲都在描绘大自然中睡莲的形状,不同光线下睡莲色彩的变化以及色彩与光影的舞蹈,以还原睡莲作为植被在大自然中最真实、客观的样子。故而,睡莲的真实美是莫奈在艺术中对睡莲美的追求。在八大的百余幅荷作中,审美追求重在"澄怀观道"与情感表达。八大绘荷摆脱了对荷客观形态的拘泥,实中有虚,虚实相生,旨在传达荷的神韵与赏荷所得之"道"。他欣赏荷、对话荷,在画作中,不求形似,而重对荷的理解与感受,并通过理想性塑造,以荷传情达意。八大笔下之荷多是形单影只,卓尔不群。形只影单的荷是要诉说他对人生命价值的感悟:孤独是通往自由之径[①];卓尔不群的荷是他对自己"出淤泥而不染"品行的宣言。总之,八大绘荷的审美追求是以荷比德,表达自己高洁、不屈的情感以及对人生命价值的感悟。

---

① 朱良志,2010.八大山人艺术的孤独精神[J].文艺争鸣,16:16—21.

最后,在审美关系上,莫奈基于与睡莲的二元对立关系呈现睡莲之美,八大则基于与荷合一的关系描绘荷之美。莫奈在将胸中之睡莲落笔在画布上时,将自己作为主体,睡莲则被当作客体,主体在客体之外,二者之间是欣赏与被欣赏,画与被画的关系,并且此关系是静态的。八大所画荷,既是自然物之荷,也是具有八大品行与情感的荷。八大与荷不仅不是二元对立的,而且是物我为一的。他在画中呈现的荷之美、荷之高洁、荷之孤单也是他自身的品行写照。

概而言之,八大作品中荷的美更多的是八大精神、情感的映射,莫奈作品中睡莲的美则偏重对睡莲客观之美的描绘。

(二)八大、莫奈画作中自然景观审美的相同之处

因中西文化体系有异,画意有差,八大与莫奈画作对美的呈现大相径庭。然而,"人性一也",除了差异,二位大师的审美也暗含着一些共通之处。

其一,八大与莫奈对美的呈现都离不开对客观事物的摹仿。八大的荷作虽然重在通过气韵生动呈现精神美,但并没有否定摹仿的因素。八大以大自然中之荷为创作母体与创作灵感,在挥毫描绘荷花之前,对荷进行了详尽的观察,对荷的本质特征已了然于心,但他又不满足于对荷进行简单的外在模拟,于是,将荷与其文化内涵建立联系,凭主观直觉把握荷的本质,在创作中重在表现荷的内在精神气质。可见,八大笔下之荷的美起于模仿,又高于模仿,遵循中国文化中的人文精神是其对荷摹仿的原则。莫奈对睡莲客观美的展示,更多的是基于透视、光影、色调、明暗等科学原则对睡莲进行描摹,以求"以假乱真"的效果,但后期莫奈的睡莲作品透露出较为浓郁的东方韵味,对睡莲的呈现有了些许写意的味道。八大的荷作带有感性的特点,而莫奈在绘画时也往往会超越理性的界限,带有情感的影子[①]。

其二,莫奈在其画作中旨在逼真地再现睡莲的同时,并未放弃对睡莲内在气质(即神、气、韵)的传达和自身情感的抒发[②]。他在画睡莲时,虽然重在模仿睡莲形色,但并非机械摹仿和简单描绘睡莲的细节,而是融入了自身的情感和心灵意蕴。第一次世界大战期间,莫奈身处一战风云,家人深陷战场,心情压抑而痛苦。他在此期间创作的《睡莲》组画,画面迷离、柳枝低垂,枝条被切割,仿佛笼罩在天空的阴云。画面布局毫无中心,由多线条勾勒而成,在整个画作中既找不到它的起点,也找不到它的终点。这样的画面布局高度模拟了当时的法国西部战线:众多士兵被困于泥泞之中,满目是无边无际和充斥积水的战场。因此,他的《睡莲》组画不仅是对睡莲、柳条的写实,也是为了传达转瞬即逝的美好和哀悼战争导致的人生苦痛。

综上所述,八大与莫奈基于不同的文化背景与绘画理论,对自然景观之美在作品中进行着诠释。二人笔下自然景观的美同中有异,异中有同,但各美其美,美美与共。

三、影响中西绘画自然景观审美差异的因素

从八大与莫奈画作中的审美差异,我们可窥见中西绘画自然景观审美差异。在绘画

---

① 阚镭,田甜,2015.后现代主义情境下的古典主义绘画回望[J].艺术评论,4:131—134.
② 廖泽明,2011.欧洲风景画与中国山水画视觉方式比较研究——以莫奈、郭熙为例[J].美与时代(中),9:53—56.

自然景观审美中,两位大师形成了对不同美的崇尚与追求,绝非偶然,不同的文化传统起着至关重要的影响。

一方面,中西方不同的自然观导致在画作中体现自然美时的视角有异。

"天人合一"是中国哲学的基本精神,它认为人与自然是互通的,二者有着共同的"理",自然是至上的。《老子·道德经》中指出万物之本原为"道",宇宙中有四大——"道大、天大、地大、人亦大",即天、地、人与道可支配世间万物,在依从关系上"人法地,地法天,天法道,道法自然。"可见,宇宙之中,人处于低位,必须遵循大地的法则,大地则遵循上天的法则,上天依据大道而运行,而大道要遵循自然之性。因此,在中国文化中,自然是宇宙万物中处于至高位置的[①]。汉朝董仲舒较早对"天人合一"进行了深入分析和系统理论阐发,提出人是天的副本。之后中国哲学中更加深入地探讨了主客相融的宇宙观,即主体可融入客体,主客不分、自然与人彼此交流、物我两忘的心理体验[②]。如此一来,自然景观并非仅仅是人认知、改造的对象,更与人的情感与精神体验休戚相关。故而,中国绘画中的自然景观主要美在意象,而非美在表象。例如八大欣赏自然美,在画作中呈现自然美,是将荷花作为寄托一己之情感的对象,愉悦之时荷花可分享其喜悦,伤心之时荷花亦可分担其忧愁。

不同于中国,西方在人与自然关系上认为"天人二分",倡导人类中心论,倾向于认为人高于自然。西方文化发源于地中海地区,该区域缺乏得天独厚的自然资源,仅靠有限的资源难以满足人们的基本需求。为了生存下去,人们被迫探索、征服自然和向外探寻。在哲学上也就进行了主客二分,主体是人,客体是自然。基督教文化是西方文化的重要源头,它指出上帝是万物的造物主,上帝创造了自然,也创造了人,并把自然交给人类管理。在等级顺序上,"上帝掌控人,人掌控万物"[③]。人与自然的关系是认识与被认识、管理与被管理的关系,人在客体之外。主体面对客体时,是主体对客体进行观察、分析和探究。也即在人与自然关系中,科学关系占主导。因此,西方绘画中的自然美表达更多地体现为画家对自然客观状态的描绘与展示,即美在表象。

另一方面,中西方美学的源头也影响着画作中自然景观美的呈现。

西方美学的源头滥觞于古希腊数学家毕达哥拉斯,他提出美产生于数的和谐,美在比例[④]。感性艺术中严谨的数学原则奠定了西方艺术的基础,诸如透视关系,微妙的几何构图、黄金分割比例等都是西方古典绘画的绝对标准。此外,几何图形的构成要素点、线、面成为西方绘画的基础。因此,西方绘画中自然景观美的体现离不开数学原则。

中国古代艺术起源于万物有灵的泛神论。中国人认为万物有灵,"天地、动植物都是与人类相通的"。中国最早出现的独立绘画是战国帛画,多出土于墓穴中,内容多是对于神的信奉和逝后灵魂可以飞升上天的愿望[⑤]。此类以祭祀和与巫觋文化为内容的艺术的美相对朦胧、写虚,"以形写神",并不以写实为重,这影响着后世绘画美的呈现。

---

① 王贵祥,2002.中西文化中自然观比较(上)[J].重庆建筑,1:53—55.
② 朱立元,1995.自然美:遮蔽乎?发现乎?——中西传统审美文化比较研究之二[J].文艺理论研究,2:9—16.
③ 董强,1996.中西自然美观念比较论纲[J].山东大学学报(社会科学版),1:42—47.
④ 张赫,2022.试论中西绘画写实观的差异及其自然认识论根源[J].佳木斯大学社会科学学报,40(1):22—24.
⑤ 李夕,2021.浅谈帛画的艺术语言[J].名家名作,(12):60—61.

正如宗白华先生所说:"画家诗人的心灵的活跃,本身就是宇宙的创化,它们卷舒取舍,好似太虚片云,寒塘雁迹,空灵而自然。"[①]尽管文化传统相异,但中西画家们都在凭借活跃的心灵,在本国文化的"寒塘"中展示着自然景观的美不胜收。随着历史车轮的滚滚前行,西方后现代主义绘画开始挑战传统艺术观念,倡导艺术并非画家描绘客体景观,而是要体现隐藏于景观之后的思想与情感[②],换言之,体现思想美的自然景观画作才是美的艺术,这与中国传统绘画思想颇有异曲同工之妙。由此可见,我国古代艺术家对自然景观审美的观念直到今天仍在世界艺术花园中散发着璀璨的光芒,也展现了中华民族美学思想的博大精深与绚烂生命力!

思考与练习

1. 自然景观审美由浅入深可分为几个层次?请对每个层次的情况作简要介绍。
2. 观赏自然景观的基本方法有哪些?在你的旅行经历中,有过"畅神"体验吗?试对该过程进行阐述。
3. 请欣赏身边的自然景观,发掘其中美的元素,并基于中国传统文化进行文创设计。扫描下方二维码可见山东大学学生课堂作品。

---

① 宗白华,1994.宗白华全集[M].合肥:安徽教育出版社.
② 张志强,郝勇,2022.后现代主义的展现——从杜尚作品看绘画艺术的表现[J].美术教育研究,10:38—39.

第三章 建筑景观文化赏析

【学习目标】

本章了解建筑景观的内涵和审美特征,掌握中国与西方古典建筑景观的风格特征,理解建筑景观的艺术语言和审美功能,培养建筑景观审美能力。本章具体学习目标如下:

■ 知识
- 能界定建筑,并描述建筑的内涵
- 能描述中国与西方古典建筑景观的历史发展演变过程
- 能列举建筑景观风格形象的构成要素
- 能阐释中国与西方古典建筑景观的美学特征
- 能理解建筑与艺术的关系,并运用所学习的知识对经典古典建筑景观进行赏析

■ 能力
- 对古典建筑景观具备一定的文化解读能力
- 对古典建筑景观具备一定的美学鉴赏能力
- 提高语言与书面表达能力、沟通协调能力等
- 能基于古典建筑美学进行小小的创新与应用的能力

■ 素养
- 结合古典建筑景观文化演变的梳理,认识到中国建筑文化的悠久历史、丰富文化意蕴及深邃美学内涵,树立文化自豪感,坚定文化自信

旅途中，美丽的自然景观可以让旅行者畅心娱神，抖落一身的疲惫；各具特色的人文景观可以让旅行者与丰富的文化对话，听到历史的真实步履，了解文明的来龙去脉。千姿百态、风格迥异的建筑景观，作为"石头的史书""凝固的音乐"，不但展现着历史的沧桑、记载着人类创造的足迹，而且镌刻着无声的文化符号。游览观赏不同时代、不同风格、不同文化背景的建筑景观，既能领略到丰富的历史文化知识，又能受到美的熏陶和感染。因此，具有历史、文化和审美价值的建筑景观，就成为吸引广大旅行者游览、观赏的重要旅游吸引物。

对话，是人们彼此之间的沟通，不仅需要双方语言互通，还需要理解对方的语意。同样，欣赏建筑景观，如果观赏者完全不懂他要欣赏的建筑景观的"语言"，欣赏也就无从谈起。这种语言建立在对建筑文化了解的基础上。与其他景观相比，建筑景观大多主题较为含蓄，意境较为深隐，观赏者需要有一定的建筑文化素养和更多的主观参与，才能体悟其中真味。

本章将在介绍建筑景观的文化特征、审美特点、审美功能的基础上，重点分析与现代旅游活动关系密切的典型传统建筑景观的鉴赏方法。[①]

第一节　建筑景观概述

一、建筑和建筑景观

建筑是人类文明的物态化和结晶体，记载着历史的波澜与文化的内蕴。建筑艺术被认为是一种集形式、美学、实用性于一体的独特的艺术门类。人们无时无刻不在体味着建筑空间所营造的文化氛围，无时无刻不在感受着建筑景观带来的影响。

1. 建筑——凝固的音乐

建筑，是人类用木材、竹材、石材、砖瓦、混凝土、金属、陶瓷、玻璃、工程塑料、复合材料等建造出可供使用的空间，是具有一定视觉形象的围合实体。人类创造的建筑空间有别于自然形成的空间，其本质是通过营造不同功能的建筑空间，为人类提供身体和精神的庇护所。从古至今，因人类生活需求多种多样，建筑材料选择影响因素众多，建筑因而具有多种多样的功能和形式。中国传统建筑，如宫殿、坛庙、陵墓、园林、民居以及多种宗教建筑，多选择木、砖石、土等为主要建筑材料，建筑多以群体形式出现。功能相对单一的单体建筑，如桥梁、堤坝、碑、塔、亭、台、阁、榭等，也依托木、砖石、土等材料创造出丰富多彩的建筑形象。现代建筑的功能更加多样，材料选择也更为丰富，常见的住宅、商场、学校、博物馆、美术馆、医院、厂房，以及政府行政办公建筑、大型纪念性建筑等，呈现出不同的形式和风格特征。

---

① 因园林景观博大精深，在旅游吸引物方面扮演着重要角色，将在后文专门进行介绍。

建筑，自其一出现就与实用性结下了不解之缘。建筑最早出现时是为了遮风避雨，防寒御兽，因而实用性是建筑追求的主要目标。随着社会进步和文明发展，建筑在实用基础上又增加了人们对审美价值的追求。因此，建筑是物质性和精神性的统一体。一方面，建筑具有物质性的实用功能，要在物质条件的限制下利用一切可能的物质手段才能完成；另一方面，建筑又具有不同程度的精神性表现，使人感受到愉悦，具有鲜明的精神性的功能，以陶冶人的情绪，震撼人的心灵。这些特点，特别体现在以审美观赏和精神享受为主要目的而营建的殿、堂、馆、碑、塔、园等建筑物中。如中国的故宫、人民大会堂、国家博物馆、颐和园，法国的凯旋门、埃菲尔铁塔，美国的华盛顿纪念碑、自由女神像，印度的泰姬陵等。建筑的精神性因素，是吸引游客的内核之所在。

建筑是具有一定表现力的艺术形式，它能够营造某种气氛、情绪、感觉和气质。建筑师发挥创造性思维，运用不同的几何形体，通过建筑造型语言的点、线、面、体等各部分的均衡、对比、韵律、比例、色彩、质感等的权衡，采用空间创作手法，营造出具有独特艺术美的形式、因素，并诉诸人们的视觉，使人感到崇高、伟大、庄严、神圣、雄壮、刚健、凝重、浑厚、神秘、豪迈、威武、粗犷、坚定、挺拔，或雅致、华丽、朴素、明朗、大方、沉静、生动、轻巧、活泼、宁静、含蓄、亲切等抽象的意念，借由建筑形象、建筑空间所体现的环境气氛，使人产生艺术共鸣。埃及金字塔是那么崇高神秘，意大利圣彼得主教堂是那么神圣庄严，中国故宫是那么宏伟严谨……这些都是建筑向我们传达的艺术意味。

2. 建筑景观及其种类

所谓建筑景观，是指具有一定形式美和象征性，具有较高的文化价值和审美价值的人工建筑物及其所处环境的综合体。人们建造建筑物的初衷并非为旅游者开发旅游吸引物，但因某些建筑自身所蕴含的艺术价值，且随着时间的流逝，某些原来主要用于居住、生活之用的建筑慢慢成为人们旅行中观赏的对象，建筑景观对旅游者产生了强大的吸引力。

建筑景观种类丰富，以其功能特点为标准，传统建筑可分为宫殿、坛庙、陵墓建筑景观，宗教建筑景观，园林建筑景观，民居与聚落景观，古城古街巷建筑景观；现代建筑景观涉及生产建筑景观、商业建筑景观、文化建筑景观、居住建筑景观等类型。每类建筑景观不仅是土木建造之事，还是美的创造，甚至不懈地追求意境的展现。由于建筑景观的种类、风格、样式丰富，因而，其审美价值以及给旅游者的审美感受也多种多样，如有的雄伟恢宏，有的小巧雅致，有的活泼轻巧，有的内敛凝重；有的厚重，有的空灵，有的华美，有的朴实，各自呈现出独特的艺术魅力。建筑景观成为颇具魅力的人文旅游资源。

二、建筑景观的特征

在人文旅游景观构成中，建筑景观是极其重要的一类。它是一种实用性和审美性相结合的景观，具有特殊的属性。

1. 地域性与空间延续性

建筑是特定地域的产物，世界上没有抽象的建筑，只有具体的地域性建筑。从广义上看，首先，建筑受地理、气候因素的影响，具体的地形地貌和气候条件对建筑具有直接影响。如高原、山地、丘陵的建筑形态差异明显，炎热地区与严寒地区的建筑形式各异。热带地区日照时间长,高温、多雨、潮湿,四季常青,所以人们往往喜爱室外活动,这些地区的建筑处理着重通风、遮阳、隔热、防潮,建筑形象大多轻巧通透、淡雅明快,内外空间连通融合;而严寒地带,因寒风凛冽、干燥少雨,建筑处理着重保温保暖,建筑形象大多厚重封闭,内外空间界限分明。同时,建筑是空间的艺术,是有空间形态的文化,建筑空间的形与神、内与外,都包含了特定地域的地方材料、生活习俗、风土人情、社会伦理、审美观念、艺术情调、纹理色彩等多方面的因素,这些因素通过建筑师的提炼概括、升华与再创造,形成了为人们所认可的具有鲜明地域特色的建筑特点。

建筑是空间的艺术,它所营造的是一个三维空间环境。人们在室外欣赏建筑,一个角度只能看到建筑的两个面,如果是坡屋顶,也只能看到三个面;在室内则最多只能看到五个不完整的面。但一个最简单的建筑,从室内到室外,至少有十一个面,人们必须不断移动,才能陆续地把所有的面看完。也就是说,人们在任何一点欣赏建筑,视野都是不完整的,必须通过身体的移动,视线从远及近,环绕四周,才能获得对建筑形体的整体认知。如果观赏一个建筑组群,移动的路线则更长,有时可能还需要走回头路,即需要反复观赏,才能获得对建筑的完整印象。以北京一座二进四合院为例,先要经由胡同,进院门,绕影壁,过前院,再经垂花门,走过抄手游廊,才能进入正房,而正房又有明厅暗房,房中又有前罩后炕。这样一个欣赏过程,不是可有可无、可长可短,而是"强制性"完成的。这里就掺进了时间因素。于是由空间到时间,由静态的三维实体到动态的四维感觉,在这个时空交替的过程中,人们获得了建筑空间的审美感受。因此,优秀的建筑往往都有十分丰富的空间组织,在人们的行进过程中,空间序列次第展开,并通过尽量延长欣赏的时间进程,用时间来烘托空间。

2. 文化性与时代性

"建筑是人类一切造型创造中最庞大、最复杂的,所以,它代表的民族思想和艺术更显著,更强烈,也更重要。"[①]法国作家雨果也曾经说过:"人类没有一种重要的思想不被建筑艺术写在石头上……人类的全部思想,在这本大书和它的纪念碑上都有其光辉的一页。"[②]建筑景观是人类文明长河中产生的具有地域文化特色的靓丽风景,是人类生活与自然环境不断作用的产物。它是民族心灵的物态化和结晶体,给人一种深厚文化底蕴的审美感受,体现出一种恢宏深沉的历史感,有着十分丰富的文化内涵。建筑景观具有一定的文化表现力,它能够营造某种气氛、情绪、感觉和气质;徜徉在建筑景观中,旅行者无时无刻不在感受着建筑的文化氛围,无时无刻不在感受着建筑的人文之美。

建筑景观在本质上和某一时代、社会群体的文化心态有着直接密切的联系。任何建筑景观的造型和风格,都是特定时代和社会的产物。由于建筑受产权所有者的制约和建筑功能性的制约,建筑师本人必须把自己的建筑理念融合在某一时代的社会群体的文化中。诺曼·福斯特(Norman Foster)[③]指出:"无论何时,建筑都是社会价值和社会技术发

---

① 梁思成,1986.梁思成文集(四)[M].北京:中国建筑工业出版社.
② 顾孟潮,王明贤,李雄飞,1989.当代建筑文化与美学[M].天津:天津科学技术出版社.
③ 诺曼·福斯特,第21届普利兹克建筑奖得主,国际上最杰出的建筑大师之一,被誉为"高技派"的代表人物。

展变化的反映。"①由于建筑艺术创作的抽象性，使得建筑师在建筑创作过程中，主要目标不在于表现他个人本身的艺术个性，而在于更为本质、更为概括地反映特定时代的群体文化精神面貌，包括科技水平、审美情趣、价值观念、伦理思想、民族性格、宗教感情等。如古埃及金字塔、古巴比伦神庙、古罗马斗兽场、拜占庭圣索菲亚大教堂、中世纪巴黎圣母院等伟大建筑物，都是其社会文明的独特象征；而中国的长城和故宫、俄国的克里姆林宫、美国华盛顿国会大厦、法国埃菲尔铁塔等著名建筑则显示出了特定社会和时代的精神面貌。这些建筑将随着历史的变迁而不断地扩展其原有的意义。

3. 纪念性

建筑一旦建成，除非地震、火灾、洪水等自然因素破坏或战争等人为因素破坏，如果其自身结构坚固，它一般会被长久使用，很难被人遗忘或忽视。一些具有独特属性的建筑，事实上就成了一个时代、一个民族的纪念碑。如古希腊的神庙、古罗马的广场、古代中国的万里长城、法国的埃菲尔铁塔、非洲的原始村落，还有数不清的古城市、古村镇、古街巷，当初它们中的大多数并不是专门的纪念建筑，但是经过时间的洗礼，它们逐渐沉淀为纪念性很强的历史文化遗产。人们欣赏它们时，总能从中获得深沉的历史感。比如，当我们走在一座古城中，走在一条古街上，稍稍留心观察一下，就可以分辨出这是哪个年代的房子，那是哪个时期的广场，进而也就会联想起那个年代、那个时期的典型事件、历史人物和当时的社会风尚。建筑的这种纪念性，使得建筑遗产成为人类文明的一份宝贵财富。当今世界各国都大力提倡保护历史城市、历史街区、历史建筑，主要原因就是要发挥这些历史建筑景观的纪念作用。

4. 艺术综合性与象征性

建筑艺术的感染力，主要来源于其所处的环境、群体序列组织和建筑单体本身的比例、尺度、韵律，同时也往往借助其他门类的艺术给予加强。雕塑、绘画（主要是壁画、彩画）、园艺、工艺美术，以至于音乐都能融合到建筑艺术中去，这些艺术对建筑艺术气氛的营造有时还能起到画龙点睛的作用。比如欧洲古代建筑中的雕塑、壁画，就是当时建筑艺术的主要组成部分，如果去掉了它们，这些建筑也就黯然失色。中国古代建筑以群体取胜，群体序列的性格和序列展开，除主体建筑外，还往往要依靠如华表、石狮、屏障/屏风、碑碣、灯炉等建筑景观小品烘托环境气氛。中国古代建筑单体造型简单，为了突出建筑功能，也常用壁画、匾联、碑刻、雕塑来加以"说明"。

古典美学家直接把建筑作为象征型艺术的代表，主要原因是不仅建筑的内容和形式相互适应的范围很大，而且形式的表现力很强。如果某种特定的形式和人们对某些事物内容的认识发生了对应联系，它的艺术感染力则可以超过形式本身的感染力。比如中国北京的天坛祈年殿就非常恰当地表现出古人对"天"的认识。天坛以圆形为基本构图形式，蓝色为基本色调，柏树林为基本背景，古人利用汉白玉基座将主体建筑的基底抬高，并配以各种祭祀使用的灯、炉、台等小品，还使用了与天候有关的数字（四季、十二月、二十四节气等）和象征"天"的"阳"数（奇数），创作出了一个象征性很强且造型也很美的艺术杰作。又如希腊人用比例修长、线条柔和的爱奥尼柱式象征女性，用比例粗壮、线条刚健的

---

① 渊上正幸，2000.世界建筑师的思想和作品[M].覃力，黄衍顺，译.北京：中国建筑工业出版社．

陶立克柱式象征男性，也是极富艺术表现力的。莫斯科红场上的列宁墓，体量低矮，轮廓简洁，呈阶梯形，建筑整体颇似一个巨大的柱子的坚实基础。这个形象能使人联想起列宁伟大而平凡的性格和奠定了革命基业的巨大贡献。建筑的象征性是建筑景观艺术长期探索的一个课题，既有很成功的范例，也有不少庸俗肤浅的手法。每个时代都有不少重大事件试图通过建筑艺术的象征功能表现出来，这虽是一个难度很大的课题，但是人们仍在不懈地努力。

5. 景观场性

建筑景现场指建筑景观及其周边环境所共同营造的氛围，是观赏者面对的总体。只有与环境协调的建筑才可真正成为"大地上长出的天然图画"。建筑的艺术形象将永远和它周围的环境融为一体，有许多主要依靠环境才能构成完整的形象。与此同时，主体建筑是否与其周边的自然、文化或社会环境相协调而形成高品位的景观场，也就成为判断建筑景观质量高低的重要尺度。因此，在观赏建筑景观时，决不能只注重主体建筑，而忽略其所依存的宏观环境。忽略建筑所依托的环境，其原有的艺术价值将大大削弱。比如古埃及的金字塔，必须与广阔无垠的沙漠共生，才有永恒的性格；欧洲的哥特式城市主教堂，必须与中世纪城市狭窄曲折的街巷共生，才能充分显示其升腾向上的气势；中国的峨眉、九华、青城、武当等名山的寺院，必须与峰回路转、青松翠竹的奇峻山林结合起来欣赏，才能把人带进幽雅清静的境界；中国北京的人民大会堂，从局部看，几乎每个建筑构件都超出常规尺度，但放在辽阔宏大的天安门广场一侧，就显得恰如其分，和谐一体。建筑的这种特性，决定了观赏建筑艺术必须从整体出发，审美评价标准必须是由全体至个别，由宏观至微观。

三、建筑景观美的具体体现

建筑是运用独特的艺术语言构建的艺术品。不同的建筑运用丰富多样的艺术手法，形成了多姿多彩的艺术美的建筑景观，使欣赏者感到宏伟、崇高、神秘、优雅、华丽、活泼、亲切……具体而言，建筑景观的艺术美体现在其造型美、环境美、性格美、风格美、意境美、结构美[①]等方面。

1. 建筑的造型美

建筑造型是根据建筑的功能要求、物质技术等条件设计而成的。建筑造型包括建筑内部空间、体形、立面、色彩、细部等，它是建筑内外部空间的表现形式，是技术和艺术的统一。建筑造型应该符合形式美的一些原则，如统一、比例、尺度、均衡、韵律、对比等，这些都是判断建筑造型是否美观的重要标准。例如著名的澳大利亚悉尼歌剧院，建于海面之上，剧院由三组巨大的壳顶组成。每组又由若干块硕大的贝壳形组成，这些"贝壳"依次排列，前三块一块盖着一块，面向海湾，最后一块则背向海湾侍立，看上去很像是两组打开盖、倒放着的蚌。高低不一的尖顶壳，外表用白格子釉磁铺盖，在阳光照映下，远远望去，既像竖立着的贝壳，又像即将乘风出海的两艘巨型白色帆船，飘扬在蔚蓝色的海面上，其造型之美享誉全球。再如中国北京天坛祈年殿在造型上也具有很高的艺术表现。整个建

---

① 建筑景观的结构美请见本章第三节的"建筑景观形式美的艺术语言"部分，此处不再赘述。

筑无论是逐层收缩的三层台基,还是位于其上的三重檐的大殿主体,各部分之间的比例、线条十分和谐优美。在色彩配置上,三重屋檐覆盖的象征苍天的蓝色琉璃瓦,与巨大的鎏金宝顶、朱红色木柱和门窗以及白色的台基,形成鲜明的色彩对比,整个建筑的色彩显得分外明朗而沉静。

2. 建筑的环境美

任何建筑物都不是孤立存在的,都处于一定的自然环境或建筑环境之中。因此,就存在一个建筑与环境的关系问题。中国古典园林遵循"虽由人做,宛自天开"的原则,使得园林与周围环境相融相亲,呈现出天人合一的环境美。美国现代著名建筑师弗兰克·劳埃德·赖特(Frank Lloyd Wright)提出的"有机建筑"的理论,也主张建筑应与大自然相和谐,建筑就像从大自然里生长出来似的。他的代表作之一流水别墅生动地表达了他的建筑主张。这座位于美国匹兹堡市郊区的私人别墅,坐落在一个具有山石、林木和溪流瀑布的自然环境之中。建筑由浇铸在岩石上的钢筋混凝土支撑悬挑,上下两层宽大的平台,一纵一横,好像从山洞中"长"出的两块巨石,后面高起的片石墙和前面挑出的部分取得平衡并形成水平与垂直的方向对比。这种自由灵活的组合,不仅与周围环境十分协调,而且可以使人们在不同的角度看到丰富多变的体形轮廓。

3. 建筑的性格美

所谓建筑的性格,是指不同使用功能的建筑,其在满足特定功能时的空间组织和空间形态,必将通过其外在形式有所表现。有性格的建筑,不仅能表现出所采用的与其基本功能要求相适应的形式,还能明显地告诉我们其作用是什么。例如,乡土民居建筑流露出浓郁的生活气息,让人觉得舒适、安逸;园林建筑体现出高雅、闲适、新颖别致的意境;办公建筑表现出庄重严谨、明快大方的感觉。当然,建筑性格的表现手法是多种多样的,其中常用的手法是形式服从功能。例如美国环球航空公司候机楼,它的外形如大鹏展翅,形象地将候机楼的性质——旅客等待起飞的场所,展示在旅客眼前;德国科隆大教堂,高大宏伟,直耸天际,人们伫立在教堂脚下,愈发感到天神的崇高、人的渺小,符合宗教建筑神秘肃穆的性质。这些建筑就是鲜明的性格之美的典型表现。

4. 建筑的风格美

建筑的风格是指建筑造型、功能布局和建筑装饰所具有的时代共性特征。古今中外历史上形成了许多建筑风格,不同风格的建筑体现出不同的美的形象。例如受中世纪基督教教义影响,12—15世纪在欧洲形成了哥特式建筑风格。其整体形象高耸瘦削,以卓越的建筑技艺表现了神秘、崇高的强烈情感,成为世界建筑史上一种流光溢彩的建筑风格。中国古代建筑以木结构为主,形成了迥异于其他建筑体系的独特风格。单体建筑一般由台基、屋身、屋顶三部分组成,其中屋顶是建筑形象的主要体现。除塔和楼阁外,建筑层数一般不多,往往呈现群体布局。形态轮廓优美的屋顶,在建筑群体中水平向展开,使整体建筑群依偎大地,稳重平和、温馨而不神秘,威严而不刻板,呈现出不同于哥特式风格的另一种美。

5. 建筑的意境美

意境,是中国艺术和美学所追求的最高境界,建筑艺术自然也不例外。对建筑意境的理解和解读是建筑审美的更深层次的演进和情感体验,是基于对建筑环境气氛、造型结构、整体布局、空间组合、细部装饰、景观要素等具体物象的观察与体验,触动情思,进而达到对历史长河、人生意义、文化精神等的感悟,使人获得通达、自由、愉悦的审美升华。1932年梁思成和林徽因在《平郊建筑杂录》中,阐发了对"建筑意"的理解。"这些美的存在,在建筑审美者的眼里,都能引起特异的感觉,在'诗意'和'画意'之外,还使他感到一种'建筑意'的愉快。这也许是个狂妄的说法——但是,什么叫作'建筑意'?我们很可以找出一个比较近理的含义或解释来。顽石会不会点头,我们不敢有所争辩,那问题怕要牵涉到物理学家,但经过大匠之手泽,年代之磋磨,有一些石头的确是会蕴含生气的。天然的材料经人的聪明建造,再受时间的洗礼,成美术与历史地理之和,使它不能不引起赏鉴者一种特殊的性灵的融会,神志的感触,这话或者可以算是说得通。无论哪一个巍峨的古城楼,或一角倾颓的殿基的灵魂里,无形中都在诉说,乃至于歌唱,时间上漫不可信的变迁;由温雅的儿女佳话,到流血成渠的杀戮。他们所给的'意'的确是'诗'与'画'的。但是建筑师要郑重地声明,那里面还有超出'诗''画'以外的'意'存在"①。在建筑景观欣赏过程中,意境深远的建筑和建筑群,往往能引起欣赏者主观的、直觉的、情感的、内涵更丰富、境界更高远的美的体验。

总之,伴随人类文明的演进,人类一次又一次地基于寻找理想家园的理念,完善和建设着万万千千的建筑,在广袤的大地上开出了承载人类文明的建筑景观之花。

第二节 古典建筑景观的风格变奏与特征

建筑是由大量物质材料和设备通过一定的结构和施工方法组合而成的形体,是一种造型艺术。萧默认为:"笼统而言,古代世界曾经有过大约七个主要的独立建筑体系,其中有的或早已中断,或流传不广,成就和影响也就相应有限,如古埃及、古代西亚、古代印度和古代美洲建筑等。只有中国建筑、欧洲建筑和伊斯兰建筑被认为是世界三大建筑体系。其中又以中国建筑和欧洲建筑延续时代最长,流域最广,成就也就最为辉煌。"②因此,下文将主要对中国和欧洲古典建筑景观加以介绍。

一、中国古典建筑景观的历史演变与主要特征

中国古典建筑历史悠久,源远流长,在世界建筑之林中独树一帜,是中华文明之花中特别绚丽的一枝。了解中国古典建筑的发展脉络,对旅游观光过程中欣赏建筑、领略建筑景观之美大有裨益。

1. 中国古典建筑景观的艺术特征

中国建筑艺术在原始社会时期开始萌芽,伴随着中华文明的发展而演进,在封建社会

---

① 梁思成,林徽因,1932.平郊建筑杂录[J].中国营造学社汇刊,3(4).
② 萧默,1999.文化纪念碑的风采——建筑艺术的历史与审美[M].北京:中国人民大学出版社.

时期取得辉煌成就。中国古典建筑按其发展演变历程，大致可分为以下几个阶段：

第一阶段：史前至春秋战国时期，是中国古典建筑的萌芽时期。

中国史前建筑诞生于距今约一万年的旧石器时代和新石器时代之交，是中国古建筑的草创阶段。到新石器时代晚期，木构架建筑形制已经出现，房屋平面也因功用、材料与营造技术不同而有圆形、方形、吕字形等多种形式。经过夏、商、周三代，到春秋、战国时期，在中国的大地上先后营建了许多都邑，夯土技术已广泛使用于筑墙造台，木构架已成为大型建筑的主要的结构形式，屋顶开始使用陶瓦，木构架上开始用彩绘。这标志着中国古代木构架建筑体系已初具雏形，为以后历代发展奠定了基础。

第二阶段：秦汉时期，是中国古典建筑的萌芽与成长阶段，即第一次发展高潮。

秦、汉四百余年间，由于国家统一，国力富强，中国古典建筑出现了第一次发展高潮。

秦朝的建筑艺术显示出大一统帝国的气魄，规模宏大，气势雄伟。不仅秦始皇兴建的数量众多的宫殿台苑宏阔壮美，而且秦朝所建的长城也气吞山河，威势摄人。秦朝著名宫城之一阿房宫，因其宏大规模，在历史上产生了重要影响。

汉承秦制，并有了较大发展。历经两汉，中国木构架建筑体系与艺术风格已比较完备。主要表现在：首先，加强建筑物与群体的整体秩序，在平面布局上有对称、均衡与疏朗的处理。其次，建筑主体结构的木构架已趋于成熟，重要建筑物上普遍使用斗拱；制砖及砖石结构和拱券结构有了新的发展。最后，屋顶结构和装饰相较于整个建筑来说所占分量极大，形式舒展而优美。屋顶形式多样，庑殿、歇山、悬山、攒尖、囤顶等屋顶均已出现。

第三阶段：魏晋至唐宋时期，是我国古典建筑的成熟与高峰阶段，即第二次发展高潮。

魏晋南北朝的建筑艺术并未因战乱频繁而完全停滞，只是时毁时建更见其变化而已。这一时期，随着佛教日盛，佛寺建筑如雨后春笋，遍布大江南北，一些佛寺建筑精细华美的程度，已经可以和帝王宫殿相媲美，其中有典型意义的是佛塔。塔由印度传入中国，但在形制上较多地受到中国传统楼阁的深刻影响，建筑层数也受到佛教教义和中国传统建筑尚奇观念（采用奇数）的深刻影响。宫室建筑的体制也日趋健全、完备。这一时期，中国建筑由于汲取了外来因素，内容、形式得以进一步丰富。

隋唐时期的建筑，既继承了前代成就，又融合了外来影响，形成了一个独立而完整的建筑体系，把中国古典建筑推到了成熟阶段，其影响甚至远播至许多东亚国家。隋朝李春创建的赵州桥，是中国现存年代最早的敞肩石拱桥。桥孔是中间一大弧形石券，两肩各有两个小券。桥体本身弧线缓和，大小券之配合得体，再加上精美的栏板雕刻，显示出极为优美的艺术效果，因其高超的审美价值而闻名中外。隋唐时期的宫殿建筑更加富丽堂皇、雄浑壮丽，隋唐长安城及城内的大明宫、太极宫、兴庆宫规模为后世宫殿所不及；佛寺和道观规模宏大、精美威严，著名的山西五台山佛光寺东大殿及陕西西安的大雁塔、小雁塔，都是唐代佛教建筑遗存。隋唐时期的建筑艺术不论从城市布局看，还是与宫殿佛寺以及其他建筑对比，都能看出其宏大、雄浑以及优美的风格。

由于商业的发达、工艺技术及材料的进步，宋朝的建筑艺术进入一个转折期。自北宋起,建筑一改唐朝宏大雄浑的气势,而朝细腻、纤巧方向发展,建筑装饰也更加讲究。殿堂楼阁建筑规模虽往往不及唐朝建筑,但秀丽绚烂程度却远超唐朝。由于砖瓦产量大增,特别是琉璃瓦的大量应用,更使建筑增色不少。例如,山西太原的晋祠圣母殿,殿顶是重檐歇山造型,外观柔和优美,再加上彩色泥塑、石桥、铁狮子等,构成了一个雕塑与建筑、宗教与世俗和谐共融的建筑环境。在佛寺建筑方面,河北正定的隆兴寺摩尼殿、浙江宁波的保国寺大雄宝殿,都是宋朝建筑艺术的代表作。

元朝由于藏传佛教的兴起,喇嘛塔传入中国。位于今北京阜成门的妙应寺白塔是当时此类建筑最重要的遗物。白塔共有五层,塔高约51米,各部分的比例匀称,轮廓雄伟,气势磅礴。该塔由尼泊尔工匠主持营建,是喇嘛塔中的杰作。

第四阶段:明至清盛时期,是中国古典建筑发展的第三个高潮。

此时建筑较之于唐宋时期的建筑缺少创造力,趋向程式化和装饰化,呈现出形体简练、细节烦琐的特点。官式建筑由于斗拱比例缩小,出檐深度减少,柱比例细长,木框架的生起、侧脚基本不再使用,木柱的卷杀也不再采用,唐宋时期屋顶柔和的曲面、曲线也被拘谨的形象取代,呈现出虽稳重严谨但拘束僵直的形象特征。然而,在建筑群体组合、空间氛围的创造上,明至清盛时期却取得了显著的成就,城市规划、宫室建筑和园林建筑、建筑的地方特色和多种民族风格在这个时期得到充分发展。

明至清盛时期建筑的最大成就在园林建设方面得到充分体现。那时造园风气盛行,名园迭出。明朝的江南私家园林如苏州拙政园、留园、清朝的皇家园林如北京颐和园、承德避暑山庄都是最具艺术性的古典建筑群。宫室建筑方面,中国历代都建有大量宫殿,但只有明清时期的宫殿——北京故宫、沈阳故宫得以完整保存至今,成为中华文化的无价之宝。现存的古城街市和传统民居也基本建于这一时期。城市规划方面,明清时期的北京城、明朝的南京城是明至清盛时期城市最杰出的代表。实际上,明清时期的建筑不仅在创造群体空间的艺术性上取得了突出成就,在建筑技术方面也取得了一定的进步。

总之,明至清盛时期的建筑艺术是对中国古典建筑的充实和总结,它仿佛是即将消失在地平线上的夕阳,虽呈衰势,但依然光芒四射。明清两朝距今最近,许多建筑佳作得以保留至今,如北京的宫殿、坛庙、皇家园林,江南私家园林,遍及全国的佛教寺塔、道教宫观,以及民间住居、城垣建筑等,都构成了中国古典建筑景观长卷中的霓裳华章。

2. 中国古典建筑的主要特征

一代建筑大师梁思成在《中国建筑史》中指出,"中国建筑乃一独立之系统结构,历史悠久……直至最近半世纪,未受其他建筑之影响……中国建筑之个性乃我民族之性格"。中国古典建筑的主要特征体现为:

(1)以木材作为主要建筑材料。

中国古典建筑始终以木材为主要建筑材料。以木构架结构为主的中国古典建筑,由立柱、梁枋、椽檩等主要构件建造而成,各个构件之间以榫卯相连接,构成富有弹性的木构架。

中国古典建筑的木构架主要有抬梁、穿斗、井干三种不同的结构方式。抬梁式是在立柱上架梁,梁上又抬梁,所以称为"抬梁式"。宫殿、坛庙、寺院等大型建筑物中常采用这种结构方式。穿斗式是用穿枋把一排排的柱子串连起来成为排架，然后用枋、檩斗接而成，故称作"穿斗式"，多用于民居等规模较小的建筑物。井干式是用木材交叉堆叠而成的，因其所围成的空间似井而得名。这种结构比较原始简单，使用较少。

木构架结构有很多优点。其一，木材是一种密度较小的建筑材料，施工周期短，通过柱、梁、檩、椽之间的相互叠加，容易营造宽敞、明亮、舒适的内部空间和舒展优美的外观形象。其二，木构架结构具有相当的弹性和一定程度的自我恢复能力，在抵抗地震冲击时，以"以柔克刚"的思维，通过种种巧妙的措施，可将强大的自然破坏力消弭至最低程度。

（2）以斗拱作为建筑之关键。

如语言有文法和修辞一般，"斗拱"则是中国古典建筑的语法之一。斗拱是中国木构架建筑中最特殊的构件，是古典建筑之关键。斗是斗形垫木块，拱是弓形短木（见图3.1），它们逐层纵横交错叠加成一组上大下小的托架，安置在柱头上用以承托梁架的荷载和向外挑出的屋檐，是大型建筑不可或缺的构件。斗拱的结构与比例大小，随时代变迁而变化，唐宋时期，斗拱从简单的垫托和挑檐构件发展成为联系梁枋置于柱网之上的一圈"井"字格形复合梁。元明清时期，柱头间使用了额枋和随梁枋等，构架整体性加强，斗拱的形体变小，排列也较唐宋时期更为丛密，装饰性作用加强，成为显示等级差别的装饰构件。

（3）别具一格的单体造型和群体布局。

中国古典建筑的外部特征，迥异于其他建筑体系，形成了自己的独特风格。单体建筑一般由台基、屋身、屋顶三部分组成，而建筑整体往往由若干单体建筑通过院落围合而成。

第一，台基。台基是中国古典建筑的重要组成部分之一，犹如树根扎根大地，是其上建筑部分的承托者，也是建筑物形成稳固视觉形象的重要因素。中国古典建筑的台基主要分为两类，即普通台基和须弥座台基。普通台基为长方（或正方）体，外围砌以砖石，台内夯土，是普通房屋建筑台基的通用形式。须弥座原为佛像的基座，后来与中国传统建筑形式相交融，成为宫殿、坛庙等重要建筑的台基形式，是权力与身份的象征。

第二，屋身。玲珑的木质屋身与台基、屋顶共同构成了中国古典建筑立面的主体。不管中国古代建筑的外部轮廓如何雄伟恢宏，在正面都很少使用墙壁，大多采用并立的木质檐柱以及相间错落的隔扇门窗。左右山墙则很少有开窗辟门的建筑做法。在厚厚的墙壁上开窗辟洞的建筑手法，除在箭楼仓廒等建筑中使用外，在殿堂等建筑中鲜有使用。

第三，屋顶。屋顶作为古典建筑造型的主要部分，千变万化，瑰丽多姿。从形态上看，中国古典建筑的屋顶大多是飞檐反宇，巍然高耸，檐部如鸟翼轻展，屋角翘起飞扬。这样的建筑造型，因出檐较远，屋身的墙体、门窗等均可防止日晒雨淋，同时，利用斗拱等木构件构成的檐口和檐角，不仅为中国古典建筑增加了不少神韵，而且使得室内明亮温暖。

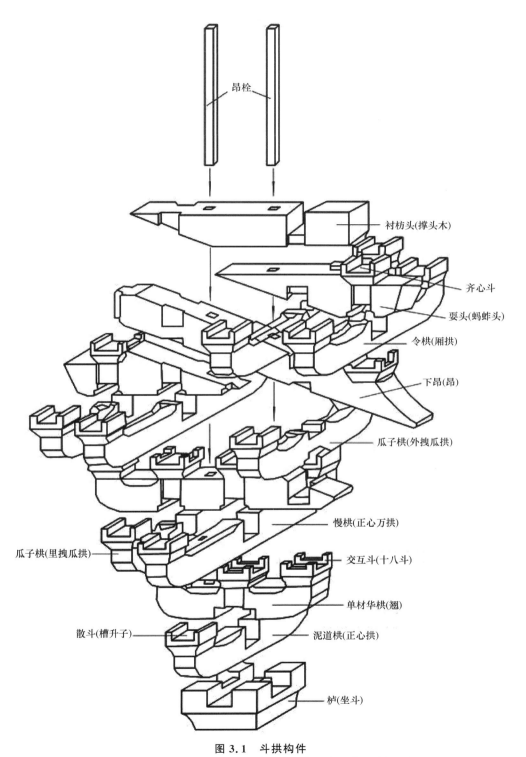

图 3.1 斗拱构件

图片来源：https://baike.baidu.com/item/%E6%96%97%E6%A0%B1.访问时间：2022-10-10。

从屋顶形式上看,主要有庑殿、歇山、攒尖、悬山和硬山等基本形式(见图3.2);根据建筑的功能和性质,不同建筑的屋顶又对这些基本形式进行了多种组合(见图3.3)。一般而言,不同的屋顶形式,分别用于不同的场合。如庑殿顶格调恢宏,用于高级建筑中轴线上的主要殿堂和门屋;歇山顶华丽活泼,一般用于配殿或城楼;攒尖顶多用于亭、塔;悬山、硬山顶多用于住宅。此外,对于屋顶的形制及其装饰都有许多等级化的规定。屋顶的形式、高度,脊饰的形象、尺寸、数目、颜色均须根据建筑的等级而定,不得僭越。

图3.2 中国古典建筑单体屋顶形式

图片来源:http://www.rcxjw.cn:3333/snwh/kpzc/gdkj/jianzhu/0007/content0002.htm. 访问时间:2022-10-10。

第四,院落式布局。中国古典建筑常以众多单体建筑通过院落围合成建筑群体完成某种特定的功能,大到宫殿,小到宅院,莫不如此。主要的殿堂一定有其附属建筑物,在其周围环绕联通,如厢房、夹室、山门、前殿、角楼等。此外,除佛塔之外,单座建筑物很少将四周全部轮廓呈现给远观者。在短距离的庭院之中,人们只能看到单座房屋建筑的立面和庭院的一部分。观览中国建筑物,必须将其与整个院落一起观赏。进入院落,信步走来,如同打开一幅中国画的卷轴,景色随着卷轴的伸展而慢慢呈现(见图3.4)。

(4)独特的用色。

在木构架结构建筑物上施以油饰和彩绘是中国古典建筑的一个重要特征,是建筑物不可缺少的一项装饰艺术。油饰彩绘原本的功能是将油或其他防护材料施于木质梁、柱、门、窗等构件表面,达到防腐、防蛀的目的。基于这些基本功能而逐渐发展演化为油饰和彩画。古代在建筑物上施用彩画,有严格的等级区分:庶民房舍不准绘彩画,而在明清时期

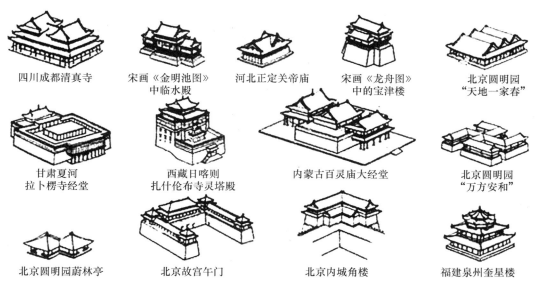

图 3.3　中国古典建筑屋顶组合形式

图片来源：https://anywood.com/news/detail/35458.html. 访问时间：2023-03-12。

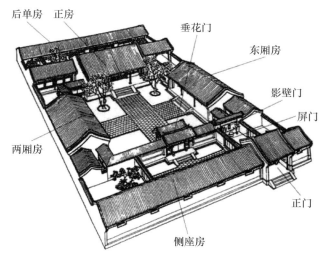

图 3.4　中国古典建筑院落式布局实例

图片来源：http://history.sina.com.cn/cul/news/2017-08-17/path-ifykcppx8680074.shtml. 访问时间：2023-03-12。

的北京紫禁城内，不同性质的建筑物绘制彩画也有严格的区分。其中和玺彩画属最高的一级，内容以龙为主题，施用于外朝、内廷的主要殿堂，格调华贵；旋子彩画是图案化彩画，画面布局素雅灵活，富于变化，常用于次要宫殿及配殿、门庑等建筑上；苏式彩画以山水、人物、草虫、花卉为内容，多用于园苑中的亭台楼阁和民间建筑之上。中国古典建筑用色虽较多，但建筑主体色彩相对较为单纯，如宫殿的台基往往用汉白玉砌筑，柱墙涂刷红色油漆涂料，梁枋斗拱彩画色调以蓝绿为主间以金红，屋面则用黄色琉璃瓦和琉璃脊饰，建筑整体用色气象庄严，雍容华贵。虽然有些建筑颜色看似较为繁缛，但也绝不俗气、平庸。相较于用色较多的建筑，还有一些建筑特别是具有地域特色的民间建筑，如吊脚楼、窑洞、雕楼等，则注重表达天然建筑材料的自然质感和色彩，与所处自然环境和谐相融。

（5）绝对对称与绝对自由两种平面布局。

以多座建筑组合而成的宫殿、官署、庙宇，乃至民居住宅，通常都采用严谨的左右均衡、中轴对称的布局。庭院四周，众多建筑物环绕。庭院数目不定，比较重要的建筑都安置在纵轴线上，次要房屋安置在它左右两侧的横轴线上。反之，悠游休闲场所如园林建筑，不仅不遵循对称的原则，反而力求避免对称，建筑布局讲求自由随意的变化。建筑布局取高低曲折之趣，间以池沼花木，清新秀雅，接近自然，而入诗画之境。中国古典建筑的这两种传统平面布局蕴含着中华民族的精神追求和审美习惯。

二、西方古典建筑景观的风格特征

西方古典建筑，狭义上指古希腊和古罗马共和国时期的建筑；广义上包括自爱琴文明直到欧美工业革命时期的建筑。西方古典建筑是一种以砖石为主要建筑材料的建筑体系，滥觞于公元前两三千年的爱琴海地区和公元前一千多年的古希腊，也融合了古埃及和古西亚建筑的某些传统。从公元前2世纪罗马共和国盛期以后，欧洲建筑体系长期以亚平宁半岛为中心，流行于广大欧洲地区，以后又传到南北美洲。欧洲建筑以神庙和教堂为主，还有公共建筑、城堡、府邸、宫殿和园林。在长期发展过程中，欧洲建筑面貌多样，新潮迭起，风格屡迁。大致说来，主要有古希腊、古罗马、哥特式、文艺复兴、巴洛克、古典主义和折中主义等许多风格的迭相出现。①

1. 古希腊、古罗马建筑风格

从公元前11世纪到公元前1世纪的古希腊文化，不仅是欧洲文明的摇篮，还在北非、西亚、中亚等文化中烙下了印迹。古希腊文化与随后发展的古罗马文化一起，被称为欧洲古典文化。

（1）古希腊建筑风格。

古希腊建筑艺术是欧洲建筑艺术的源泉与宝库。古希腊文化表现出一种人文主义精神，展现着人自身的力量，建筑承其血脉，呈现出和谐、端庄、典雅和充满理性秩序之美，被人誉为古典美"不可企及"的典范。古希腊建筑景观给人印象最深的是其"柱廊式"建筑，其中最负盛名的是雅典卫城和卫城中的帕特农神庙、伊瑞克提翁神庙。这些建筑中的柱式不但追求严谨，符合逻辑的理性主义，还通过体现人体之美，使每一块石头都充满生命的活力，使建筑物因有了性格而更为和谐。其中最有影响的有三种柱式，即陶立克柱式、爱奥尼柱式和科林斯柱式（见图3.5）。陶立克柱式的柱头是简单而刚挺的倒立圆锥台，柱身凹槽相交成锋利的棱角，没有柱础，雄壮的柱身从台面上拔地而起，一般柱高为底径的4—6倍，而柱子之间的距离，一般为柱子直径的1.2—1.5倍，十分协调，透着男性体态的刚劲雄健之美。爱奥尼柱，其外在形体修长，柱高约为底径的8倍，在柱头上用石头凿成左右下垂的卷发样式，尽显女性体态的窈窕多姿，如风韵十足的少妇。科林斯柱的柱身

---

① 萧默，1999. 文化纪念碑的风采——建筑艺术的历史与审美[M]. 北京：中国人民大学出版社.

与爱奥尼柱相似，但柱头更为华丽，将柱头的卷发装饰成秀丽的花瓣，使其宛如少女头上的花冠，优美秀丽，如同天真烂漫的少女。

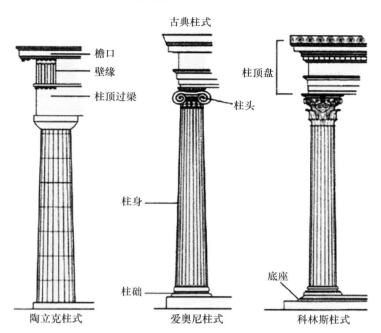

图 3.5　古希腊建筑的主要柱式

图片来源：https://www.sohu.com/a/154189871_296927. 访问时间：2022-10-10。

（2）古罗马建筑风格。

古罗马建筑继承了古希腊建筑文化，同时又对古希腊建筑进行了发展。古罗马建筑景观的特点是规模宏大，气势雄伟。它大量使用和发展了拱券结构和穹隆顶，改变了希腊梁柱式石建筑结构方式，为建筑空间的发展提供了极大的可能性。古罗马建筑主要包括神庙、斗兽场、城市广场、公共浴场和凯旋门。万神殿是古罗马建筑的杰出代表，浑圆的穹隆顶象征着天宇，中央的圆洞象征着神的世界与人的世界的联系。殿内空间开朗阔大，穹隆顶由规则分布的券肋组成的凹格形态逐渐上升、内收、聚拢，气魄宏伟、和谐统一。穹隆顶中央圆洞中射来的光线弥漫在空阔的内部，柔和静谧，显示出一种宗教的气息。以神庙为主体建设的广场，四周分布着高大的柱廊，布局严谨对称，气氛庄严肃穆。

2. 拜占庭建筑、罗马风建筑及哥特式建筑

公元 5—15 世纪，西方进入了"黑暗的中世纪"，基督教占领了当时社会文化的主阵地，并成为封建制度的强大精神支柱。与此相适应，教堂成为西方最重要的建筑。

（1）拜占庭建筑和罗马风建筑。

公元 4 世纪末，东欧的拜占庭建筑以东正教教堂为主，发展出了独特的拜占庭建筑艺术。首先，拜占庭建筑屋顶造型普遍使用高大的穹顶，由巨大的柱墩支撑帆拱构成，宏大且贯通的内部空间多用圆顶、半圆顶和拱形结构，体现出前所未有的壮丽；其次，整体造型强调中心性，将基本等臂的十字形作为建筑平面，十字形中央对应高大的圆穹顶，成为整

座建筑的构图中心;再次,它创造了把穹顶支撑在独立方柱上的结构方法和与之相应的集中式建筑形制,其典型做法是在方形平面的四边发券,在四个券之间砌筑以对角线为直径的穹顶,仿佛一个完整的穹顶在四边被发券切割而成,它的重量完全由四个券承担,墙体不再承重,从而使内部空间获得了极大的自由;最后,以君士坦丁堡圣索菲亚大教堂为代表的拜占庭建筑,通过运用灿烂夺目的色彩,使教堂建筑的宗教环境气氛得到进一步烘托。除了君士坦丁堡的圣索菲亚大教堂,意大利拉文纳的圣维塔尔教堂和威尼斯的圣马尔谷教堂(见图3.6)是最有代表性的拜占庭建筑。

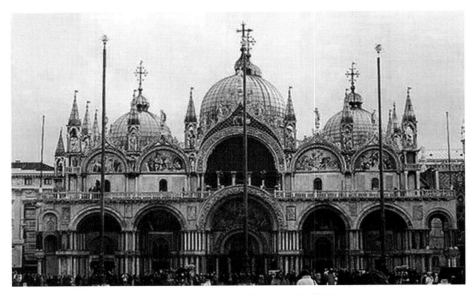

图 3.6　意大利威尼斯圣马尔谷教堂

图片来源:http://travel.sina.com.cn/world/2008-11-07/094435240.shtml.访问时间:2022-10-10。

公元9—12世纪的西欧教堂,常采用巴西利卡形式,与拜占庭基督教堂等臂十字形平面不同,西欧基督教堂发展出了中厅很长的十字形平面,称拉丁十字式。但这个时期多采用古罗马遗留下来的建筑遗迹或建筑材料建造教堂,沿用古罗马的半圆形拱券技术,采用典型的古罗马式拱券结构,形象略带古罗马建筑的味道,人们称之为"罗马风建筑",也被称为中世纪"第一次国际性时代"的建筑风格。教堂建筑在整体布局上,中殿纵深,横厅宽阔,在平面上构成竖长横短的十字形,象征着耶稣遇难的十字架。它的外形像封建领主的城堡,以坚固、沉重、敦厚、牢不可破的形象显示教会的权威。教堂的一侧或中间往往建有钟塔。屋顶上设一采光的高塔,从室内看,这是唯一能够射进光线的地方。教堂内光线幽暗,给人一种神秘宗教气氛和肃穆感及压迫感。教堂内部装饰主要使用壁画和雕塑,教堂外表正面墙和内部柱头多用浮雕装饰,这些雕塑形象都与建筑结构浑然一体。罗马风时期的雕塑具有古代雕塑的气魄,较多运用变形夸张手法,但又不同于古代的写实风格,这是因为"蛮族"艺术渗透的影响。这些被扭曲的形象在浓厚的宗教气氛下产生一种阴郁和怪异感,承担着解释教义的功能,体现着中世纪人的世界观。意大利的比萨大教堂、法国的普瓦蒂埃圣母堂、德国的沃尔姆斯大教堂、英国的达勒姆大教堂等都是古罗马式教堂的典型代表。始建于1655年的北京四大天主教堂之一东堂,也是这种风格的代表。

(2) 哥特式建筑。

公元12—15世纪的欧洲,进入了漫长的宗教长夜,文化艺术笼罩在宗教禁欲主义之中,被称为"黑暗时代"。但这个时期,在黑暗的夜空中仍然闪耀着一片夺目的光芒,这就是"哥特式建筑"。"哥特"是文艺复兴时期人们对它的贬称,意为"野蛮"。但事实上,它是欧洲中世纪最值得称道的艺术成就,既弥漫着宗教的迷狂,也寄托了市民阶层的世俗激情。

哥特式建筑首次出现于法国,逐渐遍及欧洲,是以教堂为主的建筑艺术,它的造型和结构具有强烈的艺术激情和宗教感染力。哥特式教堂建筑是在古罗马风教堂基础上发展起来的,但摆脱了古罗马风教堂的沉重感而朝高拔、轻巧、雅致甚至矫饰的方向发展。它基本采用拉丁十字式的巴西利卡平面,通常在东端半圆形后堂部位小礼拜堂较多,布局复杂。西立面有一对很高的钟塔。西立面典型形式是:一对钟塔夹着中厅的山墙,中央大门和上方线脚之间是圆形的玫瑰窗。三座门洞都有周围的几层线脚,并刻着成列的圣像。其外部特征是高直、尖耸,充满升腾向上的动感和气势,表情冷峻,渲染着上帝的崇高和人的渺小。在建筑设计上,为了使教堂体现出弃绝尘寰的宗教理想,建筑师较多利用尖肋拱顶、飞扶壁、修长的束柱,使轻灵的垂直线条统率整体,并以明亮的彩色玻璃取代了古罗马风的承重墙。扶壁、墙垣和塔都是越往上越细,且装饰越多,体积越小,而且顶上都有直刺苍穹的小尖塔,共同营造出一股强烈的向上动势,像是从尘世伸向苍穹的双手,祈求"上帝"的拯救,呼吁圣灵重归人间,使人类得到精神上的复活。

因所有的拱券都是尖形的,故整个教堂浑身充满着向上的升腾感,引导人们的心灵尽可能地摆脱一切现实的羁绊,向着精神的天国而去。其内部景观特征是神秘而虚幻,烘托出一种强烈的宗教气氛。内部空间高而窄,外部结构全部裸露,成束的细柱在中厅拔地而起,直达尖尖的拱顶。高而尖的侧窗镶嵌着以红、蓝二色为主的花窗玻璃,细而长,垂直向上的形态表达着人们对天国的向往。在教堂内部装饰上,有许多布局和谐的圆柱,柱身都装饰有形象生动的浮雕和石刻,从彩色玻璃照射进的阳光,进一步造就了教堂内部庄严、肃穆和神圣的氛围。

有人把耸入云霄的哥特式建筑称为一首屹立在空间的圣诗、一曲回荡在天际的音乐。哥特式建筑以其高超的技术和艺术成就,在建筑史上占有重要地位。最负盛名的哥特式建筑为德国的科隆大教堂(为德国最大天主教堂,1248年兴建,1880年完工,其双尖塔高157米,见图3.7)、乌尔姆大教堂(其单尖塔高161米,为世界教堂高度之最)、英国的威斯敏斯特教堂(1245年重建,1745年完成其最后部分两座钟楼)、法国的巴黎圣母院(始建于1163年,1320年完工,教堂本身尚保留有古罗马建筑的一些特征,如崇大、厚实等)、兰斯大教堂以及意大利的米兰大教堂等。

3. 文艺复兴建筑、巴洛克建筑及古典主义建筑

(1) 文艺复兴建筑。

文艺复兴建筑是欧洲建筑史上继哥特式建筑之后出现的一种建筑风格。14世纪与15世纪之交,在欧洲兴起了一场轰轰烈烈的思想解放运动,它高举着古希腊、古罗马文化的旗帜,向以神为中心的封建意识形态展开了一场激烈战斗,从而使人和人性得到重新发

图 3.7 德国科隆大教堂

图片来源：https://pic.sogou.com/d? query=％E5％BE％B7％E5％9B％BD％E7％A7％91％E9％9A％86％E5％A4％A7％E6％95％99％E5％A0％82&forbidqc=&entityid=&preQuery=&rawQuery=&queryList=&st=&did=331. 访问时间：2022-10-10。

现。文艺复兴文化反映在建筑风格上，是利用古希腊、古罗马等古典建筑风格，取代象征神权的哥特式建筑。由此，古希腊建筑的直线列柱式和古罗马建筑的圆弧拱券风格，得到了重新认识和广泛运用。

从其建筑景观特征来看，首先，文艺复兴建筑推崇基本的几何图形体，如方形、圆形、三角形、立方体、球体、圆柱体等，进而由这些形体倍数关系的增减创造出理想的比例；其次，在建筑设计及实际建造中大量采用古罗马的建筑语言，如拱券、柱式、窗子、穹顶等，根据不同高度使用不同的柱式；最后，建筑物底层多采用粗琢的石料，故意留下粗糙的砍凿痕迹。总之，它比哥特式建筑低矮了许多，但更加艺术化、人性化，它用壮美取代了崇高，使人们惊叹而不惊恐。正像当时的建筑师里昂·巴蒂斯塔·阿尔贝蒂（Leon Battista Alberti）所称颂的那样，它"弥漫着一股春天苏醒的气息"。

文艺复兴建筑的代表作有佛罗伦萨的圣玛利亚大教堂的穹顶、罗马的圣彼得大教堂（见图 3.8）等，尤其是圣彼得教堂被称为文艺复兴最伟大的时代纪念碑，也是世界上最大的教堂。

（2）巴洛克建筑。

宗教改革后至 17 世纪，意大利文化已浸透了世俗精神，追求人间的荣华富贵和炫耀财富成了艺术的重要内容，这逐渐浸染出建筑艺术中的一种反理性思潮。对建筑创作而言，打破常规、标新立异已成为创作的同义词。在此风潮的影响之下，形成了一种新的建筑艺术，即巴洛克建筑艺术，巴洛克一词来源于葡萄牙语"Barroco"，意指形态不够圆或不完美的珍珠。巴洛克建筑有的打破了文艺复兴建筑的常规样式，大量采用曲线、曲面和涡卷，赋予建筑以动感；有的打破了建筑构件与雕塑、绘画的界限，使它们相互渗透，共同营造出一种柔美、华丽、明亮的氛围；有的则大量使用贵重材料和繁复的装饰，看起来富丽堂

图 3.8 罗马圣彼得大教堂内部

图片来源:http://space.yoka.com/blog/1282074/1566027.html,访问时间:2022-10-10。

皇。如果说文艺复兴建筑对哥特式建筑的取代是用壮美代替了崇高,那么巴洛克式建筑则进一步用优美取代了壮美。

具体而言,巴洛克教堂建筑的特点表现在:宽阔的或圆形的中殿取代了狭长的中殿;戏剧性地使用光线,强烈的光影对比,明暗对照效果显著(如威尔腾堡修道院教堂),或依靠窗户实现均匀照明(如温加滕修道院教堂);大量使用装饰品(通常是镀金、石膏或粉饰灰泥、大理石);巨大尺度的天花板壁画;外部立面的显著特点是通常有戏剧性的中央突出部分,内部通常只是绘画与雕塑的框架(特别是后期巴洛克);错视画法般的虚幻效果,绘画与建筑的混合。罗马圣卡罗教堂和圣彼得大教堂前的广场是巴洛克建筑的典范。

(3) 古典主义建筑。

在巴洛克建筑风格风行的同时,古典主义建筑风格在法国和英国得到推崇。17世纪的路易十四时代,法国的绝对君权已站稳脚跟,法国文化也散发出一种强烈的君权主义气息。因此,神的圣地——教堂不再是法国建筑的主流,而君王的居所——宫殿成为法国建筑的主流。

古典主义建筑崇尚意大利文艺复兴的理性美,基于笛卡尔的理性语言哲学,强调基于严格数学计算的比例和数量关系的精确性。其建筑特色是外立面为标准的古典主义三段式处理,即将立面划分为三段,建筑左右对称,各部分之间有严格的数学关系,造型采用简单的几何图形,轮廓整齐、庄重雄伟。路易十四时代完成的卢浮宫东立面的改造(见图 3.9)和凡尔赛宫园林(见图 3.10)是古典主义建筑景观的典型例证。

图 3.9　卢浮宫东立面

图片来源:https://www.sohu.com/a/520650366_99986045. 访问时间:2022-10-10。

图 3.10　凡尔赛宫园林

图片来源:http://travel.tianhenet.com.cn/2011/0624/11039.shtml. 访问时间:2023-03-12。

4. 现代建筑

现代建筑开始于19世纪中后期,是在欧洲近代建筑的基础上蓬勃发展起来的。19世纪以后,由于工业技术革命的进步和资本主义社会生活的需要,大规模的公共建筑和生产性建筑迅速兴起,建筑形制愈加纷繁多样。随着新建筑材料和新结构技术的不断发现和应用,建筑领域开始了一场比历史上任何一场建筑变革意义更为深远的革命,世界建筑文化也开始了一场空前的大交流。反传统的趋势一时成为潮流,形成了一种被称为"国际风"的风格。从20世纪50年代开始,在现代建筑内部又兴起了晚期现代的建筑思潮,它们对现代主义建筑过分重视物质因素而忽视精神因素提出了抗议和反对,喊出了人性、人情的口号。在多元文化并存的今天,我们还是不难看出现代建筑艺术的新趋向、新特点。首先是求新、求异。在建筑形象上,既不重复历史,也不复制他人,力求建立自己的个性。其次是适应现代人生活需要和审美需要,风格简洁明快。最后是更加注意建筑与外在环境的关系,使建筑与环境能够协调一致,从而使人感到温馨、融洽。

三、中西古典建筑景观的差异

中西古典建筑景观作为人类历史文化遗产,具有许多共同点。然而,自然环境和文化的不同也导致中西古典建筑景观存在诸多的差异。[①]

1. 建筑景观材料的不同

传统的西方建筑长期以砖石为主体,而传统的中国建筑则主要以木材为构架用材。建筑用材的不同,为其各自的建筑艺术表达提供了不同的可能性。石头是一种密度很大的建筑材料。它的缺点是施工周期长,优点是使用寿命长。砖石建筑足以承受巨大的压力,宜于向高空发展。与之刚好相反,木材是一种密度较小的建筑材料。它的缺点是使用寿命短,优点是施工周期短。木构架建筑的特点是容易建造较大跨度的门窗和飞檐,宜于横向发展。以上差异可总结为表3.1。

表3.1 中西古典建筑的主要材料及特点比较

	主要建筑材料	密度	工期	寿命	承压力	特点
西方	砖石	大	长	长	大	宜向高空发展
中国	木材	小	短	短	小	宜向横向延展

2. 建筑材料不同导致的建筑景观特征的不同

与砖石特点相关,西方古典建筑景观的基本姿态是拔地而起、指向苍穹的。无论是拜占庭式、哥特式,还是文艺复兴式建筑,都要在穹顶、尖顶或圆顶上做文章。从外部形态上看,这些建筑都呈现出挺拔、伟岸的身躯。从内部结构上看,这些建筑又都有阴冷、幽暗的特点。因为密度过大的砖石自身的重量较大,因而不利于建造较宽的窗框,从而不利于采光。

与木头的特点一致,中国建筑的基本姿态则是横向展开、延展于大地的。古代的殿、堂、亭、台、楼、阁,并不过于追求绝对的高度,而是在屋顶形态的建筑群体组合上做文章。

---

① 陈炎,2003.东西方建筑的古代、现代、后现代特征[J].天津社会科学,3:110—116.

从外部形态上看,官式建筑常常显得稳重、威严,民间建筑则轻灵、温馨。从内部空间看,这些建筑又都有着宽敞、明亮、舒适的特点。因为密度较小的木材不仅可以制造跨度较宽的门窗,而且可以通过梁、檩、椽之间的相互叠加,将竖向的重力转向横向的延展。以上差异可总结为表 3.2。

表 3.2　中西古典建筑因建筑材料不同而呈现的差异

	施工期	保存时间	基本姿态	内部空间
西方	周期长	长	拔地而起,指向苍穹;挺拔、伟岸	阴冷、幽暗
中国	几年或几十年	较短	横向展开,居于大地;稳重而不轻灵,温馨而不神秘,威严而不刻板	宽敞、明亮、舒适

鉴于砖石材料的特点,西方古典建筑往往具有几十年,甚至上百年的施工周期,一旦落成可经受千百年的考验。作为欧洲建筑史上早期哥特式教堂的典范,著名的巴黎圣母院始建于 1163 年,竣工于 1345 年,历时 182 年之久。然而时至今日,它还状态较好地屹立在巴黎市中心塞纳河的西岱岛上。比巴黎圣母院更高、建造时间更晚,也更具有哥特形象特征的科隆大教堂,整个建设时间跨越了近五个世纪。其垂直向上、高耸入云的双塔尖,凝结了德意志民族几代人的艰辛和努力。西班牙巴塞罗那的那座至今尚未完工,却已被写进建筑艺术史并成为世界文化遗产的圣家族教堂,由建筑师安东尼奥·高迪(Antonio Gaudi)设计的造型奇异的庞然大物,从 1882 年始建至今已经建造了一百多年,而按照预期的建设计划,还需要建造若干年才能完工……欧洲的建筑史上,这样的例子不胜枚举。由于宗教信仰比世俗政权更加稳定而长久,所以这些建筑不会因世俗政权的更迭而遭受毁灭之灾。不仅如此,在这种宗教建筑典范影响下,西方人渐渐培养起一种对于古老建筑的尊崇与敬意。在西方,每座城市中的主教堂不仅是规模巨大的,而且是历史悠久的。它们不仅是一种信仰的体现,而且是一种历史、一种文化,是一代又一代人生命的延续。

鉴于木材的特点,中国传统木构架建筑则常只具有几年或几十年的施工周期,偌大的一个隋朝都城大兴城(即后来唐朝的长安城)只用了九个月的时间就建造成了,明初北京紫禁城的建成也只用了十几年的时间,其建设速度不可谓不惊人。然而,由于这些城池和宫殿都是世俗政权的象征,因而它们在改朝换代的过程中很难幸免于难。迄今为止,我们所能看到的较为古老的木构架建筑已经不多,较为熟知的有唐朝的南禅寺正殿、佛光寺东大殿和辽代的应县佛宫寺释迦塔了。

3. 建筑景观艺术语言的不同

不同的建筑材料、不同的社会功用,使得中国与西方的古典建筑有着不同的"艺术语言"。

(1) 西方古典建筑景观的艺术语言。

西方的石制建筑一般是纵向发展、直指苍穹的。这样一来,能否将高密度的石制屋顶擎入云霄,便成为建筑艺术的关键所在,而执行这一任务的柱子也便成了关键中的关键。所以,西方古典建筑的"基本词汇"是柱子和屋顶。西方古典建筑主要有陶立克柱式、爱奥尼柱式、科林斯柱式三种柱式。除了这三种柱式,希腊人还大胆地创造了"人像柱式",即干脆将石柱雕刻成人形的躯体,用其头部顶住房梁,支撑起屋宇的重量。在这些柱式的交互运用中,不同类型的建筑或同一建筑的不同部分显得或壮美,或优美,或庄严雄伟,或韵味十足。如果说柱子是西方古典建筑艺术的"基本词汇",那么屋顶则是其"主要句式"。屋顶的不同,导致了其风格类型上的差异。西方古典建筑景观的屋顶先后经过了坡顶、穹顶、圆顶、修饰和完善圆顶、标新立异的圆顶等风格的变化。中世纪穹顶的使用使得教堂的高度上升到一种绝妙的境界,人神关系被异化,体现了一种崇高美;文艺复兴时期圆顶的使用,纠正了深度异化了的人神关系,壮美成为主导风格;之后,巴洛克建筑景观在修饰和完善这种圆顶的过程中进行了更加优美、更加人化的努力,生硬的直角被涡卷的装饰物掩盖,内部变得更加柔美、明亮、华丽,进一步用优美取代了壮美;之后,洛可可建筑将人性发展为世俗,将华丽发展为繁缛,装饰的技巧已经压倒了神性的庄严,艺术家几乎将全部的创造力都集中在细节的处理上,不惜使用奢华的金箔装饰和肉欲的女性裸体,走上了感官主义、唯美主义的道路。这个过程虽然流派纷呈、变化多端,但其核心的矛盾无非是要处理人与神之间的关系,即由古希腊的优美和谐,到中世纪的崇高对立,再回到文艺复兴以后的和谐状态。于是,尽管跪在神龛面前的人没有变,但人与神的关系却因其背后的教堂而发生了历史性的变化。而教堂作为神的化身,在人的心目中也便变幻出不同类型的美感。

(2)中国古典建筑景观的艺术语言。

与西方不同,中国古代的木构架建筑不是纵向升腾的,而是横向展开的,这便决定了其基本的"语言单位"不是柱子,而是斗拱。

所谓斗拱,是由"斗"形的木块与肘形的曲木(拱)在柱头相互叠加而成的,它的功能是在梁柱与屋檐之间搭起有力的骨架,把木柱的竖向支撑力逐层往横向传递、扩展,以托起高大的飞檐和厚重的屋顶,这是形成中国建筑整体形象的关键。与西方古代的柱子类型化的发展趋势不同,中国古代的斗拱则根据飞檐的需要或疏或密,或简或繁,它不仅创造着飞檐动人的曲线,其自身也有着类似爱奥尼或科林斯柱式的装饰作用。如果说斗拱是中国古典建筑的"基本词汇",那么飞檐则是其"主要句式"。同西方古典建筑的屋顶一样,中国古代的飞檐也有许多类型,或低垂,或平直,或上挑。其不同的形式制造出不同的艺术效果,或轻灵,或朴实,或威严。不仅亭、台、楼、阁都要用飞檐来标明自己的身份,表达自己的情感,飞檐的高低、长短往往还会成为建筑设计的难点和要点。正所谓"增之一分则太长,减之一分则太短",飞檐的设计必须恰到好处才能显得轻灵而不轻佻、朴实而不机械、威严而不呆板。

如果说西方古典建筑主要体现了人与神之间的关系,那么中国古典建筑则主要体现了人与人、人与自然之间的关系。

第三节 建筑景观审美的方法与能力培养

建筑既是物质的,也是精神的,蕴含着深刻的美学思想。然而,欣赏美需要发现美的眼睛和诗性的心灵。因此,接下来我们将从建筑景观的艺术语言、审美功能及建筑景观审美能力的培养角度选择其要点勾勒一二。

一、建筑景观形式美的艺术语言

建筑景观历来是旅游者重要的审美对象,而读懂建筑景观之美的关键在于了解她的艺术语言,即美的要素。建筑景观的形式美主要通过色彩、形状、线条等因素进行表达,具体而言其艺术语言包括优美的造型、建筑物各部分的比例与尺度、色彩与质感搭配、节奏与韵律、审美情趣及审美理想的和谐统一。

1. 建筑形式语言

建筑结构是建筑的骨架,也是建筑物的轮廓。所有具有审美价值的建筑景观,都有优美的形体。构成其形体的基础是点、线、面,而点、线、面是从客观事物的空间物象中抽象概括出来的形式美因素,各有多种表现形式。就线条这种形式语言来说,它可分为直线、曲线和折线三种。直线给人的审美感受是力量、稳定和刚强;曲线,特别是蛇形线,给人的感受是优美、柔和、富有生气的运动感;折线形成的角度,会给人以上升、下降、前进、后退、转折、突变的方向感和跃动感。

我国著名美学家朱光潜就线条在建筑中的运用,指出:"建造风格的变化,就是以线条为中心。希腊式建筑多用直线,罗马式建筑多用弧线,哥特式建筑则多用相交成角尖的斜线,这是最显著的例子。"由点、线、面构成的建筑形体,会给人以不同的审美感受。一般说来,圆形柔和,菱形锐利,方形刚正,宽而平的梯形有稳定感,正三角形稳定,倒三角则有倾危之感。总之,几何造型不同,给人的审美感受也不一样。中外经典建筑景观的平面形状,大都以上述几种简单的几何图形作为构图的依据,以体现高度的完整统一性。如罗马万神殿的圆形平面、罗马圣彼得大教堂的方形平面。

此外,建筑的结构与建筑的功能要求、建筑造型取得完全统一时,建筑结构也体现出一种独特的结构语言美。例如,著名的罗马小体育宫采用了一种新颖的建筑结构,并且有意识地将结构的某些部分——在周围的一圈"丫形"支架完全暴露在外,混凝土表面也不加装饰,这些支架好似许多体育健儿伸展着粗实的手臂承托着体育宫的大圆顶,表现出体育所特有的技巧和力量。正是通过这种独特的结构语言,使这一建筑展现出独特的艺术魅力。

2. 色彩美与质感美

造型在建筑景观之美中扮演着重要角色,造型其实应当包括形与色两个部分。建筑景观什么样的色彩才美?一般说来,美的建筑色彩必须在实现其实用性功能的前提下,尽可能地体现民族的伦理观点、审美观念、时代特征,并且尽可能地符合形式美的规律、法则。

建筑景观的色彩必须注意和环境的协调。北京的天安门,其屋顶是黄色琉璃瓦,屋身是朱漆的门窗和柱子,城墙的颜色也是红的,为了区分房屋与城墙,墙顶上设计为白中带灰的颜色,墙脚则以白石须弥座做结尾。这种绚丽的色调,在北京湛蓝的天空的衬托下,呈现出既对比强烈而又协调和谐的色彩关系。而江南一带建筑的素雅色调,则与这里气候湿润、天空为"鱼肚白"的环境显得十分和谐。

建筑景观的色彩具有许多伦理含义。北京的天安门及故宫里的许多建筑,一律用黄色琉璃瓦做屋顶。"黄"取"皇"之谐音,从视觉效果上看,黄色也富丽堂皇,足以显示帝王气魄。我国江南民居一般为白墙灰瓦,之所以显得美,是因为这契合了生活于江南的汉民追求质朴、淡雅、清丽、含蓄的民族审美性格。又如,一般来说,热带地区的建筑色彩宜偏于冷色,寒带地区则宜偏于暖色,以求矫正温度感上的不平衡。

建筑景观的色彩还被赋予了一种情感寄托或社会表达,从而使建筑的美学意义和品性得到升华。如封建社会的帝王建筑以红色和黄色为主,如朱红色的围墙、白色的台基、金黄色的琉璃瓦顶、大红色的柱子和门窗。这样的色彩使用不仅符合色彩搭配原则,也是皇室尊贵的象征。红黄两色呈现出一种喜庆、雍容华贵,营造出庄严的气氛,表达出兴旺发达的愿望。民居建筑多以朴素、自然、淡雅为主,如青灰瓦、白粉墙、棕色木柱和门窗,给人以非常明快开朗的感觉。在古希腊的建筑群中,几乎到处都能看到艳丽的色彩。帕特农神庙纯白的柱石群雕上配有红、蓝原色的连续图案,还雕有金色、银色花圈图样,色彩十分鲜艳美丽。这些色彩也是他们宗教观的反映。

建筑景观的色彩在一定程度上会影响建筑形象的节奏、韵律。一个建筑景观色彩单一,"节奏"就显得平稳。如果其各个立面色彩丰富,但协调统一,则充满"节奏"变化。赤、橙、黄、绿、青、蓝、紫,色彩由明到暗,由暖到冷,由硬到软,组成一系列整齐的色调。从浓黑到深灰的色调,有点像低音区的音符序列;从浅灰到最明亮的白色,相当于高音区的音符序列,这些色彩的变化,是与形成不同色相的数的变化密切相关的。

与建筑形式的色彩关系尤为密切的,是建筑材料所产生的材质美。建筑材料不同,建筑物给人的质感也不会相同。石材建筑景观质感偏于生硬,给人以冷峻的审美感受;木质建筑景观感偏于熟软,给人以温和的审美感受。生硬者重理性,熟软者近人情;重理性者显其崇高,近人情者显其优美。西方古代以石材建筑为多见,中国古代盛行木结构砖瓦建筑。西方古代的"石材"与中国古代的"木材"给人的不同质感,恰好在一定程度上反映出古代中西方民族的传统审美心理和审美情趣。同样建造一座中国古典式的亭子,一用木材,一用石材,虽然都造得优美,但可以从这种优美之中显示其不同的审美个性,前者是"温情脉脉"之美,后者则是"冷若冰霜"之美。

3. 均衡美与变化美

统一、对称、稳定、均衡与变化是建筑景观形式美的最基本法则。

所谓多样性的统一,从哲学上看,就是对立面的统一状态。"多样"体现的是单体建筑的差别、对立与矛盾;"统一"体现的是各建筑景观之间的共性与整体联系,使整个建筑景观群形成既对立又统一的美感。

对称、稳定属于均衡范畴。均衡是构成建筑景观形式美的重要语汇。均衡的特点是两侧的形体不必等同,量上也只是大体相当。均衡较对称有变化,比较自由。著名的威尼斯圣马尔谷广场是不对称的:大广场的一边是斜的,另一边的端部连着小广场,两个广场的交接处竖着一个高高的钟塔。这两个广场在一起,形成一种不对称而均衡的构图。常见的均衡是重力均衡,好比天平两边盘子里等量等重砝码的摆法,一为竖列,一为横列。如果一座建筑景观由同等体量的两部分构成,一部分为竖向序列,另一部分为横向序列,那么整个建筑形式就达到了重力性均衡,其均衡中心必然在这两部分的连接之处。体量相同的两座建筑物,一为垂直发展显其高峻,一为水平发展显其横阔,遥相呼应,那么其均衡中心必在两者间距的中心处。当然,在观感上,这种重力均衡的先决条件是两座建筑物的色彩、质感、立面、平面及地理环境等因素都要相同。如果其色彩一为暖色,一为冷色,质感一为粗糙,一为细腻,并且立面墙体、门窗设置等都不同,那么即使达到了体量的均衡,其均衡的中心也已不在原先的位置上了。一座建筑物的两部分,如果较小部分外形单薄,体态轻盈,较大部分墙体屋顶厚实,门窗很小,那么它就显得不均衡。但如果那较小部分处理得实一些,较大部分处理得虚一些,比如多设些门窗,色彩浅淡一些,则观赏效果会更好。

对比、差异属于变化范畴。所谓对比,是指把两种差别很大的建筑并列在一起。建筑景观中的对比,使人感到强烈刺激,令人振奋,如主与次、大与小、高与低、宽与窄、明与暗、繁与简、动与静、方与圆、收与放的对比,是群体建筑景观中经常看到的美学规则。

4. 节奏美与韵律美

节奏是指一些建筑元素有条理的反复、交替或排列,使人在视觉上感受到建筑景观的动态连续性。节奏的要素一是时间,即一定的过程;二是变化,比如声音的长短、高低、轻重的变化。韵律是指建筑景观要素在节奏基础之上有秩序的变化,高低起伏,婉转悠扬,富于变化美与动态美,充满了情感色彩,表现出一种韵味和情趣。节奏富于理性,而韵律富于感性。

音乐是具有节奏和韵律的艺术,它必须经历一个过程,并通过乐音的长短、高低、轻重的变化来表达特定的情调。建筑是空间艺术,却被称为"凝固的音乐",其原因就在于精彩的建筑景观都具有节奏与韵律之美,恰当地处理了建筑个体的各部分之间、个体与个体、个体与群体、群体与群体以及个体、群体同周围环境之间的比例尺度,高低错落,疏密聚散,都有其"凝固的音乐"般独具特色的节奏与韵律。观赏者在欣赏过程中,随着观赏角度的改变带来的时间推移,便可能感受到那美妙的节奏与韵律。如果把建筑空间系列与在时间中进行的交响乐相比较,从门廊到大厅,艺术处理就像音乐的序曲、扩张、渐强、高潮、渐弱、休止一样。譬如我们观赏北京故宫的中华门、天安门、端门、午门、太和门和太和殿,有前序,有渐强,有高潮,有尾声,很像一支交响乐。同样,当我们漫步在北京长安街时,两旁建筑的高低、疏密、大小、虚实、进退,都会使人感受到激动人心的美妙旋律,领略着一种交响乐的跌宕起伏、抑扬顿挫的韵律感。我国著名的建筑学家梁思成说过,一柱一窗的连续反复,好像四分之二拍子的乐曲,而一柱二窗的立面节奏,则似四分之三拍子的华尔兹。①

建筑景观中,常见的主要有以下几种韵律形式:其一,连续韵律美。由一种或几种要素连续、重复地排列而成,各要素之间保持着恒定的距离和关系,并可以无休止地延长。如中国人民大会堂四周墙面的圆柱柱廊,其柱高和柱径的比例,既考虑到西方古典格式的数学关系,又考虑到中国木结构格式的常规比例,创造了一种新的柱式比例(即柱高为柱径的 12.5 倍),这些重复而连续排列的柱廊,显示出雄壮挺拔的韵律美,充满着一种欣欣向荣的生机和力量(见图 3.11)。又如罗马大斗兽场共为四层,下面三层都是连续不断的 80 个半圆券洞,券洞之间是壁柱,底层壁柱为陶立克柱式,二层是爱奥尼柱式,三层是科林斯柱式。这些叠柱一层比一层轻巧,连续不断地重复,排列的券洞给整个建筑以稳固坚

---

① 梁思成.中国建筑艺术二十讲(第二讲)[N].人民日报,1961-07-26(7).

定的韵律美。其二,渐变韵律美。渐变的韵律即连续的要素在某一方面按一定的规律而变化,如渐次增长或缩短,变宽或变窄,增密或稀疏,递增或递减等。美国纽约的古根海姆博物馆,是一座形状古怪而闻名遐迩的建筑,其主体部分陈列厅是一个螺旋式的圆筒。圆筒高30米,从下到上,随着螺旋的上升,外圆直径递增,底层外径为30米,到顶层外径已有38.5米,沿着螺旋坡道的外墙上方设一排条形窗,整个陈列大厅简洁流畅,而外观螺旋而上、渐次增大,给人以一种强烈的流线型的新奇而明快的韵律感(见图3.12)。其三,起伏交错韵律美。渐变韵律按一定规律时而增加,时而减少,呈现出起伏不平或是不规则的节奏感,即为起伏交错的韵律。巴西议会大厦(见图3.13)是著名的国际建筑景观,整座大厦由两部分组成:一部分是两幢简洁高大的27层议会办公楼,其形状如并列的火柴盒子,

图 3.11 中国人民大会堂连续韵律美

图 3.12 美国古根海姆博物馆渐变韵律美

图片来源:http://tech.163.com/07/0330/14/3ARCKISE000924MD.html. 访问时间:2007-03-30。

图 3.13　巴西议会大厦起伏交错韵律美

图片来源：http://www.gotoningbo.com/jqjd/gwlyjd/201001/t42007.htm. 访问时间：2012-09-16。

中间用通道相连接；另一部分则是一个四层楼高的长 240 米、宽 80 米的平台式建筑，平台顶上有两个圆形的会议厅，一个像倒扣着的大碗，另一个像正放着的开口的碗。不规则的天际线，奇特的造型，由此而形成的韵律显然是起伏交错，简洁开敞而又联成一体，富有生机而又令人耳目一新。

可见，韵律是构成形式美的重要因素。不论是单体建筑景观或群体建筑景观，还是其细部装饰，几乎处处都有应用韵律美营造的节奏感，正因如此，人们才将建筑称为"凝固的音乐"。

5. 比例美与尺度美

比例是指建筑景观各部分的相对尺寸。合乎比例或优美的比例是建筑景观美的根本法则，在建筑景观中，无论是组合要素本身、各组合要素之间还是某一组合要素与整体之间，无不保持着某种确定的数的制约关系。这种制约关系中的任何一处，如果越出和谐所允许的限度，就会导致整体比例失调。至于什么样的比例关系能产生和谐并给人以美感，则众说纷纭。西方人认为黄金分割的比例最能给人以美感。所谓黄金分割，即大小（长宽）之间的比例相当于大小二者的和与大者之间的比例。用 a 表示大段，用 b 表示小段，则公式为 $a:b=(a+b):a$。实际上两者的比值约为 1.618。如果建筑墙体三面的高度之比符合或接近于"黄金分割"，那么看上去往往是比较悦目的。倘若其高宽比值远远超过 1.618，或者大大低于 1.618，则其观感不是显得瘦长纤细，就是臃肿呆板。

尺度，是指建筑整体或局部给人的印象与其真实大小之间的关系。在观赏一座建筑时，尺度能够使建筑物呈现出某种恰当的或预期的尺寸感及其所造成的氛围。如观赏一座具有纪念意义的大型建筑，常常看到建筑巨大的尺寸与雄伟的场面，经过恰当处理的尺度可以将建筑物的巨大与恢宏恰当地烘托出来；而一座用于人们日常起居的住宅建筑景观，一般给观赏者较小的尺寸感与较为亲切的环境氛围（见图 3.14）。

图 3.14　建筑的大尺度和小尺度

图片来源：http://iculture.fltrp.com/c/2018-12-14/517533.shtml；图片来源：https://dp.pconline.com.cn/dphoto/list_3486593.html. 访问时间：2022-12-12。

总之，建筑起源于实用，但是任何具有观赏价值的建筑，总是在具有实用性的同时，充满浓厚的艺术气息。它通过建筑艺术的语言——空间组合、体型、色彩、质感以及某些象征手法，构成一个丰富复杂如乐曲般的体系，体现一种造型的美，塑造艺术形象，打造一定的意境，赋予建筑景观以生命，并引起人们的联想和共鸣，散发出迷人的气息。

二、建筑景观的审美功能

建筑景观不仅可以"悦目"，而且可以"赏心"，具有丰富的审美功能。

其一，它可以陶冶情操，愉悦心灵。

建筑景观，作为人们旅游观光的主要对象之一，具有满足人的情感需要的功能。比如，漫步于世界各地，所见建筑形态各异、姿态万千，或者高峻伟岸、气势磅礴；或者英姿飒爽、意象飘逸；或者庄重静穆、引人遐想……不同的建筑以不同的风格使人产生不同的审美感受，同时满足人们不同的审美需求。

建筑艺术往往讲究意境的营造和氛围的渲染。比如范仲淹登上岳阳楼后便有感而发：春和景明之时，心旷神怡，宠辱皆忘；淫雨霏霏之际，则有去国怀乡，忧谗畏讥之悲，道出了建筑景观在不同自然环境下引发的人的情绪变化。

其二，它是石头的史书，是了解文化、认识历史的化石。

人类没有任何一种重要的思想不被建筑艺术写在石头上……人类的全部思想，在这本大书和它的纪念碑上都有其光辉的记录。不同时期的建筑不仅体现出一定时代的物质生产水平和政治经济状况，而且还折射出特定时代的精神面貌、特定文化的审美意识。它们以鲜明的风格特征揭示出特定时代的文化氛围和审美意识。例如，古希腊建筑体现了奴隶主民主制度和追求比例协调的审美理想；古罗马建筑表现了奴隶主阶级追求豪华和崇尚浮夸的审美情趣；中世纪流行于欧洲的哥特式建筑反映出教会至高无上的权力和教徒执迷于天国的时代风貌；文艺复兴建筑彰显了新兴资产阶级的人文主义美学原则；19世纪以来的现代建筑体现了现代人追求科学与艺术相结合，奔放明快、充满力度的新审美标准。

旅游者可以通过对这些镌刻着特定文化内涵的历史画卷的鉴赏，培养深厚的文化积淀和文化审美意识。

其三,它是培养艺术审美能力的园丁。

建筑艺术是一种空间造型艺术。建筑师在进行艺术创造时,便有意识地在建筑物中融入了独特的审美意蕴。人们在欣赏建筑艺术时,也要根据个人的知识、趣味和经验,通过对抽象的线条、色彩、几何造型的比例关系的直接感受,领会和把握建筑美的意蕴。在整个欣赏过程中,观赏者的空间想象力始终起着重要作用。而建筑景观也正是通过其不同形式的抽象线条、不同结构的块面组合、不同形状的色彩搭配,以及不同向度的空间构成,启迪和拓展着人们的审美想象力,并最终使人们在抽象的空间想象中获得深层象征意蕴的情感体验。如故宫给人以庄严、威慑的崇高感;巴黎圣母院给人以宗教虔诚的神秘感和神圣感。这种审美感受和审美想象力的培养,正是建筑艺术启迪的结果。

三、建筑景观审美能力的培养

建筑是一支乐曲,是一首诗,因此,对建筑景观的欣赏本质是一种艺术审美能力。日常生活中应该在以下几个方面多加培养。

第一,了解并掌握形式美的规律。

美是有规律的,美的规律就是多样性与统一性兼备。美的规律在造型艺术上的具体体现就是所谓"形式美的法则"。建筑艺术属于造型艺术,同样遵循这些法则。比如建筑景观中对称、主从、均衡、节奏、韵律、对位、对比、比例、尺度、明暗、虚实、质感、色彩、光影等的处理,都属于形式美关注的问题。

要掌握形式美的法则,不但需要阅读一些基本的构图理论著作,还需要多观察、多分析,主动与建筑对话,而非匆匆一瞥。观察多了,用心久了,就会锻炼出能够发现和欣赏形式美的敏感的眼睛和心灵。

形式美的法则对于所有造型艺术门类都具有普遍性,因此,形式美也可以通过欣赏绘画、图案、雕塑、工艺美术品来体验,从而加深对建筑景观的理解。此外,文学、音乐中的美与建筑艺术中的形式美也有许多相通之处。如音乐的节奏、和声、韵律、对位,各乐章的对比和呼应,小说的主线、辅线,格律诗上下联的对称等,都可以提升我们对建筑景观的鉴赏能力。

第二,体会建筑艺术作品的情绪意境。

形式与内容完美结合的建筑景观,必然会在形式上体现出作品的内容,包括物质性内容和精神性内容。作为建筑艺术,它所传达的精神性内容就是它所营造的情绪氛围或意境。正如我国著名建筑学家梁思成所说,观赏优秀的建筑,就像欣赏一幅画、聆听一首诗,建筑最吸引人的地方是蕴藏其间的一系列的"意"。

体验建筑景观的情绪意境,需要透过建筑的形式美,寻找建筑景观整体形象及其内在意蕴与人的心灵的共鸣。如果说形式美作为一个客观的、具体的存在,需要旅游者能够读懂它的语言,了解它的语法,这还处于一个较低的审美层次;那么,情绪意境的体验,则是一个物我双方的交流,是走进建筑景观内部,了解其灵魂和精神的过程。这个过程需要旅游者更积极主动地参与和创造,并拥有一颗可以与建筑景观共鸣的心灵,从而达到一个更高的审美境界。由表及里,反心及物,我们才能进入一个更美丽的世界。

第三,发掘建筑景观的文化内涵。

这是建筑艺术审美的最高层次。面对一座或一组建筑我们已欣赏到了它显现在外的形式美,又寻到了形式与内容的完美结合,如果能进而开启自己的心灵,感受到它的情绪意境,进行相应的联想,形成相关情感活动,就基本上完成了对所观赏建筑景观的审美欣赏。

但由于建筑艺术的表现性和所传达情感的抽象性,它所创造的情绪意境也就会显得较为朦胧、深沉,不像一些再现性艺术表达的情感那么具体真切。但是,如果我们能站在更远处去统摄它,站在更高处去俯瞰它,或者说更深地再发掘一步,联系到建筑景观所处的时代的、民族的、地域的广域文化环境去认识它,就会发现这些朦胧、深沉的情感实际都有确凿的根据,即它们都是植根于特定文化土壤的文化内涵的真切反映。这样,我们就进入了建筑艺术审美的最高层次。

这显然要求我们应该充实一些有关人类历史、文化史和建筑史的知识,实际上,一切有关整体文化环境的知识对于发掘建筑艺术的文化内涵都是有益的。同样地,关于建筑艺术文化内涵的发掘,对于我们加深对其他文化或艺术现象的理解也是有益的。因此,我们应该养成比较学习和比较研究的习惯。

第四节 建筑景观精粹赏析

建筑景观是沉默于天地宇宙间的恢宏化石,处处散发着迷人的光辉。在了解建筑景观背景知识和审美特点的基础上,本节将选取一些世界经典的建筑景观作为案例,对其进行鉴赏,以期对旅游者与建筑景观对话有所启发。

一、庭院深深深几许——北京四合院

住宅是历史上最早出现的建筑类型,也是最基本、最多的建筑景观类型。我国古代民居以其绚丽多彩的风姿和独特的民族风格,为世界建筑景观增添了一道亮丽风景,具有很高的审美价值。许多远古民居建筑如今都不复存在了,而明清住宅中的北京四合院可以称作民居建筑景观的代表。下文将以此为例,带领读者走近民居建筑景观。

在中国的古典诗词中,四合院庭院具备了多种诗境表达的条件,"深院""小院""垂门""闭门""回廊""轩窗""隔帘",以及与这些相关的春夏秋冬、阴晴雨雪、午韵斜阳、树影苔痕等也构成了诗境。因此,漫步北京四合院就像浏览一幅画,吟诵一首诗。

1. 北京四合院景观概况

四合院,是一种由四面房屋合起来而形成的一种内院式建筑。"四"是指东西南北四面;"合"是指合在一起,四面的房屋围合,形成一个"口"字形。自元朝正式建都北京,大规模规划建设都城时起,四合院就与坊巷和胡同同时出现了。北京的四合院是华北地区明清住宅的典型。矮矮的房子,配着灰色的清水砖墙,黛色的瓦顶,给人以质朴、亲切的感受。

四合院规模大小不一,一户一宅,房屋主人可以根据土地面积、家中人数来建造,小到可以只有一进,大到可以有二进、三进或四进,还可以建成两个四合院宽的带跨院的四合

院,更为富贵还可附带花园。

最小的一进院,进了门就是院子,以中轴贯穿,房屋都是单层,由倒座房、正房、厢房围成院落。其中北房为正房,东西两个方向的房屋为厢房,南房门向北开,故称"倒座房"。四合院中可种植花果树木,以供观赏。

两进四合院分为前院和后院,后院又叫作内宅。前院由门楼、倒座房组成,连接前后院的一般为垂花门,一些相对朴素的住宅则用月亮门,后院由东西厢房、正房、游廊组成。

完整的四合院为三进院落。第一进院是由院门、倒座房、垂花门围合而成的窄院,第二进院由垂花门、厢房、正房、游廊组成,正房和厢房旁还可加耳房,第三进院为正房后的后罩房,在正房东侧耳房开一道门,连通第二进院和第三进院。在整个院落中,老人住北房(正房),中间为大客厅(中堂间),长子住东厢,次子住西厢,佣人住倒座房,女儿住后院,互不影响。其中也反映了"男外女内"的中国传统文化哲学的影响。三进四合院的结构如图3.15所示。

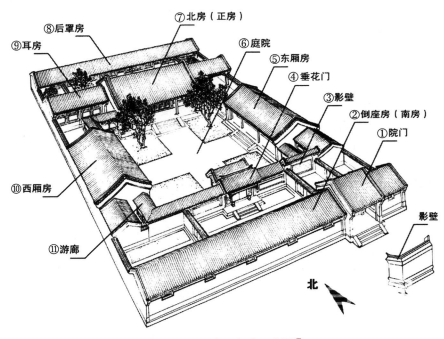

图3.15 三进四合院示意图[①]
① 院门 ② 倒座房(南房) ③ 影壁 ④ 垂花门 ⑤ 东厢房 ⑥ 庭院 ⑦ 北房(正房) ⑧ 后罩房 ⑨ 耳房 ⑩ 西厢房 ⑪ 游廊

四进院和五进院的组合方式较多,通常为"前堂后寝"式。第一进院与第三进院相同,第二进院是对外使用的厅房和东西厢房,之后再设一道垂花门,在厅房和这道垂花门之间形成第三进院,垂花门之后为正房和厢房所在的第四进院,是主院。如果后面还有后罩

---

① 高巍,2003.四合院:砖瓦建成的北京文化[M].北京:学苑出版社.

房,就构成了第五进院。还有的在倒座房北侧再建一排南房,而组成四进院或五进院的。

北京四合院最大的进深为两个胡同之间的距离,约77米,一些比较奢华的院落甚至还有花园和假山。规格高一些的四合院还设有厕所,这些内设的厕所一般都被安排在西南角,按风水的说法,西南角为"五鬼之地",建厕所可以用秽物将白虎镇住;从实用的角度看,厕所建在西南方处于盛行西北-东南风的垂直风向,可防止臭味在院内扩散。

北京四合院一般大门向南,位于住宅东南。北京四合院的大门可谓千姿百态,成语"门当户对"就是从四合院大门演变而来。根据主人财富及社会地位不同,大门形式和等级各异。从高到低依次是:王府大门、广亮大门、金柱大门、蛮子门、如意门、随墙门。大门的形式有附门屋的,也有没有门屋的,一般大门辟于墙上,如附有门屋,常为一间,但依房主的地位也有三间、五间、七间的,七间的一般在亲王府第用。多间的大门形式也并非每间都有门,只有部分开启。门扇设在檐柱处一般叫作如意门,一般民居多用这种门。如意门门口墙面多用砖雕装饰。门扇装在中柱缝的叫广亮大门,门扇上有门钉,上槛用门簪,抱框用石鼓门枕,还有象征主人地位的雕刻、绘画。无门屋的墙垣式门更低一级,也加有砖雕装饰。

规格高的大门正对的街侧设有影壁,如屏风一样独立,另外,大门两侧有的还有影壁或称门墙。进入大门,迎面仍然有影壁,一般为随墙影壁。影壁表面用清水砖砌成,磨砖对缝,做工精致,加以线脚、雕花、福喜字、图案等装饰,影壁前有的还有石台、盆花装饰,福喜美意显现,尘嚣为之一扫。入门向左,就是前院。

前院与内院隔以院墙和垂花门,前院外人可以到,而内院则没有主人相邀不能进入。前院一般比较窄,用作门房、客厅、客房;或者有墙角杂物小院。

中门常为垂花门形式,处于住宅中轴线上,形体比较华美精致,是全宅突出醒目的地方。所谓垂花,是指檐柱不落地,悬在中柱穿枋上,下端刻花瓣联珠等富丽木雕。

由垂花门入内,左右包绕庭院至正房的走廊称抄手游廊,一般深一步或两步。简单的四合院仅分内外两院,内院由正房及耳房和两侧厢房组成,而其间数进深可大可小。大型的四合院则有多重院落。正房是长辈起居之处,厢房是晚辈起居之处。正房以北有时仍辟有小院,布置厨房、贮藏、仆役住室等,称作后罩房。

无论四合院多少进,主房(正房和厅)、垂花门必在中轴线上。大的四合院首先是纵深增加院落,再次横向发展,增加平行的几组纵轴和跨院,在厢房位置辟通道开门相通。跨院一般不对外开门。院落纵深可多至四五进,垂花门位于第三进院入口处。北京胡同南北相距只可容纳四五进的纵深,大型宅第除进数多、跨院多之外,往往另辟地方种植花草,布置假山、池塘。

四合院的庭院面积一般较大,可以充分接收阳光。而且房屋是平房,各个房间通风日照较好。这种四合院防干扰、防噪声、防风沙,给人以宁静、安详的感觉。

在宁静的四合院中,美景四季常在。春天时满院弥漫着春的气息,一树嫩红的花光闪烁在日影中,因为院中较强的阳光照射,东西厢房的廊子上反而显得暗暗的;老槐荫屋,一院清凉,满耳蝉唱,这是四合院中最宜人的夏景;白云缥渺,红枣挂树,高入晴空,这是北京四合院中最寂寥的秋情;滴水成冰的冬季,四合院的小屋中炉火正红,家人好友,围炉夜话,冰冷的时光被细细碎碎的唠叨温暖。宁静的气氛,舒展的起居,宽敞的院落,从容的四时,大大小小的胡同……"雨中春树万人家""斜阳却照深深院"等中国式的诗境,正是身居四合院的生活写照。

四合院都由房屋墙垣包围,环境是相对封闭的,面向内院,院内栽植花木或陈列盆景、鱼缸、鸟笼点缀其间,颇有诗情画意。"众鸟欣有托,吾亦爱吾庐",人同此心,心同此理,在漂泊的人生之旅,四合院外面看不见里面,里面也看不见外面,与人无憾,与世无争,恬静而安详。

2. 沉默的中国传统文化化石——四合院的文化品评

四合院作为时代文化的一种物质载体,已经成为一份宝贵的人类文化遗产。四合院的文化意象,无论是在晨曦朝晖之中,还是在黄昏夕照之际,都让人神驰心撼。四合院的美千古长存,随着悠悠岁月而愈见其辉煌,而且总在不断地被创造出来,成为中华大地上的一种"歌吟"。

首先,四合院深刻体现了"阴阳"思想。其一,院子在形态上是由东西南北四方房舍相围合,外"实"内"虚"构成一对阴阳关系。其二,组合依据"门堂制度",在轴线主导下设计门屋和正堂,两侧再配两厢,"门堂"这一主一次又是一对阴阳关系,在等级上有严格要求。东西厢的配置亦成第三对阴阳关系,以横轴线贯之。而在纵横轴线交织的院落关系之中,纵为主,横为次,形成第四对阴阳关系。四合院可以说是单体简明、群体丰富、虚实并重的。实是指建筑物,虚则是指组成建筑物的院,二者融为一体,反映出鲜明的中国文化特色。

其次,四合院产生于中国的封建时代,因此,镌刻着传统的中国文化精神和等级观念。院落四周围以墙壁,外面的人看不到院里,院里的人也看不到外面,一家人的活动都在院墙之内,与外界相连的唯一通道就是大门,而平时大门是紧闭的,因而四合院反映了中国古代传统的封闭式文化,即老子所说的"小国寡民,老死不相往来"。封闭式的住宅使四合院具有很强的私密性,关起门来自成天地;院内,四面房门都开向院落。

在前院设倒座房,作为仆役住房、厨房和客房,后院则是堂屋和东西厢房。中轴线上的堂屋属最高等级,为长辈起居之处,供奉着"天、地、君、亲、师"的牌位。厢房则为晚辈住所,相互之间不可僭越,整个住宅具有严格的轴线对称格局,强调尊卑、父子、兄弟、男女、夫妇、长幼、内外有序,带有强烈的封建伦理色彩。四合院的建筑格局是中国传统文化的聚积和体现。

再次,四合院彰显着我国的民俗民风和传统文化。院落中的门楼、门墩、照壁、花坊、房檐屋脊和门窗等处的装修、雕饰、彩绘也处处体现着民俗民风和传统文化,表现出人们对美好、幸福、吉祥的追求。如以蝙蝠、寿字组成的图案,寓意"福寿双全";以花瓶内安插月季花的图案寓意"四季平安";而嵌于门头上的吉祥语,附在抱柱上的楹联,以及悬挂在室内的书画佳作,更是集贤哲之古训,采古今之名句,或颂山川之美,或咏鸿鹄之志,风雅备至,充满浓郁的文化气息,犹如一座中国传统文化的殿堂。

最后,四合院建筑作为一朵开在中华大地上的建筑奇葩,不仅蕴含着哲学的智慧与美学的沉思,还体现了文化积淀的魅力。

3. 四合院的美学特征

四合院不但以其历史和文化吸引着旅游者驻足欣赏,而且以其特有的形状、体态、质量和色彩,以及构成这些要素的无数点、线、面的有机组合,形成了独特的建筑之美,富有灵气。

(1) 统一美与变化美。

传统的四合院,不是一座孤立的建筑,而是一组建筑。每个建筑群体与组成它的每个个体,以及个体与个体之间的局部关系中,都充满了统一与变化的造型关系。就一座单体建筑——东厢房来说,它的南山墙是"介"字形,而后檐墙则多为长方形。这二者之间就存在着变化。但后檐墙再往北,又出现"介"字形的墙,它既与南面同样形状的山墙相统一,又与后檐墙长方形相区别,这种既统一又变化的墙体,构成了房屋的三个平面。再有像三进四合院建筑,倒座房为长方形,正房为正方形,后罩房又是长方形,这种长、正、长的关系,与东厢房三面墙的关系一样,都体现了统一与变化的关系。变化,使建筑景观的形象丰富多彩,打破了沉闷、平淡的气氛;统一,则舍去了一切不必要的变化,使整体归于纯正,使四合院组群更加和谐、完美,这种变化与统一,体现了建筑的高标准、高境界。

(2) 均衡美。

一方面,四合院建筑带给人对称的均衡美。受大一统观念的影响,北京四合院都有一条贯穿南北的中轴线。它的中心位置为全院最高权力的象征。由于这条中轴线的存在,全院房屋均以此为中心,呈东西对称之势。比如,正房三间中以中间房屋的中心部位为限,左右各一间,然后两侧再各一两间耳房、东西厢房……房屋的展开始终以左右对称的态势进行,体量轻重、形体构成方面也都一样,从而给人以均衡感。这种均衡带给人安宁、安全的感觉。另一方面,细细观赏就会发现,在四合院中也常常可以欣赏到不对称的均衡美。四合院建筑整体与门、窗、柱、廊等的细部、局部构件间存在虚实、比例关系,呈现出不对称中的均衡。这种均衡使人获得松弛和愉快,感受到生动和自在的情趣。

(3) 和谐美。

四合院环境的空间艺术,最妙之处就在于建筑与自然的和谐。这种美首先体现在院落之中。即使在小小的院落中,人们也要极力叠石成山,栽花种柳,并铺设小径,组织成大大小小、曲曲折折、错落有致、虚实相间的自然空间,以形成"宛自天开"的自然环境,极尽亲近自然之事。人们在院落内,春来观花,夏来纳凉,秋来赏月,冬来踏雪,享四季之趣。此外,就建筑本身来说,其屋顶并不大张声势,它只是面对苍天,平面展开,引向现实的人世理想,不是去寻求一种强烈的刺激和崇拜,而是重在生活情调的熏陶和感染,从而无声地表白着自己平和的心态,谦逊地向大自然鞠着躬。

(4) 韵律美与节奏美。

四合院的某些建筑常常有规律地重复或有节奏地变化,从而使四合院充满韵律之美。四合院的门窗、栏杆和檐部通过一种或几种建筑风格重复排列,产生连续的韵律美;在廊上的苏式彩画中,通过几何图案由深到浅形成"退晕"的渐变韵律美;整座宅院一般分成不同的院落空间,房屋高高低低,正房由于其相对更大的比例成为建筑群体的中心。正房高于厢房,厢房高于耳房,院门高于倒座房,垂花门高于游廊,构成主次分明、尊卑有序的空间格局。无论从平面还是立面去考察,都会使人感受到一种高低参差、错落有致的节奏美感。此外,院落空间层次由阴到阳,由虚到实,也呈现出起伏的韵律之美。

此外,四合院的美还体现在色彩、比例、结构等方面。只要我们用心体会,慢慢品赏,就会感受到四合院音乐般的节奏美、诗一般的抒情美、画一般的意境美,从而为自己的心灵带来一场饕餮盛宴。

二、非壮丽无以重威——北京故宫及天坛

1. 北京故宫

(1) 北京故宫概况。

北京故宫是中国明清两朝的皇家宫殿,旧称紫禁城,位于北京中轴线的中心。北京故宫以明初营建的南京故宫为蓝本,于明成祖永乐四年(1406)开始兴建,到永乐十八年(1420)建成,成为明清两朝24位皇帝的皇宫。

故宫南北长961米,东西宽753米,四面围有高10米的宫墙,宫墙外有宽52米的护城河。故宫有四座城门,南面为午门,北面为神武门,东面为东华门,西面为西华门。宫墙四角,各有一座风姿绰约的角楼。

北京故宫内的建筑分为外朝和内廷两部分。外朝的中心为太和殿、中和殿、保和殿,统称三大殿,是举行大典礼的地方。三大殿左右两翼辅以文华殿、武英殿两组建筑。内廷的中心是乾清宫、交泰殿、坤宁宫,统称后三宫,是皇帝和皇后生活起居之所。其后为御花园。后三宫两侧排列着东西六宫,是后妃们居住休息的地方。外朝、内廷之外还有外东路、外西路两部分建筑。

故宫的宫殿沿着一条南北向中轴线排列,三大殿、后三宫、御花园都位于这条中轴线上,并向两旁展开,南北取直,左右对称。这条中轴线不仅贯穿在紫禁城内,而且南达永定门,北到鼓楼、钟楼,贯穿了整个城市。

北京故宫是世界上现存规模最大、保存最为完整的木结构古建筑群之一,1961年被列为第一批"全国重点文物保护单位",1987年被列为"世界文化遗产"。

(2) 北京故宫建筑特点。

故宫的宫殿建筑,以体现皇权至高无上为目的。《礼记》云:"礼,有以多为贵;有以太为贵;有以高为贵;有以文(纹)为贵……",为了打造象征帝王至上权威的建筑环境,故宫的营建者追求造型宏伟壮丽,庭院明朗广阔,装饰富丽堂皇。

太和殿,俗称"金銮殿",位于紫禁城南北主轴线的显要位置,明永乐十八年(1420)建成,称奉天殿;明嘉靖四十一年(1562)改称皇极殿;清顺治二年(1645)改今名。自建成后屡遭焚毁,又多次重建,今天所见为清康熙三十四年(1695)重建后的形制。太和殿面阔11间,进深5间,建筑面积2 377平方米,高26.92米,连同台基通高35.05米,为紫禁城内规模最大的殿宇。其上为重檐庑殿顶,屋脊两端安有高3.4米、重约4 300千克的大吻。檐角安放10个走兽,数量之多为现存古建筑中所仅见。

太和殿的装饰十分豪华。檐下施以密集的斗拱,室内外梁枋上饰以和玺彩画。门窗上部嵌成菱花格纹,下部浮雕云龙图案,接榫处安有镂刻龙纹的鎏金铜叶。殿内金砖铺地,明间设宝座,宝座两侧排列6根直径1米的沥粉贴金云龙图案的巨柱,所贴金箔采用深浅两种颜色,使图案突出鲜明。宝座前两侧有四对陈设:宝象、甪端、仙鹤和香亭。宝象

象征国家的安定和政权的巩固;甪端是传说中的吉祥动物;仙鹤象征长寿;香亭寓意江山稳固。宝座上方天花正中安置形若伞盖向上隆起的藻井。藻井正中雕有蟠卧的巨龙,龙头下探,口衔宝珠。

太和殿前有宽阔的平台,称为丹陛,俗称月台。月台上陈设日晷、嘉量各一,铜龟、铜鹤各一对,铜鼎18座。龟、鹤为长寿的象征。日晷是古代的计时器,嘉量是古代的标准量器,二者都是皇权的象征。殿下为高8.13米的三层汉白玉石雕基座,周围环以栏杆。栏杆下安有排水用的石雕龙头,每逢雨季,可呈现千龙吐水的奇观。

明清两朝24位皇帝都在太和殿举行盛大典礼,如皇帝登极即位、皇帝大婚、册立皇后、命将出征,此外每年万寿节、元旦、冬至三大节,皇帝在此接受文武官员的朝贺,并向王公大臣赐宴。清初,还曾在太和殿举行新进士的殿试,乾隆五十四年(1789)始,改在保和殿举行,"传胪"仍在太和殿举行。故宫太和殿如图3.16所示。

图 3.16 故宫太和殿

图片来源:https://www.dpm.org.cn/explore/building/236465.html.访问时间:2022-10-12。

太和殿是紫禁城内体量最大、等级最高的建筑物,建筑规制之高,装饰手法之精,堪列中国古代建筑之首。

故宫宫墙四隅各有角楼一座,建成于明永乐十八年(1420),清朝重修。角楼是紫禁城城池的一部分,它与城垣、城门楼及护城河同属于皇宫的防卫设施。

角楼形象端丽,民间有九梁十八柱七十二条脊之说,形容其结构的复杂。角楼坐落在须弥座之上,周边绕以石栏。中间为方亭式,面阔进深各三间,每面8.73米,四面明间各加抱厦一间,靠近城垣外侧两面地势局促,故抱厦进深仅为1.6米,而城垣内侧的两面地势较开阔,抱厦进深加大为3.98米,平面成为中点交叉的十字形,蕴含着曲尺楼的意匠,使得角楼与城垣这两个截然不同的建筑形体,取得了有机的联系。

角楼由墩台下地面至角楼宝顶高27.5米,由多个歇山式组成复合式屋顶,覆黄琉璃瓦。上层檐为纵横相交四面显山的歇山顶,正脊交叉处置铜鎏金宝顶。檐下施单翘重昂七踩斗拱。二层檐四面各加一歇山式抱厦,四角各出一条垂脊,多角搭接相互勾连,檐下施单翘单昂五踩斗拱。下层檐四面采用半坡腰檐,四角出垂脊,用围脊连贯,檐下施重昂五踩斗拱。下层檐和二层檐实际上四面各是一座重檐歇山顶加垂脊集合在一起的屋顶形式。角楼梁枋饰以龙锦方心墨线大点金旋纹彩画,三交六椀菱花隔扇门和槛窗极为精致。角楼采用减柱造做法,室内减去四根立柱扩大了利用空间。在房屋构架上采用扒梁式做法,檐下梁头不外露,使外观上更加突出装饰效果。故宫角楼如图3.17所示。

紫禁城的四座角楼,继承了我国古代木结构建筑灵活多变的传统做法,使用功能和装饰效果得以巧妙地结合,展现出我国古代匠师们的高超技艺和卓越才能。

图3.17 故宫角楼

图片来源:https://www.dpm.org.cn/explore/building/236522.html.访问时间:2023-03-12。

(3) 北京故宫的重要地位。

1987年,北京故宫被列入世界文化遗产。世界遗产委员会对故宫的评价是:"紫禁城是中国五个多世纪以来的最高权力中心,它以园林景观和容纳了家具及工艺品的9 000个房间的庞大建筑群,成为明清时代中国文明无价的历史见证。"故宫成为世界文化遗产,使人们对故宫古建筑价值的认识有了深化。故宫所代表的是已经成为历史的文化,也是当时的主流文化;它包裹着宫廷文化的外壳,经过了长时期的历史筛选和积累。故宫和故宫博物院不是毫不相干或对立的,而是有机统一、相得益彰的。把它们结合起来就可以看到,故宫博物院是世界上极少数同时具备艺术博物馆、建筑博物馆、历史博物馆、宫廷文化博物馆等特色,并且符合国际公认的"原址保护""原状陈列"基本原则的博物馆和文化遗产。世界文化遗产的基本精神是文化的多样性,从世界文化遗产的角度,人们努力挖掘和认识故宫文化具有重要价值。

2. 北京天坛

(1) 北京天坛建造背景与概况。

天坛在明清两朝是帝王祭祀皇天、祈五谷丰登之场所,始建于明永乐十八年(1420),清乾隆、光绪时曾重修改建,现为世界文化遗产、全国重点文物保护单位。

天坛是圜丘、祈谷两坛的总称,有坛墙两重,形成内外坛;坛墙南方北圆,象征天圆地方。天坛的主要建筑在内坛,圜丘坛在南、祈谷坛在北,两坛同在一条南北轴线上,中间有墙相隔。两坛由一座长360米、宽近30米、南低北高的丹陛桥(也称海墁大道或神道)相连。丹陛桥两侧为大面积古柏林。内坛西墙内有斋宫,是祀前皇帝斋戒的居所。外坛西墙内有神乐署、牺牲所等。坛内主要建筑有祈年殿、皇乾殿、圜丘、皇穹宇、斋宫、无梁殿、长廊、双环万寿亭等,还有回音壁、三音石、七星石等名胜古迹。天坛基本格局如图3.18所示。

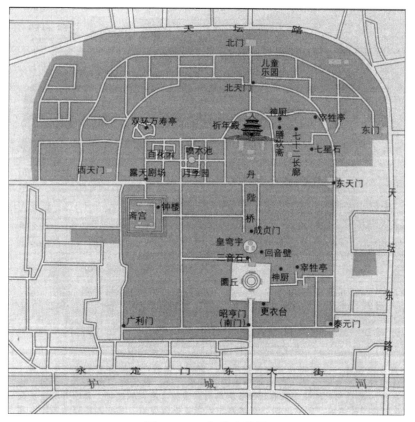

图3.18 天坛基本格局

天坛整体体现出"天圆地方"的哲学观,其屋顶基本采用了蓝色琉璃瓦,是受到"天蓝地黄"传统观念的影响。

(2) 北京天坛重要建筑的特点。

祈年殿由28根金丝楠木大柱支撑,柱子环转排列,中间4根"龙井柱",高19.2米,直径1.2米,支撑上层屋檐;中层12根金柱支撑第二层屋檐,在朱红色底漆上以沥粉贴金的方法绘有精致的图案;外层12根檐柱支撑第三层屋檐;相应设置三层天花,中间设置龙凤藻井,殿内梁枋施龙凤和玺彩画。

祈年殿中间4根"龙井柱",象征着一年的春夏秋冬四季;中层12根大柱比龙井柱略细,名为金柱,象征一年的12个月;外层12根柱子叫檐柱,象征一天的12个时辰。中外两层柱子共24根,象征二十四节气。

圜丘坛是举行冬至祭天大典的场所,主要建筑有圜丘、皇穹宇及配殿、神厨、三库及宰牲亭,附属建筑有具服台、望灯等。圜丘明朝时为三层蓝色琉璃圆坛,清乾隆十四年(1749)扩建,并改蓝色琉璃为艾叶青石台面,汉白玉柱、栏。圜丘三层坛制,高5.17米,下层直径54.92米,上层直径23.65米,每层四面出台阶各九级。上层中心为一块圆石,外铺扇面形石块九圈,内圈九块,以九的倍数依次向外延展,栏板、望柱也都用九或九的倍数,象征"天"数。

圜丘台面石板、栏板及各层台阶的数目均为九或九的倍数。如台面石板以上层中心圆石为起点,第一圈为九块,第二圈为十八块,依次周围各圈直至底层,均以九的倍数递增。各层汉白玉石栏板的数目也是如此。燔柴炉位于圜丘坛外墙内东南,坐南朝北,圆筒形,绿琉璃砖砌成,其东西南三面各出台阶九级。燔柴炉是举行冬至祭天大典望燎仪时焚烧祭祀正位(皇天上帝)供奉物用的。

天坛初建时,圜丘是一座蓝得清澈透亮的琉璃圆台。2002年在天坛古柏林挖出大量明朝砖瓦石料,外表覆有蓝琉璃釉,这是一种特有的皇家蓝,目前只在天坛发现,这种蓝象征着"天"。

祈谷坛是举行孟春祈谷大典的场所,建于明永乐十八年(1420),主要建筑有祈年殿、皇乾殿、东西配殿、祈年门、神厨、宰牲亭、长廊,附属建筑有内外壝墙、具服台、丹陛桥,内坛墙上东南西北各设天门,西外坛墙设祈谷坛门,内坛东部有七星石。祈谷坛的祭坛为坛殿结合的圆形建筑,是根据古代"屋下祭帝"的说法建立的。坛为三层,高5.6米,下层直径91米,中层直径80米,上层直径68米;殿为圆形,高38米,直径32.7米,三重蓝琉璃瓦,圆形屋檐,攒尖顶,宝顶鎏金。

皇穹宇院落位于圜丘坛外墙北侧,坐北朝南,圆形围墙,南面设三座琉璃门,主要建筑有皇穹宇和东西配殿,是供奉圜丘坛祭祀神位的场所。皇穹宇由环转16根柱子支撑,外层8根檐柱,中层8根金柱,两层柱子上设共同的溜金斗拱,以支撑拱上的天花和藻井,殿内满是龙凤和玺彩画,天花图案为贴金二龙戏珠,藻井为金龙藻井。皇穹宇殿内的斗拱和藻井跨度在中国古典建筑中是独一无二的。

皇穹宇院落周围的圆形围墙,墙高约3.72米,厚0.9米,墙身用山东临清砖磨砖对缝,蓝琉璃筒瓦顶,这就是著名的"回音壁"。皇穹宇圆形院落的墙壁自然形成音波折射体,磨砖对缝的砌墙方式使墙体结构十分紧密,围墙的表面直径为651米,高3.27米。当人们分别站在东西配殿的后面靠近墙壁轻声讲话时,虽然双方相距很远,但是可以非常清楚地听见对方讲话的声音。这是因为圆形围墙十分光滑,对音波的折射产生了回音。

皇乾殿坐落在祈年殿以北,祈年墙环绕的矩形院落里,由三座琉璃门与祭坛相通。这是一座庑殿式大殿,覆盖着蓝色的琉璃瓦,下面有汉白玉石栏杆的台基座。它是专为平时供奉"皇天上帝"和皇帝列祖列宗的殿宇。

三、时间面颊上的一颗泪珠——印度泰姬陵

伊斯兰教旅游景观主要是以清真寺和陵墓为主的建筑景观。而所有的伊斯兰教文化景观中，以印度的泰姬陵为最。

1. 泰姬陵概况

泰姬陵，全称为"泰姬·玛哈尔陵"，既是一座伊斯兰风格的巨大建筑，也是永恒爱情的象征。它承载着几千年的历史与宁静，在距新德里两百多千米外北方邦的阿格拉城内默默地迎接着前来观览者。2007年7月7日，它被列为世界八大奇迹之一。

它是莫卧儿王朝第五代皇帝沙·贾汗为了纪念他已故爱妻阿姬曼·芭奴建立的陵墓，被誉为"完美建筑"。泰姬陵的构思和布局充分体现了伊斯兰教建筑艺术庄严肃穆、气势宏伟的特点，建筑富于哲理。泰姬陵于1631年动工，每天动用2万名役工，历时约22年建成。为了建成泰姬陵，沙·贾汗除汇集了当时全印度最好的建筑师和工匠外，还聘请了中东、伊斯兰地区的建筑师和工匠，更是耗竭了国库（共耗费4 000万卢比），直接导致了莫卧儿王朝的衰落。

泰姬陵由殿堂、钟楼、尖塔、水池等构成，全部用纯白色大理石建造，以宝石、玻璃、玛瑙镶嵌，图案精妙绝伦，色彩绚丽夺目，美丽无比。陵墓上的文字用黑色大理石做成，成千上万的宝石和半宝石镶嵌在大理石表面。大理石围栏上雕着各式各样的花，阳光照射在围栏上，投下变化纷呈的影子。从前曾有银制的门，里面有金制栏杆和一大块用珍珠穿成的布盖在皇后的衣冠冢上。它是伊斯兰教建筑中的代表作，有极高的艺术价值。

这座伊斯兰风格的建筑，外形端庄宏伟，无懈可击。最引人瞩目的是用纯白大理石砌建而成的主体建筑，皇陵上下左右工整对称，中央圆顶高62米。四周有四座高约41米的尖塔，塔与塔之间耸立了镶满35种不同类型的半宝石的墓碑。进口大门用红岩砌建，大约两层楼高，门顶的背面各有11个典型的白色圆锥形小塔。大门一直通往沙·贾汗与其爱妻的下葬室，室内中央摆放了他们的石棺，庄严肃穆。

寝宫门窗及围屏都用白色大理石镂雕成菱形带花边的小格，墙上用翡翠、水晶、玛瑙、红绿宝石镶嵌着色彩艳丽的藤蔓花朵。

2. 泰姬陵建筑布局之美

泰姬陵呈长方形，长约570米，宽约290米，总面积约为17万平方米。四周被一道红砂石墙围绕。正中央是陵寝，在陵寝东西两侧各建有清真寺和答辩厅这两座式样相同的建筑，两座建筑对称均衡，左右呼应。陵的四方各有一座尖塔，高约41米，内有50层阶梯，是专供穆斯林阿訇拾级登高而上的。大门与陵墓由一条宽阔笔直的用红岩石铺成的甬道相连接，左右两边对称，布局工整。在甬道两边是人行道，人行道中间修建了一个十字形喷泉水池。泰姬陵的前面是一条清澄水道，水道两旁种植有果树和柏树，分别象征生命和死亡。

陵园分为两个庭院：前院古树参天，奇花异草，芳香扑鼻，开阔而幽雅；后院占地面积最大，有一个十字形的宽阔水道，交汇于方形的喷水池。喷水池中一排排的喷嘴，喷出的水柱交叉错落，如游龙戏珠。后院的主体建筑，就是著名的泰姬的陵墓。进入后院，是一

个花园,花园中间是一个大理石水池,水池尽头则是陵墓。陵墓的基座为一座高7米、长宽各95米的正方形大理石,陵墓边长近60米。整个陵墓全用洁白的大理石筑成,顶端是巨大的圆球,四角都耸立着一座高达40米的圆柱形高塔,每座塔均向外倾斜12度,以防止地震塔倾倒后压坏陵墓。陵墓的每一面都有33米高的拱门,陵前水池中的倒影,看起来好像有两座泰姬陵。陵寝内还有一扇精美的门扉窗棂,传说是出自中国明朝工匠的雕刻。陵体内寝宫的上部为一高耸饱满的穹顶,下部为八角形陵壁,上下总高74米,用黑色大理石镶嵌的半部《古兰经》的经文置于4扇拱门的门框上。寝宫共分宫室5间,宫墙上有构思奇巧的用珠宝镶成的繁花佳卉,使宫室更显光彩照人。中央八角形大厅是陵墓的中心,有两座空石棺,棺木一大一小。沙·贾汗及皇后葬于空棺处地下的土窖内。棺椁上以翡翠、玛瑙、水晶、珊瑚、孔雀石等20余种价值连城的宝石镶嵌出精致的茉莉花图案,其工艺之精细、色彩之华丽,可谓巧夺天工,无与伦比。墓室中央有一块大理石的纪念碑,上面刻着几行波斯文:"封号宫中翘楚泰姬玛哈尔之墓。"站在陵墓旁边回廊中央的石块上,可以感受到强烈的回音。

3. 泰姬陵——建筑艺术奇葩

泰姬陵的第一个成就在于建筑群总体布局的完善。陵园布局很简单,陵墓是唯一的构图中心,它不是居于方形院落的中心,而是居于中轴线末端,在前面展开方形的草地。所以,一进第二道门,有足够的观赏距离,视角良好,仰角大约是1∶4.5。建筑群的色彩沉静明丽,湛蓝的天空下,草色青青托着晶莹洁白的陵墓和高塔,两侧赭红色的建筑物把它映照得如冰似雪。倒影清亮,荡漾在澄澈的水池中,当喷泉飞溅、水雾迷蒙时,它闪烁颤动,飘忽变幻,景象尤其魅人。为死者而建的陵墓,竟洋溢着乐生的欢愉气息。

泰姬陵的第二个成就是创造了陵墓本身肃穆而又明朗的形象。它的构图稳重而又舒展:台基宽阔,和主体约略成一个方锥形,但四座尖塔又使整体轮廓空灵,同碧空相穿插渗透。它的体形洗练:各部分的几何形状明确,互相关系清楚,虚实变化肯定,没有过于琐碎的东西,没有含糊不清的东西,诚朴坦率。它的比例和谐:主要部分之间有大体相近的几何关系,例如塔高近于两塔间距离的一半,主体的立面的中央部分的高度近于立面总宽度的一半,立面两侧部分的高度近于立面不计抹角部分的宽度的一半,其余部分的大小、高低、粗细也各得其宜。它的主次分明:穹顶统率全局,尺度最大;正中凹廊是立面的中心,尺度其次;两侧和抹角斜面上凹廊反衬中央凹廊,尺度第三;四角的尺度最小,它们反过来衬托出中央的阔大宏伟。此外,大小凹廊形成的层次进退、光影变化、虚实对照,大小穹顶和高塔形成的活泼的天际轮廓,穹顶和发券的柔和的曲线,等等,使陵墓富于肃穆的纪念性之外,又具有开朗亲切的性格。

泰姬陵的第三个成就是熟练地运用了构图的对立统一规律,使这座简单的建筑物丰富多彩。陵墓方形的主体和浑圆的穹顶在形体上对比很强烈,但它们却是统一的:它们都有一致的几何精确性,主体正面发券的轮廓同穹顶相呼应,立面中央部分的宽度和穹顶的直径相当。同时,主体和穹顶之间的过渡联系很有匠心:主体抹角,向圆接近;在穹顶的四角布置了小穹顶,它们形成了方形的布局;小穹顶是圆的,而它们下面的亭子却是八角形的,同主体呼应。四个小穹顶同主穹顶在相似之处还包含着对比:一是体积和尺度的对比,反衬出大穹顶的宏伟;二是虚实的对比,反衬出大穹顶的庄重。细高的塔同陵墓本身形成最强烈的对比，它们把陵墓映照得分外宏大。同时，它们之间也是统一的：它们都有相同的穹顶，都是简练单纯的，包含着圆和直的形式因素；而且它们在构图上联系密切，一起被高高的台基稳稳托着，两座塔形成的矩形同陵墓主体正立面的矩形的比例是相似的，等等。除各部分有适当的联系、呼应、相似和彼此渗透之外，它们之间十分明确的主从关系保证了陵墓的统一完整。

由于整座陵墓由纯白大理石砌成，随着晨曦、正午、黄昏和夜晚光线强弱的不同，照射在陵墓上的光线和色彩变幻莫测。早上是灿烂的金色，正午的阳光下是耀眼的白色，夕阳西下，白色的泰姬陵从灰黄、金黄，逐渐变成粉红、暗红、淡青色，而在月光下又成了银白色，白色大理石映着淡淡的蓝色萤光，更给人一种恍若仙境的感觉。

陵园无论构思还是布局都是一个完美无缺的整体，它充分体现了伊斯兰建筑艺术的庄严肃穆、气势宏伟的独特魅力。凡到此陵参观过的游客，无不赞叹。

四、方山之宅，溪流音乐——流水别墅

流水别墅是现代建筑景观的杰作之一，它位于美国宾夕法尼亚州匹兹堡市郊区的熊跑溪河畔，由美国设计师赖特设计。别墅主人为匹兹堡百货公司老板、德国移民埃德加·考夫曼（Edgar Kaufmann），故又称考夫曼住宅。

1. 流水别墅建筑背景与概况

1934 年，考夫曼在匹兹堡市东南郊的熊跑溪买下一片地产。那里远离公路，高崖林立，草木繁盛，溪流潺潺。考夫曼把著名建筑师赖特请来考察，请他设计一座周末别墅。赖特凭借特有的职业敏感，知道自己最难得的机遇到来了。他说熊跑溪的基址给他留下了难忘的印象，尤其是那里的涓涓溪水。他要把别墅与流水的音乐感结合起来，并急切地索要一份标有每一块大石头和直径 6 英寸以上树木的地形图。图纸第二年 3 月就送来了，但是直到 8 月，他仍在冥思苦想，赖特在耐心地等待灵感到来的那一瞬间。终于，在 9 月的一天，赖特急速地在地形图上勾画了第一张草图，别墅已经在赖特脑中孕育而出。他描述这个别墅是"在山溪旁的一个峭壁的延伸，生存空间靠着几层平台而凌空在溪水之上——一位珍爱着这个地方的人就在这平台上，他沉浸于瀑布的响声，享受着生活的乐趣。"故他将此别墅命名为"流水"。

别墅共三层，面积约 380 平方米，以第二层（主入口层）的起居室为中心，其余房间向左右铺展开来，别墅外形强调块体组合，使建筑带有明显的雕塑感。两层巨大的平台高低错落，第一层平台向左右延伸，第二层平台向前方挑出，几片高耸的片状石墙交错着插在平台之间，很有力度。溪水由平台下怡然流出，建筑与溪水、山石、树木自然地结合在一起，如同由地下生长出来一般（如图 3.19 所示）。

2. 流水别墅之美

1963 年，赖特去世后的第四年，考夫曼决定将别墅献给当地政府，永远供人参观。交接仪式上，考夫曼的致辞是对赖特这一杰作的感人总结。他说："流水别墅的美依然像它所配合的自然那样新鲜，它曾是一个绝妙的栖身之处，但它的意义又不限于此，它是一件艺术品，超越了一般含义，住宅和基地在一起构成了人类所希望的与自然结合、对等和融合的形象。这是一件人类为自身所作的作品，而不是一个人为另一个人所作的，由于这样

图 3.19　流水别墅

图片来源：https://www.yooc.me/group/3572985/topics/4272943-1。访问时间：2023-03-12。

一种强烈的含义，它是一笔公众的财富，而不是私人拥有的珍品。"它的美，来自天籁，来自艺术，来自心灵。

（1）形式美与韵律美。

流水别墅背靠陡崖，生长在小瀑布之上的巨石之间，实现了"方山之宅"（house on the mesa）的构想。流水别墅的外形采用了两层凌空悬挑的大平台。悬空的大平台以扁平的形体左出右进，宽窄厚薄长短各不相同，参差穿插着，前后掩映，高低错落。它们好像从别墅中争先恐后地跃出，悬浮在瀑布之上。而外观上不受拘束的一道道白色横墙条石和几条竖向暗色而粗犷的石墙组成了一个纵横交错的格局，既给人一种灵活而稳重的动感，又与周围的山石结合在一起，那些错动欲飞的青黄色挑台，又因两片高耸的片石墙从后面向前挺伸着，而使人看过去像是那些挑台被紧紧地钉在山谷里峥嵘的岩石之上，紧密地契合在一起。那些交叉、重叠像是风格派的几何平面。在最下面一层，也是最大和最令人心惊胆战的大阳台上有一个楼梯口，从这里逐级而下，正好接临在小瀑布的上方，溪水从挑台下面怡然跃出，"叮叮咚咚"奏着欢快的歌曲，与建筑物的静默形成了鲜明的对比，又恰恰使得整个建筑物与周围的大自然巧妙地结合在一起。平滑方正的大阳台与纵向的粗石砌成的厚墙穿插交错，宛如蒙德里安高度抽象的绘画作品，在复杂微妙的变化中达到一种诗意的视觉平衡。主要的第一层几乎是一个完整的大房间，通过空间处理而形成相互流通的各种从属空间，并且有楼梯与下面的水池相连。在窗台与天棚之间的正面是一面金属窗框的大玻璃，虚实对比十分强烈。整个构思是大胆的，令流水别墅成为无与伦比的现代建筑。室内也保持了天然野趣，一些被保留下来的岩石像是从地面下破土而出，成为壁炉前的天然装饰,一览无余的带形窗使室内与四周浓密的树林相互交融。自然的音容从别墅的每一个角落渗透进来,那些悬挑的大阳台是别墅的高潮。别墅又好像是从溪流之上滋生出来的,这一戏剧化的奇妙构想是赖特的浪漫主义宣言。

(2) 材料美。

在材料的使用上,流水别墅也是非常具有象征性的。所有的支柱都是粗犷的岩石。岩石的水平性与支柱的垂直性,产生一种明的对抗。所有混凝土的水平构件,看上去有如贯穿空间,飞腾跃起,赋予了建筑最强的动感与张力。例外的是地坪使用的岩石,似乎出奇的沉重,尤以悬挑的阳台为最。然而当你站在人工石面阳台上,而为自然石面的壁支柱所包围时,或许你会对内部空间有更深一层的体会。因为室内空间透过巨大的水平阳台而延伸,衔接了巨大的室外空间——崖隘。由起居室通到下方溪流的楼梯,将建筑、人、自然完美地连接在一起,关联着建筑与大地,是内、外部空间不可缺少的媒介,且总会使人们不禁一再流连其间。

(3) 光影美。

流水别墅的建筑造型和内部空间达到了伟大艺术品的沉稳、坚定的效果,光影之美近乎完美。不同凡响的室内使人犹如进入一个梦境,通往巨大的起居室,必然先穿过一段狭小而昏暗的有顶盖的门廊,然后进入反方向上的主楼梯。穿过那些粗犷而透孔的石壁,右手边是垂直交通的空间,而左手边便可进入起居室的二层踏步梯。赖特对自然光线的巧妙掌握,使内部空间仿佛充满了盎然生机。光线流动于起居室的东、南、西三侧,最明亮的部分光线从天窗泻下,一直通往建筑物下方溪流崖隘的楼梯;东、西、北侧几呈围合状的侧室,则相形之下较为幽暗,岩石下的地板上隐约出现它们的倒影,流布在起居室空间之中;从北侧及崖隘反射进来的光线和反射在楼梯上的光线显得朦胧柔美。在心理上,这个起居室空间的气氛,随着光线的明度变化,而显现出多样的风采。

(4) 意境美。

流水别墅坐落于山石之间,背靠山石,底临瀑布,建筑掩映于山水之间,溪水自建筑下缓缓流过,建筑成为四周环境的四季流转的一部分,营造出一种悠远、含蓄的意境,表现出极强的自然融合性。出挑的平台能使得观赏者将四周景色尽纳眼底,似乎树木、山石都触手可及,居于流水别墅实现了真正意义上的"诗意的栖居"。

流水别墅与自然交融,与环境契合,与山水结合,是"绝顶人造景观与幽雅天然景色的完美平衡",是真正打动观者心灵的现代建筑景观。

五、以壁为纸、以石为绘——苏州博物馆新馆

1. 苏州博物馆新馆概况

苏州博物馆成立于1960年,馆址位于太平天国忠王府。忠王府是国内保存完整的太平天国历史建筑物。1999年苏州市委、市政府邀请世界著名华人建筑师贝聿铭设计苏州博物馆新馆。1999年在接受苏州市政府的邀请后,自幼在苏州名园狮子林里生活过的贝聿铭决定,要做一个中而新、苏而新的设计方案。"我当时心里头一个想法就是要做成灰白墙,灰和白是苏州的本色。苏州还一定要有瓦片,屋顶要立体而有变化,用瓦片变戏法。"于是,江南的白墙灰瓦、曲径飞檐透出的古典情怀与现代的文化审美在苏州博物馆得

以完美并置,历史和当代在这里交汇。

2006年10月6日,苏州博物馆新馆建成并正式对外开放(见图3.20)。新馆占地面积约10 700平方米,建筑面积19 000余平方米,加上修葺的太平天国忠王府,总建筑面积达26 500平方米,是一座集现代化馆舍建筑、古建筑与创新山水园林三位一体的综合性博物馆。

图3.20　苏州博物馆新馆

图片来源:http://art.china.cn/zixun/2017-03/31/content_9417415.htm.访问时间:2020-10-17。

2. 苏州博物馆新馆建筑特征

苏州博物馆新馆的特色体现在建筑造型与所处环境自然融合,空间处理独特,建筑材料考究和内部构思巧妙,以及最大限度地把自然光线引入到室内。

在建筑的构造上,玻璃、钢铁结构让现代人可以在室内借到大片天光,开放式钢结构替代传统建筑的木材料。屋面形态的设计突破了中国传统建筑"大屋顶"在采光方面的束缚。首先,屋顶之上立体几何形的玻璃天窗设计独特。该设计借鉴了中国传统建筑中老虎天窗的做法并进行改良,天窗开在了屋顶的中间部位,这样屋顶的立体几何形天窗和其下的斜坡屋面形成一个折角,呈现出三维造型效果,不仅解决了传统建筑在采光方面的实用性难题,而且丰富和发展了中国建筑的屋面造型样式。

屋面以及其下白色墙体周边石材的运用,使建筑的整体风格达成了统一。就屋面而言,如果用传统的小青瓦,易碎易漏,需要经常维修,其坚固性、工艺性以及平整度都难以达到新馆建筑的要求。为了使材料和形式协调,新馆采用深灰色花岗石取代传统的灰瓦,这种被称为"中国黑"的花岗石黑中带灰,淋了雨是黑的,太阳一照颜色则变浅成深灰色。石片加工成菱形,依次平整地铺设于屋面之上,立体感很强。

3. 苏州博物馆新馆庭院景观

对石头和时间的认知,驱动着贝聿铭把苏州博物馆外的北墙设计成以壁为纸、以石为绘的石片山水景观(见图 3.21)。用石片来仿宋人米芾的"米氏云山",不得不说是一次有趣的尝试。

图 3.21　石片山水景观

六、现代艺术与传统的碰撞——宁波博物馆

1. 宁波博物馆背景概况

宁波博物馆位于浙江省宁波市鄞州区,是首位中国籍普利兹克建筑奖得主王澍"新乡土主义"风格的代表作。宁波博物馆总建筑面积 3 万余平方米,主体建筑长 144 米,宽 65 米,高 24 米。主体三层、局部五层,采用主体二层以下集中布局、三层分散布局的独特方式。整个设计将宁波地域文化特征、传统建筑元素与现代建筑形式和工艺融为一体。

宁波博物馆陈列由主题陈列、专题陈列和临时展览三部分组成。展厅总面积 8 000 平方米,其中一楼设临时展厅,总面积 2 600 平方米。二楼和三楼为常设展厅,总面积 5 400 平方米,展览内容包括《东方神舟——宁波历史陈列》《"阿拉"老宁波——宁波民俗风物展》《竹刻艺术》。

2. 宁波博物馆建筑造型分析

宁波博物馆的建筑是著名建筑师王澍的作品,建筑本身就是一件"展品",很多游客甚至就是冲着看建筑来的。博物馆外墙上使用了大量宁波老建筑上拆下来的旧砖瓦,有的墙面是倾斜的,仔细看还能发现砖瓦上当年烧制时留下的印记。

一直以来,王澍都有一套属于自己的山水建筑设计理念。在宁波博物馆中,他希望让如此大体量的建筑物中融入中国传统风格。通过撕拉扭转,他将一大个完形空间,处理成亲人的街巷尺度。同时产生的三角空间、斜向空间,成为他对"山水理念"的流动空间的阐释,让整个空间具有了动感。

建筑形体采用体块切割的设计手法,但不仅仅是体块切割,王澍同时将切割成的体块进行扭曲和倾斜,使得整个建筑更为灵动和形成很强的雕塑感。通过平面的功能布局和流线分析可以看出,他很好地将体块与线条塑造为整个空间的要素。但是从建筑外形来看,宁波博物馆既具有现代的形体,又有传统材料的表皮,建筑的开窗手法也极其灵活多变,超大的体块上布满了大大小小的窗洞,虽凌乱但有规可循,大小疏密有序。对于场地的处理,则一侧是碎石地面,一面是水景。

博物馆的外观被塑造成一座山的片断(见图3.22),外立面采用浙东地区瓦片墙和竹纹理混凝土,主体三层、局部五层,主体二层以下集中布局,二层以上建筑开裂、微微倾斜,演变成抽象的山体,将宁波地域文化特征、传统建筑元素与现代建筑形式和工艺融为一体。

图 3.22　宁波博物馆外观

从南面看,南立面是一个绝对二维平面,一个山谷断口中一座尺度超宽的阶梯通向原处的第二层"山"。人们从中部一个扁平的,跨度30米的穿洞进入博物馆。建筑的内外由竹条模板混凝土和用20种以上回收旧砖瓦混合砌筑的墙体包裹,外廓的方正限制了其他多余的含义,它的北段浸在人工开掘的水池中,其中段入口处溢过一道石坝,尾段为大片鹅卵石滩。在建筑开裂的上部,隐藏着一片开阔的平台,通过四个形状不同的裂口,远望着城市和远方的稻田与山脉。

博物馆的整个结构包括三道有大阶梯的山谷(两道在室内,一道在室外),四个洞(分布在入口、门厅和室外山谷的峭壁边侧),以及四个坑状院落(两个在中心,两个在幽深之处)。展厅之内用假山堆叠,公共空间永远是多路径的,它从地面开始,向上分叉,形成一种根茎状的迷宫结构。迷宫中包含步行登高路线和由电梯、自动扶梯组成的两类路线,能适应几乎所有待定的博物馆参观流线模式。

从建筑的形体、建筑的色调以及建筑材料来看,碎石似乎与这栋建筑更为贴切,但是水景的运用,不仅打破了原有画面的"冷酷",而且建筑可以倒映在水中,使建筑的宏伟感更强。

❓ 思考与练习

1. 结合身边具体建筑景观,谈谈你对建筑审美特征与艺术语言的理解。
2. 举例说明中国古代建筑景观的主要特征。
3. 以中国的故宫和法国的凡尔赛宫为例,简要说明中西方古典建筑景观风格的不同。
4. 请欣赏谭盾的建筑音乐《水悦堂》,分析音乐与建筑是如何结合在一起的。
5. 邀请你的同学,一起欣赏身边的古建筑,并利用本章所学知识为同学讲解这些建筑之美,不仅自己懂得美、欣赏美,而且能为他人创造美!
6. 以小组为单位,使用"筑作"App,构建一所你喜欢的中国古典建筑院落。扫描二维码可见山东大学学生作品(作者:冯子菡,2021级经济学院国际化实验班)。

21世纪经济与管理规划教材

旅游管理系列

第四章

园林景观文化赏析*

【学习目标】

本章主要介绍世界古典园林的三大体系及其内涵,阐述中西方园林的艺术特色、文化内涵及美学特征,并分析中西方园林美学特征的异同,探讨引起中外古典园林审美差异的哲学、美学等方面的因素。学完本章后,应达到以下目标:

■ 知识
- 能描述园林的词源,界定和解读园林
- 能解释中西方古典园林的历史变迁
- 能分析中西方古典园林的构成要素及美学特征
- 能分析影响中西方古典园林不同美学特征的文化、美学、哲学思想基础
- 能运用中国古典园林的美学艺术知识,解读并创造身边园林之美

■ 能力
- 培养跨学科、多视角分析园林文化的能力
- 塑造感受美、表达美、创造美、传播美的能力
- 通过角色扮演、辩论、研讨等培养语言表达、在公众场合演讲的能力

■ 素养
- 结合古典园林的文化内涵、美学意境等,探索园林深处隐藏着的文人士大夫的梦想和追求,传承他们的精神世界,实现他们的中国梦
- 结合西方园林艺术特色与文化内涵的探讨,理解西方园林不同于中国园林的理性之美,树立人类美学共同体的意识

---

* 本章配教学视频,读者可访问链接:https://pan.baidu.com/s/1kyoqwIVoMn6aPSpzq0yAAg,输入提取码:lpjq,自行下载观看。

园林是"人化的自然，自然的人化"，蕴含着人对自然的理解与诠释，深藏着世人梦境中"天堂"的影子，镌刻着特定时期、特定民族的社会、经济、文化和民族精神的印迹。中国的园林强调"虽由人作，宛自天开"的造园原则，处处体现出心性之美。西方园林则追求"理性至上"的造园原则，时时歌颂着理性之美。中西方园林虽风格不同，但各美其美，美美与共！

　　园林艺术博大精深，融多种艺术于一体，蕴含着丰富的美学、哲学、文学、建筑学等学科知识，因此，品读园林，鉴赏园林，离不开品旅游者的知识、修养，甚或心灵之光的照耀。否则，仅可做"到此一游"之观，很难解码园林文化，体悟园林的魅力。故而，品赏园林，需先知园、解园，后游园、观园、再赏园、品园。

第一节　古典园林概述

　　在人类悠久的历史长河中，留下了万千美轮美奂、五彩纷呈的园林。时至今日，这些园林已成为寻常百姓日常游览、休闲的对象。可是，对于什么是园林，它的构成要素有哪些，以及世界古典园林的体系如何，这些问题都值得我们去深思。

一、园林——人间的天堂

　　一提到园林，我们首先想到的是，这是一个游憩境域，是一种运用工程技术和艺术手段，对植被、建筑、水体等要素进行组合而形成的空间。然而，这仅仅是对园林浅层次的理解。优秀的古典园林，绝非仅仅停留在物质要素的堆叠、搭配。

　　1. 园林的定义

　　现实生活中，生活环境的不完美，内心世界的不丰足，使得人们处于一种失衡状态，于是人们向往一个心灵可以休憩、肉体可以愉悦的完美场所，以弥补和完善现实世界的不足。这个场所的完美状态，就升华为宗教中形式各异的"天堂"。

　　首先，不同文化中的天堂都有园林的影子。佛教中的极乐世界，如南朝梁沈约在《阿弥陀佛铭》所述："于惟净土，既丽且庄，琪路异色，林沼煜煌……玲珑宝树，因风发响，愿游彼国，晨翘暮想。"基督教里的天堂被称为"伊甸园"，如《旧约全书·创世纪》中所述："各样的树从地里长出来，可以悦人的眼目，其上的果子好作食物。"伊斯兰教的天园，如《古兰经》中所述："诸河流于其中，果实常时不断。"这些想象中的"天堂"，不仅让人悦目，而且物质富足，究其实质，乃衣食无忧、心旷神怡的完美园林。

　　其次，从词源上来看，"天堂"即豪华的"园林"。英文中 paradise（天堂）一词，源于古希腊文的 paradeisos，该词又起源于古波斯文 pairidaeza，即"豪华的花园"（luxurious garden）。[①] 在英文中，园林被称为 garden，park，landscape garden。因此，所谓"天堂"，不过

---

① 陈志华，1985. 外国造园艺术散论[J]. 文艺研究，3:42—57.

是园林中的一种,是最为完美的精神园林。

最后,在中国历史上,园林与神仙居所也几乎没有分开过。天堂遥不可及,是空中之楼阁。于是,人们按照想象中天堂的样子在尘世间打造了一个"人间的天堂"。两千多年来,中国古典园林尤其是皇家园林中,建有蓬莱、方丈、瀛洲"三山"及太液池,以暗喻此乃"神仙之居所"。

因此,究其实质,"园林"乃"建在人间的天堂",是人们所憧憬的具有休闲、游憩、居住功能的艺术空间。它"不仅是人类乐趣中纯洁至极的消遣,也是人类精神最好的滋补品"①。

2. 园林的内涵

园林是文化上占主导地位的人们的情感、向往与审美的体现。园林是艺术的综合体,涵盖了对建筑、绘画、哲学、美学等不同艺术的理解与呈现,而这一切都根植于特定的历史土壤中。因耗资不菲,古典园林的主人大多为权贵、富贾、文人等,他们的社会、经济地位决定了他们往往也是当时社会文化的主导者。他们要在自己的园林中,酣畅淋漓地表达自己的情感、审美、憧憬和理想。例如,凡尔赛宫园林通过特定的园林构景要素和造园手法,将路易十四对世人的宣言——"朕即国家"露骨地体现在园林的每个角落。至于我国,当人们步入私家古典园林时,就能深切体会和了解封建时代中国文人士大夫在"归隐"和"出世"之间的犹疑和彷徨。在喧嚣、繁华的闹市,归隐的士大夫们坐在亭榭之中,赏枯荷、听松风,绝非仅仅是一种淡泊归隐的雅兴,还透露着"人生在世不称意"的苦闷与无奈,以及等待"濯我缨"之清流,以东山再起,实现"兼济天下"的宏伟志向。那些充满自然之趣的园林,处处隐藏着中国封建社会士大夫的追求、进退和不甘。在伊斯兰世界的园林里,依稀能够看到《古兰经》中"天园"的影子,以及阿拉伯人在干旱少雨的环境下,对水、绿植的弥足珍惜和对富足、慵懒生活的向往。

故而,对园林的鉴赏与品评,既要考虑人与自然的关系,也需要理解特定历史条件下,在文化上占主导地位的主流人士的理想与追求②。

二、古典园林的构成要素——怎一个"園"字了得

中西方园林虽然风格多样,景色各异,但在构成要素上却有一些共同之处。美国宾夕法尼亚州州立大学罗恩·汉德森(Ron Henderson)教授在研究苏州园林时,从繁体汉字"園"中找到了答案③。

他认为,"園"字的结构即反映了园林基本的构成要素。"園"由4个象形部分构成:最外部的方框、方框内的"土""口""ᡣ"。外部的方框类似围合园林的外墙,"袁"顶端的"土"像一座山或亭子的顶,这象征着园林中的假山和建筑。位于中间的方框"口",代表了园林内部的一个围合的空间,常常为池塘或溪流,这往往是园林的灵魂所在④。如北京圆明园的平面布局图,福海即大约位于圆明园的中间。"袁"的最下方的组成部分类似植物的枝

---

① 〔英〕弗兰西·培根,1985.培根随笔集[M].曹明伦,译.北京:人民文学出版社.
② 陈志华,1985.外国造园艺术散论[J].文艺研究,3:42—57.
③ Ron H,2015. The Gardens of Suzhou[M]. Philadelphia:University of Pennsylvania Press.
④ Ibid.

丫,代表了园林中必不可少的植被。就中国园林而言,汉德森教授认为,这个植被特指像石榴树(暗指多子多福)这样具有一定寓意的植被。

基于"园"的繁体字,汉德森教授对古典园林的构成要素所进行的探讨表明,建筑、植被、水体和山体是最重要的组成部分。西方古典园林虽然与中国古典园林风格迥异,但构成要素并无本质区别。

三、世界古典园林三大体系——"三足鼎立"

基于不同的审美情趣、审美理想及对自然与人类关系的认识,18世纪以前,世界各国几乎都修建了风格多样的园林,主要形成了东方园林、西亚园林和欧洲园林三大体系。这三大园林体系有着各自的风格特色。

1. 东方园林——自然式园林

东方园林以中国为代表,对日本、韩国、朝鲜及东南亚地区影响深远。东方园林以自然式园林为主,以"虽有人作,宛自天开"为艺术原则,熔传统建筑、文学、书画、雕刻和工艺等艺术于一炉,在世界园林史上独树一帜。它以含蓄、内秀、淡泊、守拙为美,追求清静无为、天人合一的哲学意蕴,体现出一种人与自然和谐、融洽的关系。园林的布局形式以自由、变化、曲折为特点,要求景观源于自然,又高于自然,使人工美和自然美融为一体。总之,东方园林重在"意",追求"言有尽而意无穷"。

2. 西亚园林——规则式园林

西亚园林以古巴比伦、古埃及、古波斯(今伊朗)等为代表,其主要特色在于花园与交通。西亚的造园活动是从古波斯开始的,后来影响到所有伊斯兰教地区,也是西方园林的源头。西亚与北非气候干燥,干旱的沙漠环境使人们只能在自己的庭园里打造一小块绿洲。在他们的心目中,清澈的流水和片片绿荫显得弥足珍贵,他们认为"天国乐园"(伊甸园)就是一个美丽的大花园,里面有潺潺流水,绿树鲜花,天籁般的音乐在伊甸园里回荡。因此阿拉伯人习惯用篱或墙围成方直平面的庭园,便于划清自然和人为的界限。园内布置成"田"字形,用纵横轴线分作四区,并将轴线建为十字林荫路,交叉处设中心水池,以象征天堂。后来水池的作用又得到不断的延展,由单一的中心水池,演变为各种明渠暗沟与喷泉。这种水池的运用,后来又深刻地影响了欧洲各国的园林。

3. 欧洲园林——规则式园林

欧洲园林以西亚园林为滥觞,以"人是自然的中心,大自然必须按照人的意志中的秩序、规则、条理、模式来排列"为设计理念。因此,欧洲园林中的建筑、草坪、树木无不讲究完整性和逻辑性,它们以几何形的组合达到数的和谐与完美。欧洲园林追求的是图案的美、人工的美、改造的美和征服的美,是一种供多数人享乐的"众乐园"。与东方园林的写意、感性相比,西方园林更多的是写实、理性的。

在上述三种造园体系中,西亚园林的辉煌时间较短,对后世的影响较小,故存而不论。东方园林(尤其是中国古典园林)和欧洲园林对世界的影响较大,以下将着重对这两类园林景观进行探讨。

第二节　古典园林寻踪

世界古典园林有着悠久的历史,在历史的漫漫长河中,古典园林伴随着各民族不同政治、经济、思想、文化的演变而发展。众多文化积淀深厚的杰出文学家、艺术家等在这方园地上耕耘,将不同民族文化中的哲学、美学、艺术和建筑等理念融汇为一体,创造了各具特色的"人间天堂",园林不仅可居可憩,还代表了一种人生态度。古典园林成为世界文化宝库中的一颗璀璨明珠,在世界近五千年的历史文明里,留下了它深深的履痕,成为人类共同的宝贵遗产。

一、中国古典园林的发展变奏

中国古典园林,从孕育、形成到发展已有三千余年的历史。它萌芽于社会动荡的先秦,由魏晋至盛唐,园林初具特色,形成了富有特色的"中国山水园"。宋代商业经济有了很大发展,社会造园之风大盛,从宋代至明清是中国园林快速发展的时期,达到鼎盛[①]。此过程中,古典哲学与文人士大夫的审美情趣和梦想追求通过园林历史一帧帧体现出来。

1. 先秦萌芽期

中国园林历史悠久,滥觞于三千多年前的殷商时代。我国园林的雏形为"囿"[②],类似于今天的狩猎场所,即在土壤肥沃的空地中,培育各种草木鸟兽,筑起平台,以供帝王狩猎和游乐。除了人工建成的以资观景和游乐的"台",里面并无其他宫殿建筑。此时的园林原始古朴,具有浓厚的自然野趣。

2. 秦汉形成期

在我国古典园林的发展历程中,秦汉时期为重要的一步,可以称作古典园林的形成期。其主要特征有两点:其一,宫苑规模宏大。秦始皇统一中国后,为彰显其文治武功大兴土木,兴建了具有园林性质的上林苑。到西汉时,出现了新的园林形式——苑,宫殿建筑与苑囿组合成一体,称为宫苑。汉武帝在秦朝上林苑的基础上进行了大规模扩建,专供皇家狩猎和游乐之用。西汉文豪司马相如在其名作《上林赋》中对其盛况进行了描述,言其不仅"崇山矗矗,巃嵸崔巍,深林巨木,崭岩参嵯",而且"离宫别馆,弥山跨谷,高廊四注,重坐曲阁"。其二,以神仙境界为基本格调,奠定了中国历代皇家园林的基本格调。汉武帝好神仙之说,在建章宫内建太液池,池中有蓬莱、方丈、瀛洲三座仙山,遍植奇花灵草,既有自然之趣,也有喻作东海的神仙境界之义。这种"一池三山"的形式,成为后世宫苑中池山之筑的范例。在帝王大兴土木建筑园林的同时,王公贵族等也兴起了建造私家园林之风。

3. 魏晋南北朝发展、转折期

魏晋南北朝是中国古典园林发展历程的重要转折期。在老庄思想的影响下,"畅神"

---

① 周维权,2008.中国古典园林史(第3版)[M].北京:清华大学出版社.
② 胡晶明,2001.历史文化演变与中国古典园林[J].河北建筑工程学院学报,3:79—82.

成为主流的美学趣味,自然野趣之美成为当时的核心美学思想。具体表现在园林中则是,园林由秦汉时期以宫殿楼阁为主,转变为艺术地再现自然山水之美,园林景色既充满自然之趣,又暗含"老庄"之道。

魏晋南北朝历经三个世纪之久,战争频繁,社会动荡,政权更迭,而魏晋名士虽有"治国平天下"的鸿鹄之志,却无力改变社会事实。于是,他们高逸遁世,笑傲山林,"隐逸""归复"之风兴起。随之而来的是对自然审美意识的彻底觉醒。对自然山水品鉴的能力成为品评"风流名士"人品、文品的重要依据。这股清流自然也影响了当时的造园思想。加之,中央集权崩溃,思想控制瓦解,思想相对自由,先秦诸子学说中兴。尤其是道家哲学备受推崇,在自然中悟道的思想不断壮大。佛教的传入,进一步推动了崇尚自然的观念,自然美成为核心美学思想。此时的园林大都扬弃了秦汉时期以宫室建筑为中心的造园风气,转而艺术地再现自然山水之美,私家园林开始由写实向写意转变。此外,南北朝时期战乱频繁,思想活跃,为宗教的传播创造了条件。中国本土的道教及从印度传入的佛教,由于受到统治者的扶持,盛行一时,寺观园林应运而生,从"南朝四百八十寺,多少楼台烟雨中"的诗句即可窥寺观园林兴盛之势之一斑。

这一阶段基本奠定了中国古典园林发展的基础。

4. 唐宋成熟期

唐宋时期是我国封建社会发展的鼎盛时期,其间高度发达的物质文明促进了文化艺术的繁荣。达官显贵与文人墨客均加入建园的热潮之中,他们十分注重自然美与艺术美的巧妙结合、相得益彰,古典园林也在唐宋时期进入了成熟期。在这个时期,皇家园林、私家园林、寺观园林都得到了较大发展。

隋炀帝所修建的西苑,是继西汉上林苑后最豪华壮丽的皇家园林。西苑大体上沿袭汉朝以来的"一池三山"的皇家园林模式,但将宫苑建筑融于山水之中。强盛的大唐修建了众多恢宏的皇家园林。因功能不同,这些园林分为大内御苑、行宫御苑和离宫御苑三类。著名的大明宫属于大内御苑,华清宫则属于离宫御苑。华清宫可谓唐朝皇家园林的代表,体现了我国早期出现的自然山水皇家园林的艺术特色,园林随地势高下曲折而筑,借骊山之势营造出"长安回望绣成堆,山顶千门次第开"的皇家气势。

相比前期的园林,唐宋时期的私家园林的艺术内涵得到了进一步升华,园林景观以及局部的艺术处理更加细腻和富有内涵,并且诗词、绘画、建筑、园林已有互相渗透、彼此交融的迹象。该时期造园之风大盛,名园众多,如王维的"辋川别业",白居易的"庐山草堂"等,均依托自然景色,依山就势,嵌入自然,成为既包含自然之趣,又充满诗情画意的私家园林。伴随佛教、道教在唐朝的盛行,各类寺观园林得到迅猛发展,别具风格。道观园林"山河扶绣户,日月近雕梁",寺庙园林"疏钟清月殿,幽梵静花台",都给人空灵、明净、淡远的感受。

陈寅恪在《邓广铭〈宋史职官志考证〉序》中写道:"华夏民族之文化历数千载之演进,造极于赵宋之世。"诗词、绘画等文学艺术在两宋时期得到了空前发展,为园林发展提供了理论支持与立意源泉,从而诗、画、园相互融合,形成了"诗中有画,画中有诗"的独特写意山水园林。两宋时期成为中国古典园林发展史上的一个高潮阶段①。这一时期,众多文人画家亲自参与了造园,以山水画为蓝本,以诗词为主题,引景入画,寓情于景,以形传神。他们在园林艺术追求上,不求形似,而着眼于写意传神,全面表现出中国古典园林独特的诗画意境,成为后世的典范。在叠山、理水、植物配置等方面所取得的很大成就,预示着鼎盛期的到来。两宋时期,皇家园林出现了接近文人园林意境的倾向,这反映出两宋政治和文化一定程度上的开明与宽容。宋徽宗以天地为画布,以山水花木为画笔,举全国之力,打造了如仙境般的皇家山水宫苑——寿山艮岳。寿山艮岳不仅充满诗情画意,而且规模宏大,造型奇特,叠石成峰,在中国古典园林史上首次将园林假山提升到"近有质""远有势"的水准,故而,也被视为中国古典园林写意叠山的至高峰②。

宋朝重视绘画艺术,诗画艺术成为私家园林的蓝本。私家园林呈现出简远、疏朗、雅致、天然的特点。南宋时期,在临安的西湖及近郊一带,园林数以百计,在绿荫丛中处处隐现着不计其数的楼、台、亭、榭,展示出"古今难画亦难诗"的园林艺术佳景,最富诗情画意的"西湖十景"从南宋流传至今。

两宋时期佛教禅宗兴盛,禅宗与儒道结合,寺观园林犹如雨后春笋般遍地开花。

5. 明清鼎盛期

明清时期,社会稳定,经济繁荣,中国古典美学理论逐渐成熟,为中国古典园林的繁荣奠定了基础。中国古典园林由此进入了鼎盛时期,皇家园林、私家园林和寺观园林无论在数量、规模或类型方面都达到了空前的水平。

皇家园林在总体布局、园林建筑选址等方面,吸取历代之精华,兼收南北之所长,多与离宫相结合,规模巨大,景点丰富,建筑宏伟,色彩丰富,在立意、借景、建筑、叠山理水方面达到了令人叹服的地步,把中国古典园林艺术发展到一个登峰造极的阶段。被誉为"万园之园"的圆明园,不仅融汇了中国历代古典园林造园艺术的精粹,还兼收并蓄,借鉴汲取了西方造园艺术的某些手法,成为融贯中西、超群绝伦的古典园林之作,被法国文豪雨果誉为"人类幻想中的仙境"。

明清时期,私家造园之风也极为兴盛,营造了大量富有山林趣味的私家园林,形成江南、北方、岭南三大地方风格鼎立的局面。基于"天人合一"的哲学思想,明清文人将其对山水画论构图章法的理解、感悟用于园林空间意境的营造之中,使园林如诗篇般可读、可赏、可叹,如画般可浏览、可沉醉。徜徉在今天扬州的个园和苏州的拙政园、留园、网师园、狮子园等古典园林中,托物言志仍清晰可见,小中见大的立意处处可感受到,充满诗情画意。

"园之兴废成毁,与时转移,循环无休息。"③至清末,因列强侵略,战争频仍,民生凋敝,中国古典园林由盛转衰,世界园林文化宝库中这颗东方明珠暂时敛起了它的熠熠光辉。令人欣慰的是,中国古典园林文化不久就再次惊艳了世界。例如,以苏州园林为蓝本的德国法兰克福的春华园,爱尔兰都柏林的爱苏园,美国纽约大都会博物馆的明轩庭院、纽约斯坦顿岛植物园的退思庄,都在西方代表东方园林吸引着络绎不绝的游客,散发着温

---

① 姚远,2011.两宋园林叠山与诗画的关系[J].中国园艺文摘,27(5):95—97.
② 同上.
③ 袁学澜,2006.游南园沧浪亭记[M].上海:上海社会科学院出版社.

润典雅的东方意蕴。

二、西方古典园林发展历程

西方古典园林历史源远流长,根植于西方社会,在西方特定的政治、经济、宗教、美学等因素的浸润之下,成长为世界园林中的另一朵奇葩,呈现着一种纯净、明快、人为雕琢的盛装之美。纵观西方古典园林发展脉络,根据其园林风格,可划分为古代园林时期、中世纪园林时期、文艺复兴园林时期、古典主义园林时期与自然风景园林时期五个阶段[①]。

1. 古代园林时期

西方古典园林大约发端于公元前16世纪的古埃及。自此,西方古典园林迈入了以古埃及、古巴比伦、古希腊和古罗马为代表的古代时期,它们相互影响,彼此渗透,为西方古典园林的发展夯实了基础。对宗教中天堂的憧憬,以及对创造美的欲望彼此激荡,于是,古埃及的上层人士根据心目中天堂的模样,建立了那时的宅园。之后,古巴比伦园林、古希腊园林与其一脉相承,其特点表现为:葱翠的树木、潺潺的河流与常绿的植物相得益彰,常以十字形布局,水体位于十字交叉的中心。

2. 中世纪园林时期

园林与文化的脉动息息相关。欧洲中世纪时期历时绵延约1 000年,其间社会动荡,基督教统治着人们的精神世界。在美学思想上,美与上帝紧密相连。园林艺术被深深地烙印上了基督教文化的特色。修道院式庭院与城堡式庭院园林成为中世纪欧洲园林的主要类型,并形成了最为常见的十字形规则式布局[②]。修道院中的园地同建筑功能相结合,采用巴西利卡式长方形会堂的形式建造庭院,分为前庭和中庭两部分。前庭常建有喷泉,以净身;中庭通过十字交叉的路分为四部分,并种植花卉、树木进行美化[③],英国坎特伯雷教堂即是此时期所建的经典园林。城堡式庭院,大多由防御性住宅演化而来,外面为城堡的围墙,内部布局简明扼要,树木绿植是重要的造园要素,它们被修剪为规则的几何图形,喷泉、水池点缀其中,如法国赫赫有名的比里城堡。

3. 文艺复兴园林时期

文艺复兴运动将欧洲的园林艺术带入了一个新的发展时期。14—15世纪,修建园林在意大利成为一种时尚,佛罗伦萨和意大利北部其他城市的郊外乡间遍布着贵族富商们的别墅庄园。这些别墅庄园大都建造在景色秀丽的丘陵山坡上,花园顺地形分成几层台地,从而形成了独具特色的"台地园"。造在广阔的自然环境中的台地园,其空间向自然敞开、延伸,与其周围的自然景观相互渗透。这种自然环境中的人工园林,力求以园林来美化和丰富自然景观,反映了自然美与人工美并行不悖的观点。

4. 古典主义园林时期

法国的古典主义园林使欧洲的规则式园林艺术达到了一个不可逾越的高峰。萌芽于高卢时期的法国园林,在16世纪初受到意大利文艺复兴思潮的影响,加之法国地形平坦,因此它的规模更宏大而华丽。17世纪下半叶,法国成为欧洲的经济文化中心,路易十四

---

① 郦芷若,2001.西方园林[M].郑州:河南科学技术出版社.
② 〔日〕针之谷钟吉,2016.西方造园变迁史:从伊甸园到天然公园[M].邹洪灿,译.北京:中国建筑工业出版社.
③ 朱建宁,2008.西方园林史[M].北京:中国林业出版社.

将古典主义文化推崇为当时的主流文化。体现古典美学原则的规则式园林在这样的社会土壤里,得到了空前的发展,形成了影响欧洲园林艺术长达一个世纪之久的法国勒诺特尔式园林。在勒诺特尔式园林中,目之所至,都是"人为"的自然之物,诉说着人是大自然的主人、人工美高于自然美的哲学思想。

5. 自然风景园林时期

18世纪英国自然风景园林的出现,改变了欧洲长达千年的由规则式园林统治的历史,是西方古典园林艺术领域一场深刻的革命。受到从封建社会向资本主义社会的过渡和启蒙运动的发展影响,18世纪欧洲思想领域内兴起浪漫主义运动,对自然之美的崇尚盛极一时。造园师对过去的规则式园林进行了批评,提出园林应以自然为目标,奠定了英国风景园林产生的理论基础。加之,英国地势平缓,多平原、丘陵和沼泽,是自然风景园林的天然暖床。同时,西方传教士与园林家的东方之旅,也将中国独特的园林风格传播到了英国,从而对英国自然风景园林的形成与艺术风格的产生了一定的影响。英国自然风景园林不再"强迫大自然接受人为的法则",而将大自然作为园林重要的组成部分,自然美成为园林美的关键特征之一。

自此之后,随着美国的崛起,现代园林的发展中心逐渐由欧洲转移到美国。

综上所述,西方古典园林是人们对人与自然的关系不断反思的思想产物,伴随着西方政治形态、历史观念、哲学思想、美学文化的变化而变化,在不同历史时期有着不同的时代内涵和美学价值。

三、中国风对西方古典园林的影响

17—18世纪,中国古典园林独特的艺术特征与美学思想传入西方后,惊艳了西方造园师,从而在西方古典园林界刮起了一阵"中国风",影响长达一个世纪之久,对西方古典园林的风格产生了重大影响①。

(一)"中国风"传入西方古典园林的途径

15世纪末,新航路的开辟为中西文化的交流打开了方便之门。随着"中学西渐"和海上贸易往来的不断加强,中国文化艺术对欧洲大陆影响渐深,中国的园林文化也通过多种渠道传入了欧洲。

一方面,西方传教士担当了中国园林文化向西方传播的桥梁。17—18世纪,旅居中国的欧洲传教士,将在中国的所见所闻写在了他们的报告、书信札记、游记中,其中涉及中国的社会制度、文学艺术、园林文化等,为欧洲打开了中国文化的魔盒,使得英国造园师有机会一亲中国造园艺术的芳泽。1742年,意大利传教士马国贤(Matteo Ripa)以承德避暑山庄为主题,绘制了多幅"雕刻版画",并将其带到了英国伦敦,将中国园林形象生动地呈现出来。法国传教士王致诚(Jean Denis Attiret),在圆明园以画师身份生活多年,深谙圆明园景色。他在给友人的书信中,将圆明园"虽由人作,宛自天开"的风格进行了描述,并对圆明园赞叹道:中国园林充满自然之趣,重塑自然界与万物的关系,充满诗情画意。随

---

① 李景奇,查前舟,2007."中国热"与"新中国热"时期中国古典园林艺术对西方园林发展影响的研究[J].中国园林,23(1):66—73.

后,他与友人的书信在法国出版,进一步扩大了中国园林的影响①。

另一方面,欧洲画师、造园师等文化人士的推崇与传播助推了园林文化的交流。17—18世纪,随着中西方贸易的繁荣,中西方之间的航海线路更加便捷,使得西方文人有机会到访中国,游赏中国园林。1656年,东印度公司聘请的画师约翰·纽荷夫(John Nieuhoff)游历南京,并于1665年出版《在联合省的东印度公司出使中国鞑靼大汗皇帝朝廷》(*An Embassy from the East-India Company of the United Provinces, to the Grand Tartar Cham, Emperor of China*),该书配有150幅中国园林建筑插画,使得西方人对中国园林有了更深入的了解。1740—1749年,英国著名的造园师威廉·钱伯斯(William Chambers)随东印度公司来到中国,了解古典园林的概况。之后,钱伯斯在他1772年出版的《论东方园林》(*A Dissertation on Oriental Gardening*)中,盛赞中国园林艺术之美:中国的园林艺术光辉灿烂,欧洲园林无法望其项背,应是西方园林学习的榜样。1757年,他参照南京大报恩寺的琉璃塔,在英国的丘园中设计了中国塔②。总之,诸如此类的文人对中国园林文化的推崇,进一步推动了西方园林"中国热"的盛行,欧洲各国掀起了一场仿造中国园林的热潮。

(二)中国古典园林艺术对西方风景式园林的影响

承载灿烂中国文化精髓的中国古典园林艺术传入西方后,在欧洲引发了"中国热",英国、法国、德国等国家纷纷将中国元素引入其园林,仿建中国式园林。中国古典园林艺术在构图、建筑、叠石、理水和植物种植等方面影响了西方风景式园林,动摇了规则式园林样式的地位,促进了西方造园样式的转变。

1. 对西方古典园林布局的影响

西方古典园林开始尝试在园林中仿照中国古典园林的"蜿蜒曲折之美",促进了西方规则式园林向非规则式园林的转变。1774年,凡尔赛宫的小特里亚农宫花园建成,园中设置了弯弯曲曲的小径,构筑了岩洞,布置了不规则的湖面,整体呈现出非规则、非对称的布局③。在此影响下,欧洲各国相继仿效,各地中国式花园相继出现,虽规模各异,但都呈现出中国古典园林的不规则布局的特点。

2. 对西方古典园林建筑的影响

作为中国文化的代表符号,中国建筑元素被广泛运用在西方古典园林中。1670年,法国国王路易十四仿照南京大报恩寺琉璃塔,在凡尔赛宫修建了富有中国特色的宫殿,引来了欧洲各国的关注与效仿。1744年,德国腓特烈大帝下令在普鲁士波茨坦"无忧宫"修建了一座中国茶亭,外观上近似蒙古包的伞状顶部,主体由三个伞形小房间连接,饰以淡绿色的墙面和金色的廊柱;在室内布置上突出东方情调,搜集、布置了各种来自东方的物品,如丝绸、瓷器和绘画,尽显繁华、绚丽和神秘④。

---

① 刘晓光,王浩,2015.17 至 18 世纪中国园林文化对英国园林转型的影响[J].东疆学刊,32(2):60—66.
② 同上.
③ 郭海强,2002.中国园林艺术对西方园林的影响[J].广东园林,2:36—37.
④ 段禹农,2008.康乾时代中国园林建筑艺术对西方的影响[J].中外建筑,8:81—84.

3. 对西方古典园林筑山理水的影响

西方园林家从纽霍夫的著作中发现了中国园林堆山叠石的技法,并为之惊叹。于是,他们急切地将这些技法运用到了西方园林中,设置假山和岩洞,以石为景,配以跌瀑,模仿自然山林。19世纪初,英国帕克斯主持查兹沃斯庄园的修复工程,采用了绘画式造园风格,以石为景,处理巧妙,极负盛名,还一改西方园林规整的水面处置。事实上,在18世纪的西方古典园林中就出现了几何形水池。这些水池或模拟自然河流、湖泊、池塘、溪流、瀑布的形态,或塑造在山岗、丛林间迂回曲折的水景形态,并且充分融合了以洲、岛、堤、坝分隔和组织水景空间的技法。1790年,东印度公司官员斯赫伦堡在巴伦建立的"中国园林",既有假山也有池塘,别有一番中国古典园林的味道①。

4. 对西方古典园林植被的影响

17—19世纪,英国、荷兰植物学家相继来中国采集植物。在英国皇家园艺协会的派遣下,植物学家罗伯特·福琼(Robert Fortune)在1839—1860年,曾四次来中国考察,将杜鹃、牡丹、玉兰等观赏植物的种子带回了英国,丰富了西方古典园林植被的种类,为西方古典园林增香添色。例如,英国邱园的11种牡丹、近50种槭树均来自中国②。后来西方许多园林都开始收集中国的珍稀植物。

概而言之,中国风对西方古典园林产生了深远的影响,成为战胜规则式园林的利器。但是,由于传播途径的谬误、对中国古典园林文化的片面理解,以及对构景元素的解读差异,导致西方古典园林受中国古典园林文化的影响仅仅流于表面。而对中国文化的猎奇心理,更加剧了这一影响的肤浅和变异。随着清朝的日益衰落,附着于其上的中国风同样被当作了"落后和肤浅"的符号,在西方园林中受到质疑,西方的中式园林随即衰落。今日中国之富强,为中国文化元素再次走向世界埋下了肥沃的土壤。2016年9月,在英国邱园,大报恩寺琉璃塔与邱园宝塔"双塔会"顺利举行,这是英国园林景观与中国历史文脉重合的见证。

第三节 中国古典园林探美

园林是建在地上的人间天堂,体现了园主人与造园师对美好世界的追求与向往。揭开中国古典园林的面纱,就会发现他闭月羞花的婉约之美。"只有美才能使整个世界幸福",那么,中国古典园林是以怎样的美让整个世界幸福的呢?

拙政园的前世今生

拙政园,位于江苏省苏州市,始建于明正德初年(1509),是江南古典园林的代表作品。五百多年来,拙政园几度分合,或为"私人"宅园,或做"金屋"藏娇,或是"王府"治所,留下

---

① 郭海强,2002.中国园林艺术对西方园林的影响[J].广东园林,2:36—37.
② 苏雪痕,1987.中国园林植物在英国园林中的作用[J].中国花卉盆景,2:41.

了许多诱人探寻的遗迹和典故。拙政园与北京颐和园、承德避暑山庄、苏州留园一起被誉为中国四大名园。

拙政园位于苏州城东北隅（东北街178号），是苏州现存最大的古典园林，面积超过52 000平方米，全园以水为中心，山萦水绕，花木繁茂。拙政园分为东、中、西三部分，东花园开阔疏朗，中花园是全园精华所在，西花园建筑精美，各具特色。

拙政园的修建要从王献臣说起。王献臣(1469—1539)，明朝御史。他出生宦门，幼时聪颖敏悟，才华出众，闻名十里八乡。1493年（弘治六年）举进士，当时年仅24岁。随后，他入朝为官，一路升官至御史。在御史任上，东厂揭发他"尝令部卒导从游山，并言其擅委军政官"（公款旅游，封官许愿）。皇帝下旨"杖三十，谪上杭丞"。做副县长没多久，皇帝就又把他调回京城了。没过两年，王献臣又遭祸端。受东厂诬陷，在太监刘瑾的操纵下，他再次被贬为广东驿丞（政府招待所所长）。直到后来新帝继位，才将此案拨乱反正，命王献臣做了永嘉知县。但经历了宦海浮沉，王献臣已经对政治心灰意冷，后借丁忧之故，辞官回乡。

第一次被贬在福建上杭做副县长的时候，他就听说福建九鲤湖有个九仙祠非常灵验，祈梦得梦，预知未来。于是后来在浙江永嘉当知县的时候，他就去了一趟九仙祠祈梦，果然，梦到一个荒废的寺院，上面还有一个"隐"字。王献臣觉得这是神仙暗示他要辞官归隐，于是回永嘉后就回苏州老家找合适的地方。王献臣在苏州城里四处寻找梦中之地，找到东北街这边，看到了破落的大弘寺，上面有个"隐"字，简直和梦中一模一样。于是，以4万贯银两购得此地。

大明正德皇帝四年(1509)，王献臣请到了苏州才子文徵明对园林进行设计，据说耗时6年之久。1529年，一座山水相映、林木葱郁、古朴典雅的园林终于落成，王御史也成功地蜕变成王园主。在给自己园子命名时，王献臣遍翻古籍，广纳贤言，最后看到晋朝潘岳的《闲居赋》中写道："筑室种树，逍遥自得……灌园鬻蔬，以供朝夕之膳……是亦拙者之为政也。"十分契合其心境，于是取"拙政"二字，世界名园"拙政园"就此出世。遗憾的是，就在王献臣死后不久，他的儿子一夜豪赌，将家产输个精光，还将这座拙政园输掉。

之后，拙政园数易其主。钱谦益、柳如是、太平天国李秀成、曹雪芹的祖父曹寅等都曾在这里生活过。抗日战争时期，拙政园饱受战争破坏，满目疮痍，破败不堪。1951年11月，拙政园划归苏南区文物管理委员会管理，进行修缮，并对民众开放。1997年联合国教科文组织将其纳入《世界文化遗产》名录。时至今日，苏州古典园林更是走向了世界，以苏州园林为蓝本的德国法兰克福的春华园、爱尔兰都柏林的爱苏园，在西方大地上散发着温润典雅的东方意蕴，美国纽约大都会博物馆的明轩、纽约斯坦顿岛植物园的退思庄再次惊艳了世界。

思考： 请问拙政园的园主人为何要修建此园？他想通过此修建此园表达他的何种情感？

一、中国古典园林之景——淡妆浓抹总相宜

中国古典园林景色美不胜收,游园者目之所及皆为花影烟树,碧水回环,峰秀耸翠,亭阁翼然。然而这满目的美景主要由三类要素构成:山水、花木及建筑。这三类要素并非各自孤立地存在于园林空间,而是彼此依托,相辅相成,水乳交融,构成一个美轮美奂的园林艺术空间。同时,它们都有独特的个性,可作为独立的欣赏对象。

(一)构景要素

1. 风情万种的山容水态

山水,主要指园林中的各种假山、顽石、溪流、湖池与清泉等。山是园林的骨架,水是园林的血脉,骨架与血脉共同奠定一园之胜。

山撑起了园林的轮廓,有了山才能"绿影一堆"。园林中的山景,有取之于自然的真山和人工堆叠的假山。皇家园林等大型园林可纳真山入园,而私家园林规模较小,主要靠堆叠假山营造山峦叠翠的氛围。园林中假山的堆叠,以自然为师,又以高于自然的方式再现。

园林造山,以土为堆,用石为叠,采用堆山叠石相结合的手法,在园林空间巧妙灵活布置。古典私家园林大都是堆山与叠石相结合,自然成趣。自然界的石头种类繁多,造园常用的有湖石、黄石、宣石等。湖石的形体玲珑剔透,用此类石头堆叠的假山,令赏园者遐想无限,情思绵绵;黄石呈不规则的多面体,轮廓分明、质地浑厚;宣石假山嵯峨,峰峦起伏,给人的感觉是大气苍润与坚强。

假山主要有两大类型:写意假山和象形假山。写意假山,主要概括、凝练自然真山之神,在有限的园林空间展现真山的山姿山容和气势风韵。观赏此类假山,会令赏园者如入自然之怀抱,放松而怡然自得,赏园者可展开丰富想象,细细品味。如扬州个园的假山别具一格:不同山景搭配不同植被,体现四季轮回与四时景色之异,如笋石配以翠竹,湖石假山用玉兰、梧桐掩映,黄石假山由松柏、枫树衬托,宣石假山用腊梅陪衬。尤其是秋山,因坐落于园林的东北角,每当夕阳西照,光影婆娑,景色迷人。象形假山,是以自然界生物的形体动作为原型,模拟堆叠的山景。如苏州留园的鹰犬斗假山(如图4.1所示),分别模拟堆叠了勇猛的雄鹰利喙低垂,与憨态可掬的小狗朝其吠的场景,仿佛二者正在进行一场智斗,活灵活现,意趣盎然。

"石为山之骨,泉为山之血。无骨则柔不能立,无血则枯不得生。"因而,可以说,作为血脉的水景是古典园林景观的灵魂。园林中的水景,分为动、静两种形态。多数园林水景以静态为主。静态水景多水面平坦、开阔,以营造寂静深远之意境。颐和园的昆明湖即为静态水。动态水景则以流动的水体塑造活泼、灵动的景致,如飞瀑、流泉均为动态水景。具有动态水的园林,静中有动,动中有静,欣赏者要兼顾水的声、形、色、音、影等综合艺术效果,如泉城济南的趵突泉、黑虎泉均是闻名遐迩的动态水,是园景生动的点睛之笔。

古典园林中的水景,多与建筑、花木、山石共同成景,构建一体化景致。其一,水景与花木相互掩映。在花遮柳护的作用之下,曲折的堤岸被遮蔽,因看不清水面的边界,欣赏者的视域被打破,从而产生池水无边的视觉感受;其二,水景与堤、桥、廊等相组合,增加水

图 4.1　留园鹰犬斗假山

图片来源：http://zzw83025482.blog.163.com/blog/static/13406121620112954647424/. 访问时间：2022-12-11。

景的景深和空间层次，产生水面幽深之感；其三，当水面较小时，则常常搭配怪石、细竹、山藤，以呈现山野风致。

"石令人古，水令人远。"只有山水相伴，园林才既有厚重感又不乏清新雅致。

2. 生机勃勃的树木花草

宋朝画家郭熙说："山以草木为毛发……得草木而华。"树木花草因其形、色、味，充满勃勃生机，又因在中国文化中独特的文化寓意，可以体现意境之美。

古典园林中的树木花草主要有两大类型：一种是具有美丽外形、色彩艳丽的观赏性植物，如玉兰、海棠、牡丹；另一种是绿化性植物，以增加园林景观的层次感与生机，如松树、柳树、云杉等。这些植被以其色美、形美、香美、声美、意美使欣赏者赏心悦目。

古典园林中的植物一律采取自然式种植。所谓自然式，就是它们的种植不用行列式，无须规范化，聚散不拘格式，一般有单株、双株、多株、丛植几种形式。苏州园林的窗下常种植造型优雅的单株树木（如图 4.2 所示），如石榴、梅花等。在规模大的园林里，都单独辟出院落或区域种植观赏性花卉，如梅花岭、芍药圃、牡丹院等。私家园林由于空间狭小，大多数采用单株、双株，或者小型丛植为主，再结合双品种、多品种的搭配。当然，也有专门孤植的植被，多是奇花异草。

高山栽松、岸边植柳、山中挂藤、水上放莲、修竹千竿、双桐相映等，是在我国古典园林中常常看到的配植，师法自然，融于自然。园林之景是借助花木自身的生长规律与季节变化而营造的时序景观，体现了大自然的无穷魅力。例如，春来玉兰满枝，夏日清荷迎风，秋天桂花飘香，冬季踏雪赏梅，不同季节中都是树木花草呈现出的美景。

图 4.2　苏州园林窗下的植被

3. 美轮美奂的建筑

建筑是庇护之所,给人以希望,也是人与自然之间的一种过渡。古典园林内多古典式建筑,斗拱飞檐,居于大地,或庄严雄伟,或活泼轻巧。它不只以形体美为旅游者所欣赏,还与山水花木相得益彰,共同形塑古典园林风格。

园林中的建筑小品,既可以休憩观景,又可以点景,还可以因其观赏性成为景观。楼台亭阁、轩馆斋榭等园林建筑融实用、结构、艺术于一体,在形式、色彩、造型、格调等方面,重视与周围环境的和谐统一,强调亲和自然之美。这些建筑不仅可居、可游,还可以"望",即感受空间之美。居中可观景,观之能入画。如颐和园的"画中游"亭,不仅指这个亭子美如画,还意味着亭子周围的空间与环境即是一幅画,当旅游者走入亭中,便投入到了这幅巨型画中。

园林建筑多采用小体量分散布局。因空间所限,私家园林里的建筑,更需要小巧玲珑,因地制宜,对自然画龙点睛。在总体布局上,尽量避免严格的中轴线布局,以求灵活多变。园林建筑多为组合体,由一个主体建筑与一个或几个副体建筑构成。各建筑之间通过廊连接,通过虚实、大小、曲折、起伏、刚柔等对比手法,使园林建筑之间或建筑与周围环境之间相得益彰,相互映衬。

古典园林中的建筑种类琳琅满目。其中,最重要也最常见的为亭、廊、榭。亭是一种敞开式的小型建筑物,"亭者,停也",常用于驻足观景、休憩、引导旅游者、点明景色主题等。亭多设于山巅、林荫、花丛、水际等,为园林中使用数量最多、形式最多变、选址最灵活的建筑。亭造式不定,形态多样,如方亭、圆亭、角亭、扇面亭、梅花亭,形象生动空灵,是园林中增添景致的点睛之笔。廊是中国园林中一种独特的带状建筑物,是虚实结合的建筑形式,多狭长通透,"随形而弯,依势而曲"。廊在具有遮风避雨、休憩功能的同时,还起着引导旅游者和分割空间、组合景观、丰富景观等作用。最为经典的廊当属颐和园、北海公园等皇家园林里的廊。颐和园的彩绘长廊蜿蜒七百多米,串起七座主要建筑,引导旅游者循廊揽胜,是我国园林中最长的廊,以建筑精美、彩绘绚丽多彩、造型曲折多姿而闻名于世。榭,多建于水际或花畔,为台上开敞的房屋,常一部分在岸上,一部分伸向水中、花中(如图4.3所示),上悬下挑,既可垂首赏荷观鱼,也可极目远眺。

图 4.3 拙政园芙蓉榭

图片来源:http://photos.nphoto.net/photos/2009-01/07/ff8080811e7a4c72011eae9902996bbc.shtml. 2022-10-26。

(二)古典园林的布局与构景——隔窗云雾生衣上

古典园林仿佛一幅中国卷轴画,随着卷轴打开,处处皆画,趣味盎然。如何根据布局与构景调整观赏角度就变得非常重要。

1. 布局

古典园林布局如同山水画的"构图",它按照多中心散点透视原则,园中每个构景要素独立成篇,又在整体上保持变化统一,表现出细节美、整体美。

古典园林景观布局简洁明快,自然典雅,以景抒情。一般而言,园林有不同的分区,每个分区的功能与布局既独立又相互联系,如同一条项链中的珍珠,熠熠生辉,串在一起,流光溢彩。不同分区之间,或通过水体、植被、假山等进行自然、流畅过渡,或进行显著对比,以制造"柳暗花明"的惊喜。

欣赏古典园林,既要静观又要动观。静观之处的布局,是整体画卷中的子画卷,自身精美的景致,即可独立成篇。这样的地方,常常通过建筑、题额等方式提醒旅游者驻足欣赏。动态布局是指随着旅游者的不断行进,眼前的景色渐次展现,步移景换,整个园林仿佛变成了一本风景连环画。古典园林的布局不仅沿途有景,还能让旅游者体验到一种独特的节奏和韵律。这也是观赏古典园林时要留心体验之处。

古典园林中还常用时序营造布局。时序布局主要指园林借助自然气象,如风、雨、雪、霜、风,利用不同植物在不同季节的色彩、形态来配置景观,呈现园林的无穷魅力。如扬州个园的时序布局堪称典范,园内有四季假山,每座假山配有竹石小景,因呈现的季节景色不同,选用的竹子类型各异,如春景用刚竹(燕竹),夏景用水竹,秋景则选四季竹,冬景用斑竹。① 借助竹子,小小的假山尽传四季更迭与天地之美。

2. 构景

中国古典园林常用的构景手法有以下几种:

(1) 借景。

明朝计成在其著作《园冶》中,提出"园林巧于因借",借景法乃"园林之最"。所谓"借景"是指园林设计时,将园林周围景观的色、形、香、声等,通过巧妙的手法融入园林之中,从而丰富园林景致并提升观赏趣味性。此外,园林的空间是有限的,借景的运用联通了内外空间,使得欣赏者可能在有限的空间感受到无限的意境。作为游园者,在对此构景手法有所了解后,应在园林信步时,观形、察色、听音、闻香,如此方可体会赏园的无穷趣味,感受到园林"远山近水皆有情"。

借景主要有远借、邻借、俯借、仰借、因时而借等。远借如颐和园,当走在颐和园的前山或东堤,西面或北面影影绰绰的玉泉山和玉泉塔仿佛都在园内与旅游者相伴而行,虽然颐和园与玉泉山相距甚远,但高大茂密的树木打破了二者之间的界限,仿佛玉泉山乃园中之物,使园内远近景观景深更深(如图 4.4 所示)。再如,在拙政园的梧竹幽居亭内,向西眺望,因建筑与植被的巧妙遮挡,远在 2 千米之外的北寺塔,仿佛成了园内之景,佛塔、飞檐、青枝绿叶相互映衬,景色醉人。

因时而借,为借朝夕、四时之不同观赏到不同的景致,如朝借旭日,晚借夕阳,暮借明月,春借莺歌,夏借荷风,秋借丹枫,冬借飞雪。借声,多是借自然之音,如雨声、山泉之声、鸟鸣之音,皆是园林所借之景。

(2) 框景。

框景是基于特定视点,以某些构景要素制造"相框",将美不胜收的景色纳入景框之中。框不仅可以是门、窗,还可以是低垂的枝条或两丛的树木等,框中景则如重峦叠嶂、翠叶粉荷、玲珑山石(如图 4.5 所示)、葱绿芭蕉、娇羞紫藤等。框中之景构图和谐,如镶嵌于镜框中的立体山水画,画意之美跃然框中。而框内景观与框外景观,常常产生对比,如明暗、境界的对照,如拙政园的芙蓉榭,在临水一面的门框上安装了一个雕花长方形落地罩,自然成为景框,落地罩前河水潺潺,河岸桃红柳绿,枝条的倒影在水中招摇,自成一种宁静

---

① 颜琳,2008.浅析中国古典园林植物造景的时序性[J].广东园林,1:18—19.

图 4.4 颐和园远借玉泉山

安谧、淳朴自然的境界。造园师设计框景是为了引起观赏者的注意。因此,遇到框景,观赏者宜放慢脚步,用心体悟。

图 4.5 留园框景

(3) 对景。

对景即在园林内主要观赏点和游览路线的行进方向或视野方向布置景观,在该类构景处,观赏者可以从一个空间观赏另一个空间的某一景观。这样处理可以借远方的景观来吸引观赏者的注意力,使其产生悬念和期待,加强了园林内景观之间的呼应与联系。这一艺术手法在江南园林中应用甚广。例如拙政园通过"晚翠"月洞门遥望对面池中假山上的雪香云蔚亭以及周围山石树木，即古典园林对景的佳例。对景处理可对称严整，也可自由活泼。旅游者为了欣赏对景，宜选择最佳位置，如坐卧在亭、阁、台、榭等建筑中，通过门窗去欣赏外部的远山近水，或通过门窗领略园林无限的风光。

（4）抑景。

园林中凡是能抑制视线、引导视线方向转变的屏障性景观均构成抑景，如使用假山、树丛、建筑、廊墙来遮挡视线。抑景可以突出重点景观，达到所谓"欲扬先抑，欲露先藏"的效果，丰富观赏层次，调节观赏节奏；还可分隔空间或扩展空间，使景观更加含蓄和富有情趣，通过障景等手法，营造一种"欲说还休"的含蓄美。在中国古典私家园林入门之处几乎都是有障碍的，对于旅游者来说，园内的景色很难一览无余。然而，"抑"的目的并非只是"藏"，而是更好地露。正如我国著名的美学家朱良志先生所说，园林的障景是为了营造"柳暗花明"之美。障景犹如一把美的慢箭在发射之前弓的回拉，而越过障景后感觉到的豁然开朗，则犹如手松箭发，射出的无限的生机[①]。因此，这一抑一放中呈现的是"别有洞天"的含蓄之美。抑景使用最多的是园林的入口空间，如留园的入口隐藏于闹市之中，大门极小，推开门，到中部花园入口处的腰门，为多进小院和长约50米的狭长曲廊，复行几步拐弯，进入种了桂花与玉兰的院落，明朗开阔，极尽静美（如图4.6所示）。此情此景，与陶渊明《桃花源记》中的桃花源入口何其相似，"初极狭，才通人。复行数十步，豁然开朗"。

图 4.6　穿过留园狭长的走道后见到的小院

（5）漏景。

漏景是指通过花墙、漏窗等形式，构建若隐若现、朦朦胧胧、含蓄雅致的景观，被称为"美人的眼睛"。漏窗形式多样，有梅花形、蕉叶形、扇面形等，狮子林中甚至还有琴、棋、画、书形漏窗（如图4.7所示）。漏窗不仅本身有较高的欣赏价值，而且给墙面增添了无尽的生气和变幻感。透过漏窗观赏隔墙景色，窗内窗外之景互为借用，对面景色或隐约可见，或明朗入目，移步换景，朦胧多变，似实还虚，令观赏者目不暇接。

欣赏漏景时不仅可从漏窗、花墙取景，还可从树枝、疏林、柳丝中取景。游园要大处观景，小处寻趣，如能留意观赏漏景或其他空透效果处理，自然会获得更多的趣味。

---

① 朱良志，2014. 曲院风荷——中国艺术论十讲[M]. 北京：中华书局.

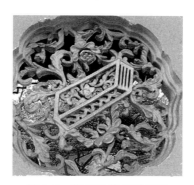

图 4.7 狮子林的书形漏窗

此外,中国古典园林还常常采用夹景、添景、隔景、分景等多种艺术手法来表现自然,营造含蓄、淡泊、高雅的园林氛围。了解这些造景艺术,并将其作为观赏手段,将为游赏者提供一把打开"园林无限之美"的钥匙。

二、中国古典园林之美——园里四时如图画,言有尽而意无穷

中国古典园林多是由文人士大夫所有,有的甚至主要由诗人和画家共同设计,因此中国古典园林是一种极为生动的文化载体,不仅可感、可触,而且将文人士大夫的理想、情感、审美追求都融入了一草、一木、一花、一石之中,置身其中,欣赏者可充分感受到它处处皆美、美不胜收! 它因承载着创造者和欣赏者的文化理念而充满着精神意义,是形式美与意境美的融合体。

创造者给欣赏者提供了一个文化密码本,了解了这个文化密码本,就可以在中国古典园林里与园林对话,感受园林之美。

(一)形式美

形式美是中国古典园林艺术美的重要元素,它诉诸欣赏者的感官,引发人们进行审美活动时的愉悦感受。形式美具体表现在色彩美、韵律美、声音美等方面。

1. 色彩美

园林色彩主要表现为植物色彩和建筑色彩两类。植物种类繁多,色彩斑斓。园林植被色彩是园林色彩美的主旋律。植物色彩一般通过叶、花、果色展现出来,其中以绿叶的颜色为基底色,以花朵的颜色为点缀色。园林中常见花卉为牡丹、玉兰、菊花、桃花、梅花、海棠花、荷花等,不同季节,花朵次第开放,但见在一片深浅翠色的衬托之下,显现出醉人的色彩美,增强了园林的动人魅力。但总体而言,园林的植物色彩并不过分艳丽,以清雅色彩为主,以契合古典园林的含蓄风格。欣赏者从植物的色彩中,感受着园林的自然美。

古典园林的建筑色彩主要有两种风格:皇家园林富丽堂皇,色彩绚丽,黄色琉璃瓦顶和朱红门墙,对比强烈并用金彩装饰,如颐和园以黄色琉璃瓦盖顶,配以雕梁画栋的长廊,色彩艳丽、雍容华贵,尽显皇家气派;私家园林建筑色彩古朴淡雅,墙、瓦、砖多为灰白之色,门厅、廊柱上略施彩色,以做点缀,结合一些山墙屋脊雕饰获得艺术效果,整体质朴柔和,贴合文人清雅的追求。

此外，随着时序的变化、季节的更替，园林的色彩美又极富变化，欣赏者可以从中获得丰富的色彩美享受。

2. 韵律美

中国古典园林的韵律美，表现在构景元素的有序变化，所体现出来的抑扬顿挫的旋律美。欣赏者体味园林的韵律美，要关注空间上呈现的错落、远近、疏密，色彩上的冷暖、深浅、明暗，植被、建筑外形上的大小、软硬、轻重，声音上的缓急、长短、强弱等。例如，拙政园的远香堂，环抱于山水之间，四面敞窗，面水对山，石、木、水的材质在软硬上渐次变化，廊柱粗壮浑厚，窗框玲珑轻巧，玻璃窗通透轻灵，在形质上尽显韵律之美。荷风四面亭，是赏夏景的绝佳之处，亭对面是满池荷花，河岸遍植垂柳。荷叶丰满圆润，柳叶纤细柔弱，柳色苍翠欲滴，荷花粉妆玉琢，形状的大小变化以及颜色的深浅、冷暖让人耳目一新，欣赏者可以深切地感受到拙政园所营造的韵律美。

3. 声音美

"山水无弦万古琴"，雨打芭蕉、风舞山林、流水淙淙、树叶沙沙、莺歌燕舞、蝉鸣虫叫等自然之音如同美妙的音符。园林的创造者常常通过巧妙的构景艺术，将自然之音融入景观营造之中，在园林中弹奏出一曲曲动听的乐曲，给欣赏者带来听觉上的饕餮大餐。在具有独特的声音美之处，园林的创造者往往通过题额等方式提醒欣赏者驻足谛听。如拙政园的听雨轩，前有小池，内植荷花，旁边种有芭蕉，轩后也植数丛芭蕉。寂静之夜，当秋雨飘落，雨滴打在芭蕉之上，犹如碎玉之声，直击心底，意境悠远。总之，中国古典园林的声音美是中国古典园林独特的声音景观，往往使欣赏者感受到情景交融、物我同一。

(二) 意境美

意境是欣赏者心里感受到的空间[①]，是园主人把自己的情感、人生态度、审美理想等文化内容熔铸于园林景观之中，从而感化欣赏者的视、听、嗅觉，打动欣赏者的心灵，诱发欣赏者更为深邃的审美想象，感悟到眼前之景所蕴含的意象、观念，从而获得感官与精神上的愉悦[②]。我国古典园林沁润于唐诗宋词之中，生长于山水画之内，融合了中国美学、哲学等文化精神，园林的意境之美既充满诗的隽永，又富含画的气韵。

园林之美也像一支美的慢箭，并非一下子就将欣赏者吸引，不进行暴烈的美的进攻，相反，它是循序渐进地渗透，一点点沁入心扉，久留于心中，使欣赏者的心灵弥漫芳菲，充满憧憬。然而欣赏者如果不能解读园林意境的文化密码，不能填补园林创造者留下的美的空白创作空间，恐怕就难以感受这咫尺山水之间的意境美。

1. 气韵生动的画意美

古典园林深受中国画影响，园中自然之美充满写意和气韵生动。那么，什么是写意与气韵生动呢？明白了此点，才能真正看懂中国古典园林。所谓的写意就是要在园林中展示大自然，但并不仅限于展示它的形式，更重要的是展示大自然之神韵。如园林假山，叠石堆山，不求形似，但求神似。狮子林的假山被誉为"假山王国"，初瞥之下，如乱石成堆，

---

① 谷光灿，2014. 论中国古典园林意境[J]. 中国园林，30(6)：17—21.
② 屠苏莉，范泉兴，2004. 园林意境的感知、时空变化与创造[J]. 中国园林，2：63—65.

但细细看来,则是我国园林专家童俊所说的"盘环曲折,登降不遑,丘壑婉转,迷似回文",或如虎踞,或似鹤立,或像顽童,或若犬吠,顽石似乎具有了生命的灵气,似真非真,虽假如真。

在中国哲学中,"气"是万物本源,其特质为动态性,谓之"气势"。韵,原指声音的和谐。在书画作品中,"气韵"是指作品整体的神气和韵味,是作品的灵魂之所在。[①] 就中国古典园林而言,"气韵生动"是指欣赏者在眼前景观之上,体味和感悟到蓬勃的生命力、创造力。苏州留园的冠云峰,位于一汪清泉旁边,淋漓尽致地体现了园林的气韵生动(如图4.8所示)。假山由太湖石所建,瘦透漏皱,远远看去好似一个清瘦的老者,抬须而立,超然物外,清雅孤傲。它是瘦的,但并不弱,充满了力量;它是漏的,但漏则气可互通,彼此激荡,这是生命的灵气;它是透的,玲珑温润,当温暖的阳光照在上面,光影所过之处,婆婆娑娑,朦朦胧胧;它是皱的,如同风乍起,脚下的柔波形成了对皱石的回应,因此,皱石拥有了水的柔骨,柔水有了坚石的精神。假山是由坚硬、冰冷的石头堆叠的,但如果从顽石中看出了生命的智慧,则可领略宁静中的丰富,感受到充满气韵的美景。[②]

图4.8 留园冠云峰

2. 俯拾皆是的诗意美

中国古典园林与山水画并行,与诗词歌赋相伴。画意诗情,天人合一。放眼园林,处处弥漫诗意,处处沁润传统美学。首先,园林整体散发着诗意之美。自从陶渊明吟诵出"采菊东篱下,悠然见南山"后,那种恬静闲适以及与自然融为一体的生活,便成为文人士大夫毕生的梦想与追求。当官场失意,或不能兼济天下之时,众多的文人士大夫"躲进小

[①] 孙英浩,2021.试论"气韵生动"在古典园林空间中的诠释[J].美术教育研究,14:106—107.
[②] 朱良志,2014.曲院风荷——中国艺术论十讲[M].北京:中华书局.

楼成一统"，在咫尺之间打造陶渊明诗词中的桃花源，以涵养心智。中国古典私家园林均深受陶渊明的山水诗的影响："其流风漾波，直至明、清时代"。如苏州拙政园，是明朝官场失意的御史王献臣回乡所建的私家园林。园名"拙政"，取自晋朝潘岳《闲居赋》中"灌园鬻蔬，供朝夕之膳……此亦拙者之为政也"。桃花源里"黄发垂髫，怡然自得"。拙政园里，王献臣浇园种菜，尽享天伦之乐，亦是桃花源诗意生活的延伸。园林精致、幽邃，生动地体现了主人诗意的心境。此外，园林细微处处皆美，诗意无限。古典园林中，一山一石、一花一木都独具匠心，深藏诗意。如退思园的"闹红一舸"，正是姜夔《念奴娇·闹红一舸》词中情境的生动、美妙再现。

在园中僻静之处，欣赏者面前惊现一片迷人的景色，但见水面荷叶田田，红荷嫣然，一座红色的舫建于水际，由湖石凌波托起，渐入池中，仿佛误入荷塘的小舟随波荡漾。加之蝉鸣鸟叫，胜似诗境，美不胜收。

3. 画龙点睛的点景之美

文人雅士为园中景致题名，古称"点景"，是园林意境美的画龙点睛之笔。正如《红楼梦》中贾政所言"偌大景致，若干亭榭，无字标题，也觉寥落无趣，任有花柳山水，也断不能生色"。山花水木、亭台楼阁，构造出了古典园林美丽的容颜，却无法塑造一个有趣的灵魂。对联、题额、铭记等点景方式，通过化静为动、限定时空、通感、移情等，含蓄地向欣赏者传达某种情感、追求与品格，为园林赋神。① 换言之，园林点景是园主人委婉地向欣赏者诉说美，传递美。所以，赏园过程中，每遇对联、题额、铭记等点睛之处，欣赏者都应放慢脚步，细细品赏，方可感受到丰富的意境美。

园林"点景"主要有三种类型：第一，既高度凝练意境主旨，又委婉表达园主人的情感、追求与品格，充满丰富韵味。例如拙政园的远香堂，为园主人炎夏邀请客人赏荷之佳处。它面水而筑，厅堂北面为一旷朗清澈的水面，堂名因荷而得。"远香"指荷花随风散发出的淡淡清香，体现了嗅觉之美。而坐在厅堂之内，则可观赏到荷叶田田，荷花朱颜粉面，摇曳生姿。园主人巧妙地借周敦颐《爱莲说》中的"香远益清"之句，将视觉美与嗅觉美进行了互通，点出了此处景致的核心要义。此外，荷花因"出淤泥而不染"，在中国传统文化中是高洁品质的象征，因而，园主人借花自喻具有如荷花一样的纯洁、高贵品质。第二，既指欣赏者眼前实景，又兼具隽永文化意蕴，虚中有实，实中有虚。如北京恭王府花园，多处园内之景的题额即属此类。如滴翠岩，是太湖石叠成的宝嶂，石壁间萌发出翠绿的苔藓，石黄苔绿，苍翠欲滴，故得名。同时，"滴翠"二字诗意盎然，又让人生出无限的遐想。其他如吟香醉月、邀月台、独乐峰、香雪坞、绿天小隐等，多虚实相济，诗意盎然。第三，题额寓意深刻，成为历史文化意象的载体。这是建立在对历史的回应与文化的共鸣的基础上，借由眼前之景，传达出园主人宽阔的胸襟和深层次的审美愉悦。如苏州沧浪亭，建于一座小山之上，山下为大面积水面。山水之间有曲折蜿蜒的复廊相连。北宋庆历五年（1045），失意的北宋诗人苏舜钦被贬苏州，来到这里，买下该地，兴建私园。他在给园林命名时，运用《孟子·离娄上》中"沧浪之水清兮，可以濯我缨；沧浪之水浊兮，可以濯我足"的文化寓意，来渲染园林的特殊氛围。"水清"即政治清明之时，"水浊"则暗喻政治黑暗，"缨"为出仕

---

① 简浩东，朱永春，2010. 品味与解构——中国古典园林景名创作方法探讨[J]. 中外建筑，12：81—84.

的标志,"足"为解甲退隐的象征。苏舜钦当时的处境和情感,让他与孟子有了共鸣,于是他以"沧浪亭"点景,赋予了园林深层次的文化意象,同时也表达了他不与奸佞同流合污,宁愿归隐保持高风亮节的心志。

4. 象外之象的含蓄美

含蓄是中华民族的一个基本艺术理念,它同样也体现在古典园林艺术中[1],营造出了一个悠远无边的意象世界。园林为何不将美直率地体现出来,直接把所有的意思都表达尽呢?那么,这种含蓄美的目的是什么?这是因为中国的思想和文化重视象外之象,园林中这样的含蓄之美,旨在给欣赏者留下一部分空白,以充分发挥欣赏者的积极主动性,让他们参与其中,成为眼前所见之景的创造者之一。一件作品中个人的东西越多,也就越无法成为艺术[2]。园林艺术的本质在于它超越了园主人的一己主导,邀请欣赏者共同创作。

古典园林的含蓄之美表现在园名中。许多园名既可概括景色的艺术构思,也可婉转表达园主人的性情和气质。如扬州个园,是清朝扬州盐商黄至筠的私家园林。园名初看平平无奇,实则蕴含深意。其一,园内有万竿修竹,"个"字,竹叶之形也,园名意在提示竹景是园林最大的特色。其二,园主人名"至筠"。筠,竹也。"个园"也即园主人之名。此外,园主人也想通过园名,表明自己具有如同竹一般高洁的品质。

古典园林的含蓄之美也表现在园林的深幽、曲折中。曲线是起伏的,呈现出的是优美之感;直线是静止的,给人的是壮美之感。西方著名建筑学家和美学家高迪曾经说过:直线是属于人类的,而曲线是属于上帝的。中国古典园林就是用属于上帝的曲线造了一个拥有无限之美的艺术实体。园林内有弯弯的小径、曲折的河岸、虬曲的古树、起伏的云墙、百转的溪流,组合在一起,构成了一个无限的想象空间,呈现出委婉的灵性之美。

总之,园林的意境之美以多样的内涵、简练的形式,丰富着园林的意蕴。它以欣赏者与园主人共同的"文化密码",引发欣赏者一系列联想。基于不同的心境、情感和文化背景,欣赏者会产生关于事件、审美情感、哲学等的不同体悟,从而感受到无尽的象外之意。诗情画意与文学韵味基础之上的意境,正是中国古典园林的精髓之所在。

三、中国古典园林的量化解读

中国古典园林很难用量化的方法予以解读,也难以理解和模仿,这就造成中国古典园林在很长一段时间内不为西方所知。后来西方对中国古典园林的这种无秩序之美提出了疑问,甚至认为中国古典园林是肤浅的。难道基于文人叙事方式构建的中国古典园林,真的缺乏理性之美吗?

东南大学退休教授朱光亚的研究发现,苏州拙政园的绣绮亭、远香堂、荷风四面亭的分布关系非常特殊。在测绘的时候,他发现绣绮亭的轴线和远香堂的轴线并不平行;无独有偶,网师园中的建筑本可以做到轴线整齐划一,但是它们却好像受到中心的吸引一样发生了扭转,最后都面向中心水域,仿佛是在"开会""对话"。随着研究的步步深入,朱光亚发现园林建筑方位互相扭转的例子越来越多。当他把它们面向水面的垂直平面图都画出

---

[1] 朱良志,2010. 曲院风荷[M]. 合肥:安徽教育出版社.
[2] 童庆炳,1992. 中国古代心理诗学与美学[M]. 北京:中华书局.

来时,他看到这些垂直平分线都指向中心的某一个区域,也就是说它们之间具有向心关系。当对其他古典园林建筑之间的关系进一步分析时,他又发现古典园林建筑之间还呈现出互含、互否的关系。向心、互含、互否这三种关系类似于数学中的拓扑关系[1]。国际期刊上的研究也表明,中国的古典园林可以用分形几何理论进行解释[2]。而且,越来越多的研究证明,分形几何是中国古典园林的美学基础,是对自然的尊重,是解读、传承与发展中国传统园林的密码[3]。

其他一些研究也多次证明了这一点。这也许说明西方的理性美和我们东方的这种感性的美实际上是有交集的,东方智慧下的文人叙述与西方科学体系中的理性计算在园林这个空间里实际上神交已久。

总之,中国古典园林作为一种生动的艺术综合体,是历代文人士大夫与能工巧匠智慧的结晶,既包含着丰富的文化内涵,也体现了中国古人对人居空间客体与主体关系的探索与思考。

四、中国古典园林的游赏之道

园林赏景,处处皆美,观花木白墙弄影,听飞鸟虫兽低吟,信步幽径赏青枝蔓叶微花,立湖边看莲湖中弄影……其美均可令人赞叹。然而,若要体会园林诗情画意、自然淡泊、含蓄优雅的意境,则要求欣赏者能读懂园主人或造园师的"文化密码",具有较高的文学艺术修养,"游亦有术矣"。"术"即游园赏景的基本方法。园林专家对此多有归纳和总结,如"游园先问、远望近观、动静结合、情景交融"十六个字的箴言。[4]

(一)游园先问

游园先问,即在游赏前要先了解一些园林方面的相关知识,大概了解拟游园林建造的来龙去脉。这不仅可以提高游赏兴致,而且有助于更好地领悟园景的意境。游园先问的相关知识主要包括两个方面:关于我国古典园林艺术的一般常识和拟游园林的概况与历史沿革。

关于古典园林艺术的一般常识,其范围甚广,包含文学、绘画、建筑、雕塑、音乐等众多方面,需要欣赏者多进行平日知识的积累。古典园林是多种艺术的融合体,有的还包含着曲折有趣的故事。游赏之前,对这些知识稍加掌握,将会大大提升游赏的体验。如苏州沧浪亭的"沧浪"两字,是北宋大文豪苏舜钦建园时因感于"沧浪之水清兮,可以濯吾缨;沧浪之水浊兮,可以濯吾足",表明他在环境政治污浊之时,宁愿归隐,独善其身而不同流合污。

对拟游园林的概况与历史沿革(如园林的布局、特色、诗词、游记和典故)进行了解,有利于了解该园林的文化内涵,拉近欣赏者与园林之间的心理距离。例如游颐和园前,若提前知道该园大致可分成四个主要区域——以文物建筑为主的区域,以自然和建筑为主的

---

[1] 朱光亚,1988.中国古典园林的拓扑关系[J].建筑学报,8:33—36.
[2] Lu S M,2017. Hidden orders in Chinese gardens: irregular fractal structure and its generative rules [J]. Environment and Planning B: Planning and Design,37(9):1076—1094.
[3] 陆邵明,2013.分形叙事视野下江南传统园林的空间复杂性解析——以醉白池为例[J].城市发展研究,20(6):160—165.
[4] 刘天华,1994.画境文心——中国古典园林之美[M].北京:生活·读书·新知三联书店.

前山区，以水面和堤、桥为主的前湖区，以幽静并富有野趣而著名的后湖区，那么，游赏的时候，就可以选择自己偏爱的景色，慢慢欣赏。一般而言，古典园林园园有诗意，处处有佳景，若抓住园林的意境、特色，便可得园林美之精要。

（二）远望近观

欣赏古典园林，要大处观景，小处寻趣。园林整体是一幅立体图画，眼前之景是一幅小小的独立微画，远处之景是既独立又与眼前之景相互呼应的连环画。要细品古典园林的美，就既要远望，把握整体美和气势美，也要近观，欣赏眼前之景的形、色、纹理等细微之处。

园林之美体现在许多小巧而灵活的景观之中，如蛙鸣鸟语、雨打芭蕉、泉水叮咚、粉蝶戏花等均是精巧而宜近观的小景。因此，游赏时，要仔细欣赏一草一木、一石一景等眼前之景。然而，只关注近观，忽略远望，则可能得小失大，见树不见林。古典园林（尤其是私家园林）一般面积较小，但却在咫尺山林中营造了江湖万里的意境。造园师充分利用周边元素，形成远景、中景和近景的配合，增加景深。只有远望才能领略园林风景或明净或疏落等气势上的变化。袁枚诗中的"风带残云归远岫，树摇余滴乱斜阳"，就是经过远望近观欣赏到的美景。远望连绵的远山，舒卷的残云，方可感受到风景的参差错落；近观风吹雨落，浓绿树叶上滚动的雨珠，远近风景的彼此结合才能产生强烈的美感。

欣赏古典园林时，远望和近观是互相补充的，两者缺一不可。尤其是游赏大型皇家园林时，更要应用远望近观的方法。

（三）动静结合

古典园林，步移景换，幽曲无尽。要欣赏古典园林的美，就要一步一步沿曲径、随步廊，走走停停，细细品赏。古典园林十分注重意境的打造，一些好的景致往往是含而不露、意蕴深厚的，欣赏它们需要停下步履，静下心来，耐心揣摩和觅寻，因此，静观也是欣赏园林所不可缺少的方法之一。行止随意、动静交替的游赏方式，也可以因快慢节奏的变化降低游赏的疲劳度，提高了欣赏者的情趣。

动观是指欣赏者兴之所至，边走边游览。从审美心理上看，当人们处于放松、自由、不疾不徐的状态时往往对美更加敏感，因而游赏园林时，缓步游览的欣赏者更能发现美、感受美，并进而产生丰富的审美联想，从而领悟风景空间的迷人意境。除了自由漫步，乘舟而行也是一种动态游园的佳径，尤其是游览水面较大或者有多个溪流连接的山水园林，舟游要比步游更有趣味。乘舟游园赏景，视域不同，声景也不同，听见桨划水的声音，能感受到一种步游所没有的趣味。

静观是指赏园过程中的暂时驻足赏景，如舫中观荷、坐石观鱼、凭栏远眺、亭中听松等。何处应静赏，因人而异。如同音乐中的休止符、绘画中的留白等，园林的静赏往往也包含着深层次的审美意味。在造园过程中，对于园中盛景或意境核心，造园师或园主人一般会通过各种构景手法委婉提示欣赏者留步观赏。如水边的榭、山间的亭、精致的小轩、灵动的假山，均是让欣赏者从动观变为静观的暗示，这些地方多有精致含蓄的风景可赏。此外，园林中的各式洞门、空窗、花窗等，往往也有很好的对景或借景，值得留心静赏。

动观和静观往往是相对的。皇家园林空间序列比较复杂，景多且全，适合以动观为主,但它的每一个局部景区,同样景色宜人,亦可静观。古典私家园林,往往规模较小,环绕中心水体或假山而建,设有许多宜停可坐之处,宜以静观为主,但也存在适合动观的角度。"动"与"静"的游赏方式还常常和园中各种景观的动静状态彼此交错。园林是文雅的,也是活泼生动的,其景色也常常在动静之间转变,如林静蝉鸣、水静鱼游、花静蝶飞、石静影移,都是静态中的动态。人们漫步曲径,泛舟池中,观看山花、水木、亭榭楼阁等是以动观静;反之,如果静坐亭中,面对白云变幻、清泉汩汩、柳枝起舞等,则是以静观动。总之,园林欣赏如能动静结合,欣赏者则会感觉眼前之景更加赏心悦目。

(四)情景交融

中国古典园林成长于唐诗宋词之中,沁润在中国山水画之内。游赏古典园林,仅仅浮光掠影、走马观花,恐怕只能感受到它花红柳绿、亭美山朗等形式美,从而停留在低层次的审美。如果要在古典园林中享受到更高层次的美,必须用情赏景、以情悟景。

游赏园林要充分调动已有的知识储备,展开联想的翅膀,移情于景,赋园林以内涵,调动感情。这样才可能在赏园中品出深意,看出情趣,领略到园林无尽的美。首先,由眼前之景,联想到人,将景观人格化。比德式审美是中国式审美的重要特点,将人的美好品德与自然景观相比附,以达到一种含蓄委婉的表现效果。计成在《园冶》中写到"触景生奇,含情多致",带着深情领悟园林景色,才会觉得景色多姿,物我为一。游园时,赏微风吹拂的杨柳,将其看作窈窕的淑女,就会觉得是少女在翩翩起舞;观雪中寒梅,将其视为一名无畏之士,则会感觉孤傲文人冒雪而立。园中也常以松竹比高洁、以牡丹比富贵、以兰花比德馨等。游园时如能充分调动比德式审美,则会因景生情、浮想联翩。此外,游赏园林要将历史、文化与眼前之景有机结合。如游绍兴沈园,能将一代文豪陆游为他的爱妻唐婉在沈园留下的传承千载的《钗头凤》联系起来,沈园会因这感天动地爱情而感受到沈园的万般柔情。

赏园者的文化底蕴与细腻情感会影响游赏时的想象力与情感的抒发。我国古典园林往往都是在文人艺术家的参与下建造完成的,处处皆匠心,无处不诗意。细细品赏就会发现,园中建筑的匾额、楹联、题刻是造园师提点赏园者:此处有佳景。有心的赏园者既会驻足静观,又会仔细体悟眼前风景的意境。例如游苏州拙政园的"与谁同坐轩",我们会明白,这岂止是一座供欣赏者小憩的建筑,更是静赏山水的佳地。此外,如果赏园者仔细思索题额,则会品出景中真味。"与谁同坐?"一句疑问,拨动了赏园者的心弦,使其思绪万千,平添了许多意境。答案在苏轼的《点绛唇·闲倚胡床》——明月、清风、我,园主人借此暗喻自己只与清风明月为伍,不与奸佞同流合污。独游的欣赏者,心中回味着苏词的意境,感受耳畔之清风,眺望山间之明月,胸中的情思就会自然而然地流露出来,并陶醉在无穷无尽的大美之中。

概而言之,欣赏者在游园前首先应对园林历史和有关典故了然于胸,有利于游园时展开联想。其次在游赏时应远望近观、动静结合,有利于产生情感共鸣。最后才是以物比德,思接千载,插上联想的翅膀,悟透景中精妙的意境。结合上述赏园方法,或可感受到园林美"苟日新,日日新,又日新"。

第四节　西方古典园林探美

西方古典园林与中国古典园林一样,有着悠久的历史和灿烂的文化,在世界园林艺术中独领风骚。与中国古典园林"虽由人做,宛自天开"的园林风格不同,西方古典园林"强迫自然接受匀称的法则",因此,掀起西方古典园林的面纱,露出的是一种纯净、明朗、人工雕琢的盛装美。

一、西方古典园林的主要流派与特征

西方古典园林伴随历史的脚步千变万化,园林景观在不同时期都体现了独特的艺术魅力,呈现出各异的特征,并且有些艺术风格在几个世纪中都占统治地位,有些艺术手法甚至一直沿用至今。其中最有代表性的为文艺复兴时期的意大利古典园林、17世纪的法国古典园林以及18世纪的英国古典园林。

（一）意大利古典园林——人工美与自然美的完美结合

在欧洲古典园林中,意大利园林具有非常独特的艺术价值。特别是意大利文艺复兴时期的古典园林在世界园林史上的影响更为深远,在现在的欧洲园林设计中,依旧可以在许多地方找到意大利古典园林的痕迹。庄园以及修道院式庭园是意大利早期园林的基本形式,没有明显的个性特征[1]。文艺复兴时期,在人文主义思想、文化、艺术等因素的影响下,意大利古典园林进入了其鼎盛时期,景观呈现出自由和灵活的风格,静谧、隐逸、亲切的生活意趣在园林中随处可见[2]。

概而言之,意大利古典园林的主要特点为：

1. 台地造园

利用得天独厚的自然条件,意大利古典园林大多建在台地之上,喷泉点缀其中,是典型的台地式园林[3]。如意大利的法尔尼斯园,共有四层露台,水渠成为自然的空间分割带。站在庭园高处,景色层次分明,赏心悦目。意大利古典园林运用借景和俯视的手法,既可以俯瞰底层台地,又可以远眺郊野,自然风光和园林景色融为一体,美不胜收。

2. 以常绿树木为基调树

意大利古典园林常用常绿树作主要植被,而花卉植物使用较少(见图4.9)。在常绿植物中,又穿插白色的建筑物雕塑以及水池等来展示明暗的对比,在视觉上也更加凉爽宜人。植物常被修剪成各种几何造型或建筑造型。在西方古代最著名的博物学杰作《自然史》中,盖乌斯·普林尼·塞孔都斯(Gaius Plinius Secundus)对此进行了精彩的描述："柏树经过修剪成为厚厚的墙,或者收拾得整齐、精致,园丁们甚至用柏树再现狩猎的场景或者舰队,用它的常绿的细叶模拟真实的人。"

---

[1] 沈福煦,1996."西方园林赏析"之二:意大利的古代园林[J].园林,3:12—13.
[2] 于冰沁,2019.意大利文艺复兴时期的风景园林[N].光明日报,2019-06.
[3] 沈福煦,1996."西方园林赏析"之二:意大利的古代园林[J].园林,3:12—13.

图 4.9 帕多瓦植物园

3. 造园要素丰富

意大利古典园林有着丰富多样的造园要素,如植物、廊架、花架、水池、喷泉、雕塑、丛林等,建筑点缀其间,人工美与自然美兼具,对后世的造园有很大的借鉴意义,影响至今。

4. 水景丰富

水景是意大利古典园林中核心的构景要素。水景不仅有扩大空间的效果,产生倒影和明暗变化,还可以增加山林气息。园林中的水景,既有静态的水池,也有水阶梯、跌水、壁泉以及大瀑布等动态水景,更绝的是还利用水的流声效果,营造出水风琴、水剧场等动听的声音。例如,意大利朗特庄园的水景变化多样,活泼生动。所有水景汇聚于中轴线上,山泉于园林最高点——山顶岩洞汩汩奔流而下,之后顺着水阶梯层层跌落,流水淙淙,最后沿着主轴线,归于"水餐桌",展示了百川从发源地流入大海的过程。

因此,意大利古典园林的美就在于它所有要素本身及其之间比例的协调,以及总构图的明晰和匀称。这与中国古典园林追求自然写意的风格有很大的差别。

(二)法国古典园林——被驯服了的自然

法国古典园林在世界园林景观中一直都占有非常重要的地位。它形成于 16 世纪中叶,并在 17 世纪下半叶达到了造园水平的巅峰[1]。此时,几何学等自然科学的发展,以及理性主义思潮的盛行,推动了法国文化的发展。这种文化风格体现在园林中,则是几何规则式的造园理念,严谨有序的布局,以及整饬修剪后规整的花草树木。在这里大自然要接受"人为的法则",风景烙印着人工塑造的影子。凡尔赛宫园林就是法国古典园林的典范。法国古典园林主要有以下几个特点[2]:

1. 布局规则,气势恢宏

法国古典园林规模宏大,布局规则,构图明快,线条简练。园林的总体布局主次分明,

---

[1] 杨鑫,2019.法国古典主义园林的兴衰[J].人民周刊,13:68—69.
[2] 陈志华,2013.外国造园史[M].郑州:郑州科学技术出版社.

井然有序,呈现出对君主专制制度的追求与规范。全园布局对称,最重要、最美丽的花坛、雕塑、泉池等均建于中轴线上,成为园林的视觉中心,地形的最高处布置园林最重要的建筑物。在中轴线两侧,与宫殿等建筑的形式呼应,对称地布置次级轴线。君权与秩序体现得淋漓尽致。在地形上,园林或平坦或略有起伏,总体一眼望去广袤恢宏,如凡尔赛宫园园林占地110万平方米,中轴线长达3 000米,气势宏大。法国古典园林的布局与气势给人以庄重舒展之美,以及壮阔典雅的震撼之感。

2. 花坛五彩缤纷和植被造型规则

就植被景观而言,法国古典园林运用最多的是阔叶乔木,以彰显四时之不同。经过修剪后,大片树木如同等候检阅的列兵,并与宏大的宫殿、花坛相协调,风格统一。园林中的树木常用于塑造几何空间结构,如被修剪成高墙、长廊或雕塑的形状,如同人工建造的绿色宫殿。

大规模的刺绣、模纹花坛是法国古典园林的标志性特点之一。这些花坛形式多样,图案丰富奇特,装饰性强,远远看去犹如大地生长出的绿色地毯。与此同时,这些花坛填补了广袤园林的地面空间,让园林不同高度的视域均呈现出美丽的景色。

3. 水景绚丽多姿

就水景而言,法国古典园林采用多种形式的水体设计,水景多姿多彩。一方面,园林中常常有大面积的静态的湖泊、河流、水渠等,既可以利用天光云影增加精致感,也可以扩大视域;另一方面,园林中也配置了各式各样的喷泉,以增加水景的动态性。喷泉景观主要布置在园林的中轴线上,宏伟壮丽,且常与雕塑相伴而设,是法国古典园林的特色之一。如凡尔赛宫园林有约1 400眼喷泉[1],以苍翠欲滴的林荫为背景,与洁白如玉的大理石雕像互为衬托,跳珠喷玉,明媚生动。

4. 装饰华丽

法国古典园林重装饰,力求华丽、庄重、严谨,形式多样的喷泉、雕塑、模纹花坛等构景要素将园林点缀得美不胜收。作为水景主体之一的喷泉,数量众多,造型各异。大片的模纹花坛,不仅呈现出异彩纷呈的色彩美,而且通过各种几何形状展现出出神入化的形式美和构图美。雕塑在法国古典园林中随处可见,内容多取材于古希腊、古罗马的神话故事,常常具有权力、地位象征的寓意,同时充满艺术性。这些点缀为严谨简明的园林增添了更多雍容华贵的风情,令游园者目不暇接。

总之,法国古典园林的景观形态主要体现的是人工美与理性美,主要诉诸对称、规则的几何图案,通过改造自然体现园林美,彰显园主人的雄浑气度和绝对权威,成为世界园林景观中大放异彩的珍宝。

(三)英国古典园林——自然的风景画

18世纪,启蒙运动撼动了古典主义的地位,文人及知识分子对自然思想的兴趣日益增加。[2] 在启蒙思想家看来,自然状态要胜于人类文明[3],这成为英国18世纪造园的哲学

---

[1] 刘少才,2017.凡尔赛花园:法国古典园林的杰出代表[J].南方农业,11(16):1—3.
[2] 陈志华,2001.外国造园艺术[M].郑州:河南科学技术出版社.
[3] 胡一可,杨锐,王劲韬,2009.对中国古典园林与英国自然风景园之综合分析比较[J].华中建筑,27(1):202—207.

基础和美学基础,自然风景式园林成为西方园林的引领者①。英国古典园林的出现,突破了西方园林由规则式古典园林主导的千年历史,对西方甚至世界园林的演变发挥了里程碑式的作用。英国古典园林的基本艺术特征为:隽秀自然,疏朗明快,清新开阔,富有浪漫情调,在视觉景观上以连绵开阔的草地、高低错落的树丛、曲折的小径、蜿蜒的湖岸为特色。位于伦敦的邱园是英国古典园林的典范(见图4.10)。

图 4.10 英国邱园

图片来源:https://you.ctrip.com/travels/london309/3578348.html.访问时间:2022-12-06。

1. 崇尚自然美

英国古典园林打破了法国古典园林"人为的法则"统治一切的规则,将源于大自然的崇高、雄伟和优美等要素作为园林美的基础。③基于对人与自然关系的思考,英国古典园林将法国古典园林中对称、笔直的线条掰弯,以天地中原有山水为基础,布置弯弯曲曲的道路、大片形似自然生长的草地、茂密的林木、蜿蜒的河流,不仅一改人工美的规则,而且将园林嵌入大自然的衣襟,扩大了游园者的审美视域。园林中的其他构景要素,也均服务于"融入自然"的宗旨,以营造自然中的各类湖光山色、山水田园。

2. 开放外向,重视怀旧情感的表达

英国古典园林,将园林纳入自然的怀抱,将一些沟渠作为围墙,既将围墙隐匿于无形,又打破了园林与大自然的空间界限,扩大了园林的视觉范围,体现出园林开放外向的特点。如英国的邱园,广阔的如绿毯一般的草地随地形起伏,阳光洒下,泛着绿色的光辉,成片的树林外缘清晰,与草地互为衬托。沟渠作为围墙,既设定了园林内外的界限,又因为

---

① 胡一可,杨锐,王劲韬,2009.对中国古典园林与英国自然风景园之综合分析比较[J].华中建筑,27(1):202—207.

隐藏于地表之下,与外部风景融为一体。邱园还有大面积的水面,但水面的边缘并没有驳岸,而是与周围的草坪自然衔接。

英国古典园林格外重视浪漫、怀旧情感的表达,充满了人文精神。园林通过保存或制造废墟、遗迹、残垒等手法,营造怀旧的氛围,给人一种浓浓的历史感。

3. 构景要素配置别具一格

英国古典园林有许多构景要素,常用的建筑小品为神庙、花坛、游桥等。植物是英国古典园林的主角,在造园中被广泛运用。首先,用辽阔的草场营造如诗如画的浪漫氛围;其次,运用高低错落的树木营造园林的自然之态;最后,运用花卉的布置。英国古典园林中酷爱花卉的点缀,园林中一般辟有专门的花卉园,并以常绿灌木围合,在曲曲折折的小径两侧以带状的鲜花装点,呈现出天然野趣之效。

英国古典园林将园林与大自然融合,一改欧洲园林规则对称的束缚,精妙并富有情趣,是世界园林景观中一颗熠熠闪光的明珠。

二、西方古典园林的美学特征

文化无高下之分,美亦如此。西方古典园林虽与中国古典园林风格迥异,但同样令人赏心悦目。在悠久的发展历史中,西方古典园林虽然在不同阶段呈现出了不同的风格,但在美学特征上却存在一些共同的艺术特色。

(一)人工美与形式美

西方文化认为自然是不完美的。"美"是理念的感性体现,如果不遵循对称、均衡等原则,那么,即使最完美的事物都是有缺陷的[①]。如果自然要具有艺术美,必须接受"人为的法则",经过人工干预。美的园林应按照人的理性加以改造。因此,西方古典园林展现出一种鲜明的人工美。它不仅布局严谨、规则、对称,而且将一切构景元素,包括花草树木都一丝不苟地修整成圆形、方形、锥形等各种几何图案,力求体现出严谨、理性、强调规整、秩序、均衡、对称,突出直线、几何图形,呈现出逻辑性和数理规则带来的人工美。

在西方艺术和美学中,韵律、均衡、对称、和谐等形式美是灵魂,于是形式美的法则在西方文化中成为一根无形的指挥棒。它不仅"指挥"着建筑、绘画、雕塑等视觉艺术,甚至对音乐、歌剧等听觉艺术也有很大的影响。西方古典园林对称的中轴布局、规整的几何构图、强烈的韵律感都明显地体现出对形式美的严格遵循。

(二)直率美与张扬美

西方文化强调外露直白,在情感表达上热烈奔放。这也成为西方古典园林的美学原则和审美标准。西方古典园林在构图上秩序井然,主次分明,重点突出。规模宏大的建筑物是园林的主角,往往布置于园林的中轴线起点,成为游赏者的视觉中心。园内各部分之间的关系明确清晰,园林景色一目了然,空间序列段落分明,与中国古典园林"欲说还休"的含蓄美相比,西方古典园林给人以开阔明朗的美感。

(三)入世美

西方古典园林不是一个停留在想象层面的世外桃源,而是众人可游、可赏、可居、可乐

---

① 陈志华,1985.外国造园艺术散论[J].文艺研究,3:42—57.

的场所,有更多世俗的味道,呈现出更多烟火气与入世美。尤其是法国古典园林,人来人往,车水马龙。宾客宴请、舞会举办、戏剧演出、行政办公等各种活动都可以在园林内进行。园林内熙熙攘攘,热闹非凡,园林成为"众乐乐"的露天广厦,演绎出一种贴近生活的世俗之美。

总而言之,西方古典园林展示的是宇宙的物理秩序,是一种自然的情与理,具有鲜明的风格与特点,与中国古典园林之美互为补充,彼此平衡。

三、中西方古典园林艺术特征的异同及影响因素

因中西方古典园林依托于不同的自然环境,沁润于不同的社会土壤、哲学思想、文化背景等,二者在艺术特征上必然呈现出各自鲜明的特色。然而,人性一也,人类必定具有类似的基本心理结构和认知方式,因此,中西方古典园林在艺术特征上也必然有共同之处。

中西方古典园林虽然风格迥异,但其基本构成要素并无本质区别,均主要由山、水、植被、建筑等要素构成。中西方古典园林艺术特征的异同,主要由其构成要素的区别和联系所致。

1. 筑山叠石的异同

中西方古典园林中都有石景。中国古典园林筑山叠石时的选石标准严格,如明朝计成在《园冶》中指出,假山之石要"瘦漏生奇,灵珑安巧"。除了外部形态的要求,山石还需要能够象征人的风骨和精神。中国古典园林的假山,通过各种精妙的叠石技法,在寸石片山中呈现层峦叠嶂、雄奇险峻的效果,正所谓"一峰则太华千寻"。在功能上,中国古典园林的叠石假山,主要是为了娱乐与增加趣味,如狮子林的假山状如形态各异的小狮子,可爱有趣。

西方古典园林有没有假山叠石呢?答案是肯定的。例如,受到中国古典园林文化的影响,英国古典园林常以石为景,模拟自然山林,这与中国古典园林的山景非常相似。但是西方古典园林中的山景很少是会意假山或象形假山,也没有象征意义,而多是对自然景观的模仿,功能多是登高望远。如文艺复兴时期的古典园林一般做台地,或如自然风景式园林一样做微微起伏的地形,目的是模仿英国牧场一般的景观。①

2. 水景的异同

水景在中西方古典园林景色营造中都起着举足轻重的作用。在中国古典园林中,"一勺则江湖万里",即将自然界波澜壮阔、灵活多变的江河湖海的形态充分浓缩和提炼,然后通过一片小小的水面,艺术性地展现在园林之中。在中国古典园林中,水景除了作为风景呈现形式美,更重要的是营造一种清雅意境,同时也是园主人修身养性和寻求精神寄托之物。因此,中国古典园林的水景主要体现的是一种"人文精神"。西方古典园林中,水景不会以自然的无序状态存在,人工化程度很高。西方古典园林善于充分利用自然科学的成果,巧妙布置动态水景和静态水景。例如意大利埃斯特园林的水风琴即是运用机械装置营造的动态水景,泉水自高处奔腾而下,像一台大自然的管风琴,声音悦耳动听,趣味盎

---

① 朱建宁,2013.西方园林史——19世纪之前[M].北京:中国林业出版社.

然，充满趣味性和戏剧性。凡尔赛宫园林的瑞士人湖则利用镜面反射原理，营造舒展的静态水景，起着丰富园林景色和扩大园林视觉空间的效果。故而，西方古典园林的水景是理性之光的反映。

然而，西方古典园林与中国古典园林在水景上并非仅有差异，在某些方面，二者实际上有异曲同工之处。例如，中西方古典园林均将自然水体由溪流汇入河流和大海的过程，在园林中进行了提炼和艺术化再现。例如，苏州狮子林中一处狭小的水体景观却隐藏了水的源头、汇集、归去等整个水体状态。意大利朗特庄园的喷泉模拟了水体的源泉，水阶梯代表着大自然中的溪流，而方形水池则隐喻着广阔无垠的大海（见图4.11）。

图4.11　朗特庄园的水景

图片来源：http://blog.sina.com.cn/s/blog_53abb2a10100vf5v.html.访问时间：2022-12-06。

3. 花木景观的异同

中西方古典园林在花木景观上存在显著区别。在西方古典园林悠久的发展史中，园林风格多变，花木景观从植被雕塑、模纹花坛发展到刺绣花坛，但都遵循着按照各种几何形状布置的原则；而中国古典园林却始终恪守让花木保持它们自然之貌的原则，并主要栽种文化寓意浓烈的植被。例如，中国古典园林常栽植玉兰、海棠、迎春、牡丹、桂花等，寓意"玉堂春富贵"等美好的希冀。西方古典园林中几何形状的植被景观也具有一定的文化寓意，例如法国维兰德里庄园的爱情花园，以黄杨为基础，镶嵌色彩艳丽的花朵组成四种图案：心形与面具、笔架与信笺、匕首与红花，以此分别暗示一段悲情爱情故事的不同阶段，初相逢时因舞会"温柔相爱"，迅而热恋转化为"疯狂的爱"，进而借鸿雁传书体现"不忠的爱"，最后以鲜血为代价，相恋以"悲惨的爱"收场。由此可见，中西方古典园林的花木景观虽似有天壤之别，实则也暗藏着相通之处。

由上述中西方古典园林的特征对比可知，西方古典园林主要以几何美为统率，彰显着理性之美；中国古典园林则从细节体现大自然之美，处处赏心。

是什么原因导致了中西方古典园林美学特征的本质区别呢？造成这种差异有诸多原因，其中自然观、审美情趣、起源和思维习惯等因素都起着举足轻重的作用。

1. 自然观

园林是处理人与自然关系的艺术，遵循"外师造化，中得心源"的原则。中西方自然观的差异，直接影响着自然在园林中的呈现方式与特征。一方面，在宇宙观上，中国文化认为气是万物的起源，"万物负阴而抱阳，冲气以为和"，因为有了气与气的碰撞，所以产生了万物，包括大自然。因此，大自然除实体外，因有气的存在，同时也有虚体的部分。实体就是自然景观的形、状，而虚体则是大自然所具有的精神和风格等[1]。故而，中国古典园林是在深刻挖掘自然美的基础上，借助人的心灵对自然景观进行高度概况和提炼，园林形式美固然重要，而更重要的是对虚体——"精神栖居"的无限追求。另一方面，在世界观上，中国古典园林以"天人合一"为基础，其核心要义为，在一个统一的宇宙法则之下，人与自然实为一体，人与自然万物的属性是一致的。在世界观的指导下，中国文化倾向于用类比的方法去认识自己与大自然。认识的结果就是，人不是大自然的主人，而是大自然的一部分，大自然也有像人一样各种各样的特点[2]。人不能给大自然定规则，大自然的无秩序就是其规则，人应该与大自然和谐相处[3]。故而，中国古典园林强调园内山水的自然之貌，排斥任何人为的改造。此外，物我为一，"我"有情，"物"亦有情，所以，中国古典园林最重视自然景观的象征意义，希望通过象征激发游赏者的共情，从而化实景而为虚境，营造意境之美。

就西方的自然观而言，古希腊的毕达哥拉斯学派、柏拉图以及其他古希腊哲学家都认为世界的本源是一个彼岸的世界，是上帝或者某种绝对精神创造了世界。在《圣经》中，上帝创造了世界，并按照自己的形象创造了人类，将大自然交给人类管理。因此，人类是可以把握、控制大自然的主体，自然则是独立于人类的被认识的客体。人类和自然之间的关系是支配与被支配、认识与被认识的关系。上帝是完美的，他按照自己的形象创造出了人类，所以人类是世间最美之物，体现人类的理性思维的景观才能够被称为美的景观。这样的自然观决定了在西方古典园林中，造园师要探索自然的形式规律，把"自己想象的梦幻拿出来，作为世界的模型"[4]，按照"唯理"美学营造自然的形式美，强调规整、秩序、均衡、对称，并通过数和几何关系来确定园林内的构景要素。

2. 审美情趣

中西方在审美情趣上也存在很大的差异，在园林营造与鉴赏上，中国古典园林主要想展现理想美，西方古典园林更偏向现实美[5]。在审美旨趣上，中国古典园林"重人"，西方古典园林"重物"，即在中国园林的审美中，最终的目的不是欣赏眼前之景的美，而是通过景观的意境营造，自然人化，人自然化，以眼前景观为媒介，发现心中之美。这个目的要

---

[1] 沈洁,2014.从哲学美学看中西方传统园林美的差异[J].中国园林,30(3):80—85.

[2] 李保印,张启翔,2006."天人合一"哲学思想在中国园林中的体现[J].北京林业大学学报(社会科学版),1:16—19.

[3] 王蔚,王胜霞,陈春红,2006.中国传统园林与英国自然风景园——不同哲学背景下的自然美[J].中国园林,6:92—94.

[4] 余丽嫦,1987.培根及其哲学[M].北京:人民出版社.

[5] 荀志欣,曹诗图,2008.从文化地理的角度透视中西古典园林艺术特征[J].世界地理研究,17(1):167—173.

靠"悟"才能获取，离不开游赏者的心智活动，"景无情不发，情无景不生"。

西方古典园林偏于写实，重在形式的塑造，注重"建筑实体的表现，凹进凸出，注意光影变化的效果，运用数学和几何原理来设计建筑立面的均衡比例以及处理空间划分问题；重视个体建筑完整的透视效果"①。从造园师与游赏者的角度而言，审美的最终目的是塑造、体察和感受眼前景观，感受具有直接现实性的自然美。因此，西方古典园林的造园师绞尽脑汁地使园中自然风采更加多姿。

3. 起源

中国古典园林起源于"苑"和"囿"。这是帝王狩猎的场所，蜿蜒曲折，水草丰美，林木茂盛，天然花木自由生长，飞禽走兽出没其间。在此基础上，设置的非对称布局、弯弯曲曲的小路、自由灵活的植被布置、斑驳的河岸等元素，以及具有天然形态、自身特色的自然构景要素，构成了中国古典园林的主要特色。换言之，中国古典园林对苑、囿的依托影响了其美学特征的发展。

西方古典园林起源于蔬菜园、果树园等实用园地。在后续的日益发展中，几何式的平面布置、整齐的植物种植、矩形的水池、笔直的道路等元素逐渐积淀下来，成为西方古典园林的主要形式和内容。可见，西方造园师对果蔬园——富饶的农业景观的摹仿催生了西方古典园林的雏形②。这也是西方古典园林后来呈现出与中国古典园林不同美学特征的原因之一。

4. 思维习惯

西方人在自然面前采取的是积极进取的态度，中国人在自然面前则表现出对自然的敬畏与退让③。

西方古典园林不惧自然，且乐于改造自然。园主人建造园林的目的在于寻找欢愉。朗特庄园的水景——水自岩洞流出，慢慢汇聚，形成急湍、瀑布，汇入大海的全过程——在庄园的轴线上逐步体现出来。整个过程通过数学计算，利用花岗岩实现，如同对大自然的可控实验。各种机械装置、水笛等人工设备"控制"着花园，将大自然掌控于股掌之间，成为园主人的骄傲。

对于中国古典园林，园主人在园林中总是力图将人为的因素减至最低，或隐藏起来，体现出面对自然时无所作为的气息。这主要是因为中国古典园林深受道家思想的影响。中国文人士大夫一生追求的就是修身、齐家、治国、平天下，但在君主集权的官僚制度下，他们的仕途布满凶险，尤其是政治动荡之时，他们随时都可能被罢官免职。于是，为了适应生活、自我调适，一旦被罢官免职，他们就以乐天知命的态度修身养性。众多中国古典园林的修建都是在士大夫们失意、"归田退隐"后完成的，其中的消极情绪总会渗透于其中。但也因此造就了中国古典园林的抒情风格④。

总之，不同的文化和社会土壤，孕育出不同的园林风格与美学特色。不管在西方还是在中国，园林的风格都是多元而丰富的。它像一颗水滴，在阳光下闪烁着不同的斑斓色

---

① 冯仲平，1988. 中国园林建筑[M]. 北京：清华大学出版社.
② 沈洁，2014. 从哲学美学看中西方传统园林美的差异[J]. 中国园林，30(3)：80—85.
③ 陈志华，1985. 外国造园艺术散论[J]. 文艺研究 3：42—57.
④ 同上.

彩,各美其美,美美与共。

? 思考与练习

1. 做一次志愿者,邀请亲友(国际友人更佳)共赏园林之美,将本章所学运用到身边园林的欣赏中,与亲友分享园林中的美,进而调动自身主动性,与亲友共同填补"造园师"留下的"剩余的空间",从而感受美,创造美!

2. 请以小组为单位,查找中国古典私家园林建造的相关资料,进行《士大夫的园林梦》情景剧的编写与演出,演绎中国古典私家园林的前世、今生。

3. 请根据本章内容,选择感兴趣的话题,从不同视角,用不同形式,对中国古典园林之美进行呈现。扫描下方二维码可见学生作品示例。

4. 请以小组为单位,基于本章内容,以文献中的"寿山艮岳"为原型,设计一款具有知识性、趣味性与互动性的网络游戏。本课程开发的寿山艮岳网络游戏网址为 ChatWith-Scenery.cn。

第五章

聚落景观文化赏析

【学习目标】

本章旨在介绍聚落景观概况及文化背景,分析其美学要素,探讨赏析聚落景观的一般方法,培养聚落景观审美能力。完成本章学习后,应达到以下学习目标:

■ 知识
- 能阐述聚落景观的文化内涵与类型
- 能解释聚落景观的发展演变脉络

■ 能力
- 提升对聚落景观的文化解读能力和美学鉴赏能力
- 能分析聚落景观的美学特征,学会发现聚落景观之美
- 能运用观赏聚落景观的基本原则与方法,欣赏聚落景观
- 提升根据传统聚落的美学原则对所生活环境美化的应用与创新能力

■ 素养
- 通过对博大精深的传统聚落文化的学习,认识中国传统文化中的聚落之美,从而更加了解家园之美,对家园有更多的文化依恋

第一节　聚落景观概述

聚落是人类聚居和生活的场所,分为城市聚落和乡村聚落。聚落景观是反映区域文化景观差异的显著标志。与生物多样性一样,不同区域的聚落景观总是能体现出差异化的特色。因此,聚落景观是最接近生活的,它们的营造出自民众之手,且与当地气候及地形环境有机结合。不管是竹篱茅舍点缀的乡村,还是霓虹大厦林立的都市,都充满生活气息,甚至具有诗情画意一般的意境。漫步聚落,人们不仅可以欣赏风格多样的各类建筑和自然景观,还可以感受到浓郁的地域和历史文化特色,找到自己的情感寄托。受到复杂的自然地理条件和多样性的民族文化的影响,中国传统聚落景观表现出极大的丰富性和多样性。充分认识这些聚落景观,深入挖掘其美感要素,了解赏析聚落文化景观的一般方法,对于开展好聚落景观旅游,最大限度地体验这些景观带给我们的审美享受,有着非常重要的作用。

一、聚落与聚落景观

1. 聚落

（1）聚落的内涵。

聚落环境是人类有意识开发利用和改造自然而创造出来的生存环境,是人类各种形式的聚居地的总称。该词在中国古代典籍中多指村落,是以农耕为主要经济方式的人类聚居和生活的场所,如《史记·五帝本纪》记载:"一年而所居成聚,二年成邑,三年成都。"《汉书·沟洫志》记载:"或久无害,稍筑室宅,遂成聚落。"如今,聚落虽然仍多指有别于都市的农村居民点,但人们对聚落的理解更为宽泛,扩展为满足人类生产、生活、休憩、娱乐、社交等多种功能,在一定面积的土地上建立起来的人类集中居住地。聚落的形态千差万别,规模大小悬殊,大至拥有上千万人口的特大城市聚落,小到只有三家五户的小乡村聚落。然而,不管大小,聚落都是一种空间系统,是一种复杂的经济、文化现象,是在特定的地理环境和社会经济背景中人类活动与自然相互作用的结果。聚落文化则是在长期的历史发展过程中,积累和保存了大量的古代建筑和文物史迹,体现着特定时期的社会经济基础的丰富多彩的民族文化。

聚落的地点通常是固定的,只有极少数是流动性。聚落由各种建筑物、构筑物、道路、绿地、水源地等物质要素组成,规模越大,物质要素构成越复杂。聚落形态和建筑面貌因地域环境和生活习俗的差异而不同。例如云南哈尼族村寨,聚居在滇南的哈尼族人以他们的勤恳劳作在层峦叠嶂中开辟出一片片梯田,春天的时候,这里云雾缭绕,宛如仙境。丹麦首都哥本哈根郊外的"花园小区",以其独特的形态和布局而闻名,从高空俯视每一个单元都像是一个圆盘。若干个"圆盘"组成的社区,不仅提高了人们的社交互动频率,还呈现出独特的形态美。黄土高原的窑洞,福建客家土楼,中亚、北非等干燥区的地下或半地下住所,某些江河沿岸的水上住所,游牧地区的帐幕等,都是比较特殊的聚落外貌。

聚落具有不同的布局、形态,它受经济、社会、历史、地理等条件的制约。历史悠久的乡村聚落多呈团聚型,体现着血缘相连、聚族而居的生活背景;开发较晚的"移民村落"往往呈散漫型,体现着人情社会关系的疏离。城市聚落更因各地历史和发展条件的不同而存在多种布局、形态。聚落的主要经济活动决定着聚落的性质和特征。乡村聚落的经济活动内容比较单一,基本以农业、林业、畜牧业为主,所以乡村聚落更充分地体现着人与自然的密切关系。城市聚落的经济活动内容繁多,以追求空间效率、秩序、文明为主。各种经济活动变量间的关系反映出城市的功能特征和性质。

聚落是人们生活的场所,也是进行生产的场所。它是人类与自然和谐相处的产物,也是民族、国家历史文化发展的体现。它不只是一个空间系统,还是社会历史文化现象的载体。

(2) 聚落的演变。

聚落是一种复杂的经济、文化现象和发展过程,是特定的地理环境和社会经济背景中人类活动与自然相互作用的综合结果,它伴随着人类文明脉络的变化而变化。在新石器时代初期,随着生产力水平的提高,出现了人类历史上第一次社会大分工,即农业从畜牧业中分离出来,出现了专门从事农业生产的人群。他们在固定的区域进行生产、生活,从而产生了人类社会最早的聚落形态——村落。新石器时代晚期,随着生产力的进一步发展,出现产品剩余,于是部分人从农业生产中解脱出来,成为专门的手工业者,这也是人类历史上第二次社会大分工,即手工业从农业中分离出来。由此,产生了专门经营商业、手工业的新型聚落——城镇。人类进入奴隶社会,因生产力的提高,出现了专门从事商品交换的商人,商业从农业、手工业中分离出来,人类历史上出现了第三次社会大分工。基于政治、军事、宗教等目的,人类开始在聚落周围修筑城墙,并逐步演变成新的聚落——城市。

2. 聚落景观与聚落景观体系

聚落因环境优美、建筑独特、文化内涵深厚,而富有一定美学或文化价值。我们将这些具备了欣赏价值而成为人们审美对象的聚落称为聚落景观。

聚落景观不仅包括聚落建筑本身,还包含聚落的自然景观、民俗风情,它们共同组成了聚落景观体系。自然景观是聚落赖以存在的自然环境及人们对聚落自然环境的改造;聚落建筑是聚落中的人们为了生活、生产、休闲修建的建筑;民俗风情是指凝结于聚落建筑、经济空间和社会空间的有形或无形的社会文化形式,包括文学、艺术、语言、服饰、民俗、民情、思想、价值观等。聚落景观体系中的各组成部分,形成了既相互联系、相互渗透,又相互区别的有机整体,表现出不同的旅游价值。

(1) 自然景观。

每一个聚落都有独一无二的地形、地貌、气候、植被,它们是聚落形成的物质基础。与此同时,人们在建立聚落后,世世代代又在顺应聚落自然景观的前提下,发挥人的主观能动性,对自然要素进行改造,以适应人们的生活与发展需求,这样也就在一定程度上增强了聚落自然景观的吸引力。如罗马的七座山丘,佛罗伦萨的阿尔诺河,巴黎的塞纳河,重庆的丘陵、山地,济南的"四面荷花三面柳,一城山色半城湖",绍兴的小桥流水、湖泊星布,陕北一些村落的黄土高坡……依托这些独特的自然环境发展起来的人居聚落,令人感到新奇。自然景观是旅游者抵达聚落后,最先关注的景观之一,所以是聚落最重要的构景要素之一。

（2）聚落建筑。

聚落建筑包括民居建筑、标志建筑和公共建筑,主体是民居建筑。民居建筑是居民为适应当地的自然环境就地取材而进行的生活空间的营造。它不仅有明显的时代特征,也有显著的地方色彩。例如,北极地区的因纽特人用当地便于取得的冰雪块构筑的小雪屋,墙体很厚,有利于保持室内的温度；我国黄土高原有堆积很厚的黄土层,那里的气候相对比较干燥,当地居民便就地取材,利用黄土层挖凿成窑洞；我国新疆地区气候干燥,风沙大,建成平顶房,其屋顶可以用来晒庄稼；我国及世界上一些热带地区,因炎热多雨,比较潮湿,一般都建成双层木楼或竹楼,通风较好,人居住在楼上不仅比较凉爽,而且也比较干爽；我国东北地区因气候寒冷,一般都建成墙体较厚且有火墙火炕的居室。有的民居则是适应于当地居民的生活习俗而创造的,如我国福建客家人因聚族而居,创造出体量巨大的土楼,成为颇具特色的民居建筑形式。这些建筑,所处地域不同,风格、造型绝不雷同,极具审美价值,很受旅游者青睐。

菲律宾的传统吊脚楼叫作 Bahay Kubo,当地天气闷热,因此屋子挑高很高,便于热气上升,使屋内保持凉爽（见图 5.1）。季风时节多雨,尖屋顶利于排水,延伸出的屋檐使人仍有在室外活动的余地。1991 年皮纳图博火山大爆发时,许多尖顶的吊脚楼幸存了下来,平房因无法承受火山灰之重而坍塌。

图 5.1　菲律宾的传统吊脚楼

图片来源：https://www.sohu.com/a/359671075_738061. 访问时间：2023-03-12。

(3) 民俗风情。

俗话说,"十里不同风,五里不同俗"。不同的聚落,特别是有旅游价值的聚落,都有独特的民俗风情。它们有的具有很强的观赏性,有的具有很好的参与性,能引起旅游者极高的兴趣。如山东潍坊的杨家埠,是全国三大年画之一的发源地和生产地,大多数住户参与年画的制作。他们的雕版、印刷,都使人觉得新鲜、有趣,令人大开眼界。这些年画题材广泛,人物造型生动传神,色彩艳丽,立意符合中国人追求吉祥如意的心态,观赏价值极高。观赏这里乡土文化的载体——年画,往往是来这里的旅游者最喜欢的活动。杨家埠的民居古巷,既是年画制作的场所,也是旅游者的必去之地。旅游者赏年画、游古巷,感受着悠久深沉的民俗风情。有些民俗活动,诸如婚庆、祭祀、节庆等,包含了深刻的文化内涵,旅游者除观赏外还可以了解地方文化,增长知识,获得精神上的愉悦。如在云南傣族村寨举行的盛大的泼水节,旅游者可以直接参与进去,相互泼水祝福,感受傣族文化,体验不一样的民族风情。少数民族群众在山水间、农田里、村落中对歌、跳舞,更是激发着游客的参与热情,旅游者若有兴趣,也可以与他们一起对唱、舞蹈,尽情地享受难得的喜悦。

二、聚落景观的类型

按照不同的标准,可将聚落分为不同类型。依其性质的不同,可分为乡村聚落和城市聚落;依照生产力发展水平的差异,可分为传统聚落和现代聚落。如再细分,又有传统村落、现代村镇、历史古城、现代城市。因此,根据主要经济形态,那些有美学价值、能够成为欣赏对象的聚落景观也可相应划分为传统村落景观、城镇景观和现代城市景观。其中,传统村落景观和现代城市景观是最具吸引力的旅游热点。

1. 传统村落景观

传统村落通常是固定的、以农业经济活动为主要形式的聚落,是人类社会中最早出现的聚居形式,也是几千年农业社会的见证。传统村落往往是人们为了安居生存、繁衍生息经年累月逐步形成的,更为朴素地保留着自然真迹。它和人们的生活保持着最直接紧密的联系,而不同地区的人们由于气候、地形、环境、生活习俗、民族文化传统、宗教信仰等不同,也都在其村落和民居形式中有所反映,因而具有浓郁的乡土气息,常常被看作最有代表性的聚落景观之一。

传统村落是在传统社会自给自足、小富即安的小农经济的基础上发展起来的,它代表的是传统农耕社会的生活模式。那里的村民勤劳、单纯、好客,最大的社会特点是清净平和、与世少争、民风淳朴。长期生活在喧闹紧张、竞争激烈的大城市的人们来到这里,能有一种安全感、回归感,心灵也会因此得到净化。另外,那里远离闹市的秀美的自然风光、紧凑而贴近生活的空间尺度与丰富的构景要素,共同营造出一种使人倍感亲切的环境,具有极高的审美价值。

当然,随着我国经济的快速发展,有些传统村落逐渐现代化,展现了大量人类文明的最新成果,让旅游者真切地感受到了新农村的新气象。但也有将原来构成聚落构景主体的传统建筑大量拆除,取而代之的是新建的缺少特色而又过于刻板的新民居。而有些追风的标志性建筑又过于粗陋,美感层次不高。从欣赏聚落文化景观的角度来看,这种村落将会逐渐受到冷落。

安徽是我国传统村落最为集中、最具特色的省份之一，众多的传统村落主要分布于南部山区，被誉为皖南古村落。特别是西递和宏村这两个传统村落，它们的街道结构、建筑和装饰、房屋布局以及人工水系，都完好地体现着原始村落的生活状态。这两座传统村落因奇迹般地保留了已经消失，或者已经发生改变的中国传统聚落全貌，于 2000 年被列入《世界文化遗产名录》。江西、浙江、云南、山西、山东等省也有许多闻名世界的传统村落。世界范围内被列入世界文化遗产的传统村落，还有日本的白川乡、捷克的霍拉索维采历史村落、匈牙利的霍洛克村、美国的陶斯印第安村等。

2. 城镇景观

城镇是以非农业活动为主的人口聚居区，其规模小于城市而大于农村，是介于城市和乡村之间的过渡性聚落。城镇的出现是社会分工发展的结果，其文化形成以商贸为核心。

古老的历史，优美的风景，营造了古镇浓郁的文化氛围。城镇聚落常由民居、街道、店铺、宗教建筑等众多要素组成，是手工业文化的缩影和人类文明的结晶。江苏省是中国著名城镇最集中的省份之一，如周庄、同里、甪直等众多古镇，因其淡雅、明秀和深厚的人文历史，展现着独特的水乡魅力，吸引着众多旅游者。此外，浙江的西塘、乌镇、南浔也别有风味。被列入世界文化遗产的国外历史古镇，有法国中世纪贸易集镇普罗旺斯、肯尼亚的拉穆古城、越南的会安古城、西班牙的卡塞雷斯古城等。

3. 现代城市景观

城市是一个国家或地区政治、经济、文化的中心，是物质财富、精神财富最为集中之地，在人类文明发展史上占有十分重要的地位。城市是烙印着深厚人类文化内涵的聚落景观。国民经济的高速发展、工业化的快速推进，使不少城市脱去了传统的外衣，成为现代化城市。这些城市变化迅速，充满活力，景观内容丰富，成为聚落景观的主体。

在现代城市里，风格各异的建筑鳞次栉比，几十层甚至上百层的摩天大厦矗立其间。标志性建筑，各具风采；宽阔整洁的柏油马路，车水马龙；人行道，熙熙攘攘；现代化的广场，开阔通透；巨大的广告牌，创意无限；各种各样的霓虹灯，令人眼花缭乱；立体的绿化带，充满勃勃生机。整个城市构成了一幅动静相宜、色彩绚丽、节奏和谐、构图均衡的城市景观图画，给旅游者带来巨大的视觉冲击力。来自乡村和城镇的旅游者会对此感到十分新奇，来自城市的旅游者也会因相同的文化语境在欣赏过程中产生强烈共鸣。

在现代化城市加速建设的进程中，有些城市会尽量保护那些能够反映历史文化的老城区、古建筑、古树名木和文物古迹，使之成为现代化城市景观特色的组成部分，以增加对旅游者的吸引力。各国首都、省会和历史文化名城都是值得逗留、徜徉的现代城市景观。

三、聚落景观的特点

1. 独特的地域性和景观场

所谓地域性就是地方特色。由于聚落所处的地域地形、气候、水文、植被等自然因素不同，经济发展、文化传统、风俗习惯、社会组织等人文因素也各不相同，每个聚落景观必然有不同的地方特色。这种鲜明的地方特色和风俗文化的差异，使它成为不同于其他的

"这一个",让人倍感新鲜,从而吸引旅游者源源不断地到来。

聚落景观独特的地域性,造就了聚落景观场的独特风格。它通过建筑的体量、立面及所围合的空间体现出总体风貌,通过构景要素的多样化,体现出聚落历史的延续和连接。个性化的景观实体与虚体要素物化为聚落的历史、文化、风俗和传统,使聚落景观场具有无穷的魅力。如石壁草顶的房屋、围以柴门石墙的一个个宅院,参差错落地分布在半山腰上,袅袅的炊烟从房顶的烟囱上升起,若隐若现的犬吠鸡鸣从村中传来。这样的山村聚落景观,肯定会给人不同一般的感受(见图5.2)。

图 5.2　山村聚落景观

图片来源:https://www.sohu.com/a/388993823_120635941.访问时间:2023-03-12。

2. 突出的综合性

聚落是当地居民居住、生活及进行生产活动的场所,势必具有复杂的功能。为了更好地发挥这些功能,聚落往往有若干个功能区,以适应居民生活的多种需要。这样,聚落就成了一个多种功能相结合的空间综合体。聚落景观的构成不仅包括自然环境、民间建筑、生活设施、娱乐场所等硬件设施,而且包括人类的活动,如祭祖、节庆等日常生活片段,具有鲜明的综合性。这种综合性,还反映在聚落文化多代重叠及多元性上。历史悠久的聚落,经历了若干朝代发展之后,或多或少地会留下不同时代的印迹。这在聚落的老城区体现得尤为明显,如山东曲阜古城的老街陋巷,以及被列入《世界文化遗产名录》的孔庙、孔林、孔府,都有大量儒家文化的遗迹。此外,随着开放的扩大和文化交流的增加,各种外来文化与当地文化相融合,也对聚落文化形象产生了明显的影响。这种多代文化的重叠及多元文化的交融,最终形成了个性鲜明、共性突出、内容丰富的聚落文化景观。

3. 虚实相间的魅力空间

聚落景观中,景观空间这一虚体景观通常是欣赏重点。聚落内"虚"的景观空间是由"实"的景观要素围合而成的,但从审美的角度看,正因为有了这些"虚"的景观空间,围合它的实体景观要素才能成为真正意义上的审美对象。在聚落景观的构成中,"虚"与"实"是互相依存、不可分割的。虚中有实,实中有虚,虚实相生,内外交融。

从欣赏的角度看,虽然我们看到的是形式多样的景观实体,但真正给我们留下深刻印象的却是这些要素围合而成的如街巷空间、广场空间、边缘空间等具有魅力的景观空间。

虽然很少有人能直接感受到这些景观空间的存在,但它却支配着人们的欣赏过程,给人们带来安宁和喜悦,并使人们产生对空间的印象和情感。当然,只有空间尺度与社会尺度协调,才能产生强烈的视觉冲击并带给人激动的感觉。

第二节 聚落景观文化探美

聚落之所以能具备一定的艺术性、给人以美感,是因为它与人们生活建立了紧密的联系。① 走入聚落,映入旅游者眼帘的视觉形象,如房屋建筑、道路桥梁和自然环境等物质环境除激发人们的美感外,还可以使人们联想到居住在这种环境中的人们以及他们的各种生活形态。"美是生活",能令人联想到生活的聚落自然是美的。当然,聚落令人联想到的生活越多,其美的价值越高。下文将从聚落景观的构成要素、美学特征、审美原则加以论述。

一、聚落景观的构成要素

聚落景观由硬质景观要素与软质景观要素构成。所谓硬质景观主要是指聚落中的民居建筑、标志性建筑、公共建筑、景观雕塑与建筑小品等。软质景观则是指聚落及其周边的植被、水体等景观要素。

1. 硬质景观要素

硬质景观要素中,最有代表性的是建筑物。正是由于建筑物的不断修建,才形成了形态各异、大小不一的各种类型的聚落。也正是因为不同类型、不同特色的建筑物的存在,不同的聚落才呈现出各自的特色,成为人们旅游审美的对象。

（1）民居建筑。

民居建筑是聚落中数量最多、分布最广的硬质景观要素。一般说来,民居建筑多是人们为了顺应自然、适应环境而就地取材修建的房舍。不同地域、不同民族的聚落,其民居建筑风格不同。就算是同一地域、同一民族,由于环境、气候、习惯不同,民居建筑的风格也各有特色。

（2）标志性建筑。

标志性建筑是聚落中最吸引人的实体景观之一,可分为传统标志建筑、现代标志建筑和其他标志建筑。

第一,传统标志建筑。主要有宗祠、庙宇、牌坊等。宗祠是聚落专门用来祭祀祖先、处理宗族事务、举行各种重大活动的场所。这种建筑一般严格按照礼制规定建造,十分注重"向心"和"取正",结构形式聚力远大于张力,给人以庄严肃穆的感觉。它常常成为整个聚落精神的象征和心灵的寄托,它的周围也是重要的公共活动中心。庙宇是聚落专门用来祭祀鬼神、保佑平安的场所。各聚落的庙宇,不仅数量多,而且类型多,如文庙、武庙、龙王

---

① 彭一刚,1990.传统村镇聚落景观分析[M].北京:中国建筑工业出版社.

庙、土地庙、妈祖庙、娘娘庙，不一而足。这些庙宇维护着聚落宗教信仰的稳定，促进着聚落的发展。不同地域的庙宇往往因代表着当时、当地建筑文化的最高水平，而受到旅游者的喜爱。牌坊是一种十分特殊的标志性建筑，它常常以独特的艺术形象和不凡的文化个性成为聚落景观中的重要景观要素。它一般位于一组建筑物的最前面，充当聚落或建筑群外部空间序列的开端，起着划分、界定及控制空间的作用，增添建筑群体的艺术表现力，丰富景观的层次和内容。

第二，现代标志建筑。主要有大体量建筑物与特色建筑物。如阿拉伯联合酋长国162层、高828米的迪拜大厦（常被称为哈利法塔），高330米（截至2022年3月）的法国埃菲尔铁塔，高达420.5米和468米的上海金茂大厦、上海"东方明珠"。这些高耸入云的建筑物丰富了城市的天际线，让人们对自身的创造力感到自豪和骄傲，同时还满足了各种实际需要。那些有丰富文化内涵、具有纪念性、经典性的特色建筑，如华盛顿国会大厦、悉尼歌剧院、北京人民大会堂、北京人民英雄纪念碑等，更是人们乐于近距离游览的去处。它们往往成为某一城市的标志，对旅游者具有强大的吸引力。

第三，其他标志建筑。主要有桥梁、塔等。桥梁不仅可以使天堑变通途，而且是一种装饰性很强的独特景观。塔原是佛教建筑的一种，在历史发展过程中逐渐拥有了某些实用功能。如风水塔，不但有实用功能，而且能以其雄健挺拔的姿态对整个聚落景观及周围自然环境起到一个锦上添花的作用。现代城市中的电视塔、瞭望塔，更是以它们大尺度的体量和高度构成了丰富的城市天际线。

（3）公共建筑。

在乡村聚落中，公共建筑主要有社区活动中心、小商店、小医疗诊所、邮局、学校等。现代城市聚落中，公共建筑主要有金融工商建筑、休闲娱乐建筑、交通通信建筑、教育科学建筑等不同类型。随着城市的发展，这些建筑在现代城市聚落中的作用越来越大，文化品位也会越来越高。我国是一个多民族的国家，不同民族的聚落中也常常存有一些重要的公共建筑，如傣族的干栏式竹楼、侗族的鼓楼等，它们也都有着独特的欣赏价值。

（4）景观雕塑与建筑小品。

景观雕塑也叫"公共雕塑"，包括广场、公园、绿地、街道间、建筑物前的各种纪念碑雕塑和建筑群雕塑。它既能体现时代精神和地域文化，又能装饰、美化人们的生活空间，丰富人们的精神生活，甚至成为一个城市、一个地方的标志。这些雕塑一般都比较鲜明生动，能立体地再现生活中的人物和事件。它们已同周围的环境融为一体，成为环境的构成要素。欣赏者只要一瞥，就能留下深刻的印象。

为了纪念在斯大林格勒保卫战中壮烈牺牲的士兵而建造的"祖国母亲在召唤"雕塑，矗立在伏尔加河岸边。雕塑呈现的是一位坚强的妇女右手紧握锋利的宝剑，伸向天空，勇敢地向前走去的形象。雕塑中的妇女身高52米，连同顶端的宝剑高有85米，台基高16米。这座雕塑是世界上最高的雕塑，也是极具纪念意义的名胜（见图5.3）。

图 5.3　"祖国母亲在召唤"雕塑

图片来源：https://ru.hujiang.com/new/p1231545/. 访问时间：2022-11-25。

图 5.4　青年毛泽东艺术雕塑

图片来源：https://new.qq.com/omn/20210513/20210513A0069700.html. 访问时间：2022-11-25。

湖南长沙橘子洲头的毛泽东青年艺术雕塑，是被当作长沙当之无愧的城市地标来建设的（见图 5.4）。雕塑是以 1925 年青年毛泽东为艺术原型，以强烈的视觉效果和艺术感染力，以及与橘子洲自然环境的完美结合，突出表现毛泽东的胸怀大志和风华正茂。毛泽东青年艺术雕塑高 32 米、长 83 米、宽 41 米。雕塑的头部通过表情刻画来展现一个在橘子洲头沉思的毛泽东，表现青年毛泽东的"心忧天下"；雕塑的基座设计成毛泽东的肩膀，寓意站在巨人的肩膀上，缅怀历史，放眼未来。整个肩膀是一个占地一千多平方米的巨大山体，用来表现毛泽东的"胸怀大志"。

建筑小品主要是指分布在城市的广场、街道、公园及公共活动空间，为市民和外来人员提供便利的各类设施，如候车亭、电话亭、座椅、栏杆、花坛、指示牌、垃圾箱、照明灯、广告牌等。它们体量虽小，却常以多种多样的造型点缀着现代城市，为人们提供着方便，让人倍感亲切。它们还常常同其他景观实体搭配组合形成各种小型空间及新的景观元素，提升了城市空间及周围环境的景观效果。巴黎地铁入口就是典型的建筑小品（见图 5.5）。

2. 软质景观要素

植被和水体是最具代表性的软质景观要素。植被凭借着生机勃勃的面貌与色彩，在聚落景观中占有重要地位。水体不仅能构成各种水体景观，还能给聚落带来生机。有了丰富的水体，聚落才有灵性。

图 5.5　巴黎地铁入口

图片来源：https://www.sohu.com/a/226927649_162067. 访问时间：2022-11-25。

(1) 植被。

植被主要由乔木、灌木、花卉、草坪等构成,它不但以千姿百态的外形、缤纷灿烂的色彩和盎然的生机带给人们美的享受,还有着改善气候、净化空气、保持水土、蓄水防洪、防风固沙、降低噪声、吸烟滞尘等功效。聚落内的植被覆盖率和人均占有植被面积,是衡量聚落景观的重要指标。

聚落内那些古树名木,如南方一树成林的大榕树,北方的老槐树、银杏树、流苏树,它们虽有几百年甚至近千年的历史,但仍铁干虬枝、花繁叶茂、冠盖巨大,不但美化了环境,为人们提供了休闲娱乐的绿荫,而且有的还见证了聚落的形成和发展过程,记录了聚落人民生活、斗争的历史,寄托着几代人的情感。还有的由这些古树名木衍生出一些动人的神话故事和民间传说,为聚落增加了一些神秘色彩。高大的古树名木,因其环境的独特,也往往成为聚落的"广场""活动中心"。山东邹城孟府内的流苏树高大得超过房顶,几乎把整个院子都覆盖起来。流苏花盛开时,清香淡雅、浓荫蔽日,置身其中,令人心醉不已。山东莒县浮来山上的定林寺,有一株千年古银杏树,被誉为"中国最美古树"。站在古树之下抬头仰望,高大粗壮古树枝繁叶茂、满目金黄,在阳光的照射下闪着碎金般的耀眼光芒……大自然谱写成的一曲流淌的金色诗歌,令人陶醉。

低矮灌木的作用也不容忽视,它不仅填补了乔木下的空间,形成立体绿化,而且常常被作为道路的隔离带发挥着界定空间的功能。灌木五颜六色的花还把聚落装扮得更加漂亮,使其成为诱人的景观。聚落内成片的草坪,碧绿一色;点缀其间的花卉,争奇斗艳。它们共同构成了色彩斑斓的画卷,给人们带来美的享受。草坪由于紧贴地面,不至于把人们与土地完全隔离开来,既避免了地面的裸露和扬尘的出现,又可以作为人们亲近土地的媒介、活动的空间。

(2) 水体。

水体是聚落景观中最富生机、最具活力的要素,它不但可以满足人们生产生活的需要,而且是人们审美的重要对象。在各种聚落中,常可以看到大到江河湖海、小到沟渠泉流的水体,它们为人们开展水上种植、养殖活动、水上航行和营造各类亲水空间提供了条件。利用水体,通过波、光、影等手法,还能创造出如梦似幻、令人振奋的意境,成为最吸引力的聚落景观。有些民居临水而建,高低大小不等的建筑倒映水中;如果此时向远处眺望,水边各种各样的物体与水中倒影,就组成了一幅层次丰富、趣味盎然的优美图画,成为最迷人的景观。乡村聚落一般依山傍水而建,河流或溪水弯弯曲曲地流过村庄四周及内部。现代城市中,水体的数量更多、规模更大,并且有喷泉、人工瀑布、人工湖等人工水体。城市利用多种科技手段,创造出形态各异的人工水体景观,极大地丰富了城市景观空间,具有极大的视觉冲击力,能使人们浮想联翩。

二、聚落景观的美学特征

聚落景观千差万别,很难提炼出共同的美学特征。聚落景观的美学特征具有个性化的特点。而这些特征在传统村落和历史文化名城中表现得尤为明显。

1. 生产、生态和形式美的统一性

这一特征在传统村落中表现得格外明显。传统村落的生产方式以农耕为主,农业收入是当地居民生存、繁衍、发展的主要物质基础。其生态环境、土地形式、劳作方式都必须为农业生产服务，同时也要有利于居民的生活。这就要求生产、生态和形式美必须统一，而具有旅游价值的聚落也基本能达到这三者的统一。云南哈尼族聚落就是这三者高度统一的典范。

哈尼族聚落以农耕为主要生产方式，主要由梯田、民居和山顶大片茂密的森林构成。村寨的两侧是重重叠叠、包裹住座座大山、直插云霄的成百上千层梯田（见图5.6）。哈尼族梯田分布于云南省红河哈尼族彝族自治州元阳、绿春等地，在云南南部哀牢山和无量山海拔1500米左右的山腰上，是以哈尼族为主的当地群众创造的农耕文明奇观，于2013年被列入《世界文化遗产名录》。冬末春初，哈尼族梯田注满了水，满山波光粼粼，在云雾缭绕下时隐时现，水面的光与田埂线条的不同组合好似完美的现代抽象派艺术品；盛夏，成百上千层梯田披上了绿装，绿油油的色彩使人心旷神怡；初秋，稻谷成熟，放眼望去，一片金黄。当地人的生产依赖于梯田，梯田能产出足够食用的稻谷，还能让人感受到强烈的形式美，达到了生产、生态和形式美的最大统一。山顶禁止砍伐的神树林枝繁叶茂，苍翠欲滴，在云雾的环绕之中，给人一种神秘的气息。这些树木和水田，形成了良好的生态环境，保证了水体的循环，为梯田水稻的种植提供了源源不断的水源和生活用水，实现了生产、生态和形式美的统一。当地民居用土坯和稻草建造不怕风雨的蘑菇房，排列紧凑，高低错落，在树林和周围梯田的环绕中分外醒目。梯田带给人们色彩、线条、质地和条理的感官愉悦；神树林带给人们蓬勃生机和神秘感；蘑菇房带给人们节奏感。聚落景观呈现给人们的是一幅幅立体的画卷。伫立其中，这种整体和谐的形式美给人的生理和心理带来双重享受。

图5.6　哈尼族梯田

图片来源：https://bbs.zol.com.cn/dcbbs/d1061_186238.html. 访问时间：2022-11-26。

2. 美学风格的一致性

聚落景观一般要经过相当长的时间才能形成，而在这漫长的形成与发展过程中，受多种因素的影响,居民往往会形成自己的生活情趣和审美情趣。这种情趣在继承中发展,在发展中继承,始终影响着聚落景观的方方面面。这样,不同的聚落景观就有了不同的美学风格,或优美,或壮美,或古朴,或现代,或粗犷,或细腻。但具体到一个聚落,其美学风格却往往是一致的。

如果优美、壮美无规则地混杂,古朴、现代、粗犷、细腻集于一身,给人的整体感觉就会不伦不类,极不舒服,好似一个人上穿西服,头戴斗笠,脚穿草鞋。一般说来,传统古城古朴,新兴城市现代;南方城市优美,北方城市壮美;江南水乡细腻,黄土高原粗犷。当然,这并不是说,传统古城就没有现代化的建筑,南方城市就没有壮观的大楼。不过,聚落的管理者与建设者都懂得相关的美学原则,他们会在设计时进行统筹考虑,以便保持与周边建筑美学风格的一致性。如在一些古城内修建现代化的高层建筑时,门窗会设计为仿古的形式,屋顶则使用一些仿古的材料,增加一些仿古装饰,不至于在周边的建筑群中显得太刺眼。

杭州是我国著名的旅游城市,既是南方城市,又是传统古城,以优美、古朴著称。其传统美学风格要继续保持,但城市又不能不发展,为此相关部门采取了很多措施。在古城区外,政府划出一些区域修建雄伟壮观的现代化建筑,在古城区则有很多限制、保护措施。西湖是历史悠久的名胜风景区,是杭州的名片,苏轼更是称赞其为"淡妆浓抹总相宜"的西子。杭州市政府之所以不在西湖附近随意修建任何建筑,即使修建,也会严格限制建筑的高度和层数,就是为了保持其美学风格。属于软质景观要素的植被,也大量选用颜色嫩绿、枝叶柔和、树形优美、散发着淡淡香味的香樟树和桂花树,保持了西湖优美的风格。

3. 表现形式的丰富性

一个聚落景观的总体美学风格是一致的,但这种风格的表现形式却是十分丰富的。它不仅表现在聚落的民居建筑、标志性建筑、公共建筑、景观雕塑与建筑小品等硬质景观要素中,而且表现在文学、艺术和民俗习惯等方面。如古朴优美的南方聚落中,其建筑组合往往依山水之形灵活布局,房屋形体使用曲线较多,庭院中常用圆门,墙也不像北方的那样平直,而是呈现出起伏的形状。建筑中的装饰,无论是石雕、砖雕和木雕,还是绘画,刀法、笔法都是圆润的,图案以花卉为主,处处给人以阴柔之美。建筑中的桥梁也多是拱形桥。这里的戏剧,绝没有北方戏剧的铿锵嘶哑,而是像越剧、昆曲一类缠绵婉转的调子。比如苏州的评弹,演员常常穿着尽显身体曲线的旗袍,抱着琵琶,操着吴侬软语,以悠扬的曲调,不紧不慢地唱着青年男女的爱情故事。即使是战乱年代的古代诗歌,都很少有金戈铁马的铿锵、"长河落日圆"的苍凉。同是古代爱情诗歌,这里的大多含蓄缠绵,绝不会像汉朝乐府民歌直白地喊出"上邪,我欲与君相知,长命无绝衰。山无棱,江水为竭,冬雷阵阵夏雨雪,天地合,才敢与君绝"。至于民俗活动,也是以各种方式表现它的优美斯文。南方的居民,绝做不出北方居民赛马、摔跤的举动,他们进行的最剧烈的活动,恐怕也就是赛龙舟了。总之,聚落的风格,会在各个方面、通过丰富的手法表现出来。

三、聚落景观的审美原则

聚落景观不同于一般的山水、建筑、雕塑、绘画等单一景观,它具有整体性、综合性的特点。游览聚落景观,欣赏的方法与其他景观也应有所不同。当然,聚落景观各有特色,欣赏方法不可能千篇一律,但有些基本的审美原则可作参考。

1. 把握景观的整体性

聚落景观的一个突出特点就是综合性,所以欣赏它时必须有一种整体观念,也就是把握景观的整体性。在欣赏聚落景观时,不可能一下子就把握聚落的全貌,正所谓"街巷要一条一条地走,景观要一个一个地看"。但我们不能只重视单个的景观,而要把它放到聚落整体中,把它作为聚落景观的构成要素,充分考虑它在聚落景观中的作用和地位。尤其是聚落意境的体悟,绝不是仅靠欣赏单体建筑本身所能发生的,甚至也不能全看建筑群体的组合,而必须联系到包括自然山川在内的整体空间环境。所以从美学的角度来看聚落景观,若不着眼于整体空间环境、不联系人的生活情趣,那就等于舍本逐末,没有把握住问题的核心。只有把聚落景观作为一个整体,才能真正理解各种景观构成要素所包含的复杂信息和意义。

有些城市在醒目的位置设置了雕塑,如果我们把雕塑当作独立的艺术品来欣赏,也会得到不少的感官享受,但对它的理解却是简单的、肤浅的。只有把它放在整个城市中思考,才有可能懂得它的全部意义。而乡村更是如此,仅仅靠乡村所处环境的渲染就足以使人陶醉于一片诗情画意的田园风光之中了。

青岛"五四广场"的大型标志性雕塑"五月的风",单独看像一个巨大的海螺,也像一个熊熊燃烧的火炬,我们感到既壮观又优美,由此联想到青岛是海滨城市,另外就看不出更深的含义。但把它作为青岛的构景要素,结合青岛的历史,面对这座巨大的雕塑,就会有更深的理解。雕塑是以青岛的主权问题为"五四运动"导火索这一主题,充分展示青岛的历史发展足迹,深含着催人向上的浓厚意蕴。雕塑取材于钢板,并辅以火红色的外层喷涂,其造型采用螺旋向上的结构,组合为旋转腾升的"风"之造型,以洗练的手法、简洁的线条和厚重的质感,表现出腾空而起的"劲风"形象,给人以"力"的震撼,充分体现了"五四运动"反帝反封建的爱国主义基调和张扬腾升的民族力量。雕塑整体与浩瀚的大海和典雅的园林融为一体,成为"五四广场"的灵魂和青岛的标志。

2. 体验聚落的景观场

此处的景观场,主要指聚落整体空间的氛围。聚落内的构景要素围合而成的各类景观空间,是最能打动人、最令人产生共鸣的。欣赏聚落景观,一定要认真体验景观氛围。各种景观场给人带来的体验是不同的,有的令人感到亲切温馨,有的令人感到严肃压抑,还有的令人感到心烦意乱。当我们置身于某一景观场时,要透过围合这一景观空间的建筑物的形状、色彩及文化内涵等信息去切身体验,以感受景观场所蕴含的情感形式。如人们穿行在传统村落的小巷中,看到脚下已被磨得坑坑洼洼的石板路、两边斑驳陆离的高墙、窄窄一线的天空时,就感到难以言状的压抑,仿佛置身于历史的隧道,感到历史的沧桑和人事的无常。

3. 领略聚落景观的特色

不同地域、不同类型聚落景观的特色,正是聚落旅游最具吸引力之处,到聚落旅游必须把握这一特点。这些景观中,除了硬质景观,聚落中居民的生活习俗、劳作方式、精神风貌,也是我们要关注的内容。同样是照看小孩,北方人一般是抱在怀里,专心呵护;南方人则总把孩子背在身后。背的工具也不同,有的用布兜,有的用背篓。同样是吃饭,北方人常常端着大碗到街上围在一起,边吃边侃大山;南方人更多是在家里围着桌子慢慢吃。另外,不同聚落的人性情也大不相同。有的地方的人豪放、粗犷、勤劳、憨厚;有的地方的人细腻、精明、热情、好客;还有的地方的人精明有余、淳朴不足。诸如此类,不一而足,这都是聚落景观特色的体现。

第三节　聚落景观精粹赏析

在历史的发展过程中,包括中国在内的世界各地,形成了千千万万特色鲜明、风光旖旎、文化底蕴深厚的大小不等的聚落。因其具有极强的观赏性和极高的审美价值,这些聚落越来越受到人们的喜爱和重视。聚落景观已成为人们旅游和休闲的首选之处。下文将介绍几个经典的聚落景观,并加以赏析。

一、乡村聚落赏析

（一）宏村

宏村位于安徽省南部的黟县,是一座黄山脚下、有着大量明清时期历史建筑的古村落。它距黟县西递镇18千米,距黟县县城仅11千米。宏村始建于南宋,已有八百多年历史,为徽州第一大姓汪氏子孙聚族而居的地方。村里人给这处"枕高岗,面流水"的地方取了个很美好的名字——"弘村",取扩大、光大、思弘祖业之意。到了乾隆年间,因村名犯了与弘历皇帝重名之讳,于是改为"宏村",并沿用至今。2000年,包括宏村在内的皖南古村落被列为世界文化遗产。2001年,宏村古建筑群被我国列为第五批全国重点文物保护单位。2003年,宏村被授予"中国历史文化名村"称号。

走进宏村,就走进了一幅中国画的长轴画卷,它的美主要体现在以下几点:

1. 布局与环境之美

宏村为徽州民居的典型代表,堪称古代村落建筑艺术一绝。该村的一大特色是它的平面采用仿生学的"牛"形布局。村子北部的雷岗山是"牛头",山上高耸的参天古树是"牛角",月沼为"牛胃",蜿蜒的水圳为"牛肠",从一家一户的门前流过,经由"牛肠"流入"牛胃"后,经过过滤,复又绕屋穿户流向被称为"牛肚"的南湖。盘桓在南湖边的长堤是"牛尾",整个村落里鳞次栉比的民居建筑就组成了"牛身"。四座古桥为"牛脚"。村庄形状惟妙惟肖,称作"山为牛头树为角,桥为四蹄屋为身"。如此布局,是对自然的敬畏和尊重,体现了宏村先人遵循"天人合一"和"物我为一"的思想观念,以及追求与大自然和谐共生的境界。

宏村背靠雷岗山,山峰起伏的轮廓线,成为村庄天际的框架。村内水街古道鳞次栉比,共同构成了一幅在旅游者面前徐徐展开的长轴画卷。尤其是宏村南面的南湖,美丽异常。湖成大弓形,湖堤分上下层,上层宽4米。下层古树参天,苍翠欲滴,禽鸟鸣唱,垂柳依依,枝叶婀娜,像临镜梳妆的少女,垂首偷窥着水中的丽影。上层是通往村里的路,湖面绿荷摇曳,鸭群戏水,别有一番景致。整个湖面浮光掠影,水天一色,远峰近宅,倒映湖中,加之树荫、水面和日光的相互作用,明暗协调,动静相宜,显得幽深、雅静、清新、明丽。

2. 水街之美

因得天独厚的自然条件,宏村整个村庄依水而建,形成了颇有特色的水街。水街夹于民居高墙之间,其宽度与民居外墙高度之比多为 1∶10—1∶5[①],弯曲狭长,意境幽深。水街狭长、封闭,呈带状空间,幽深而宁静。水街设有供洗衣、浣纱、汲水之用的石阶,使街道形成了虚实、凹凸的对比和变化,从而增添了宏村居民的生活情趣。水街的情趣不仅体现于其物质空间环境本身,而且体现于人们的联想与意念之中,不论是细雨霏霏,还是月色朦胧,每听到潺潺的流水声,或看到几盏灯火,都会激起人们的情思,使宏村清新隽永的水乡景色萦绕于诗情画意的意境之中。

3. 古桥之美

宏村古桥,也是村中迷人的景观。宏村有四座古桥,意为"牛形"村庄的四蹄,上可行人,下可通舟。这些古桥不仅可供旅游者观景之用,其本身也具有一定的观赏价值(见图 5.7)。宏村的街道较为狭窄,游走其中,人们的视野常被束缚。登上古桥,因桥呈"拱"状,桥面中间远远高出地面,在过桥时,人们眼前豁然,心中顿生兴奋之感。观赏古桥的理想角度,是从侧面观赏它的整体轮廓和立面。水中泛舟观桥,面前桥的整体轮廓完整、明确而清晰。随着船的划行,视点由远而近,桥的轮廓逐渐增大。之后,作为局部的桥洞将充满整个视野。此时,桥的"拱"状起到了框景的作用,裁剪出优美的画面。进入桥洞后,空间由开阔转为封闭,光线由亮转暗。过桥之后,一切又豁然开朗。从不同的桥间相互观赏又是另一番景色,优雅的民居、潺潺的流水、碧蓝的苍穹成为桥的陪衬,桥成为如画风景的中心。漫步河岸观桥,随着视点的移动,桥的透视度不断改变,从而使画面构图具有生动活泼的变化。

图 5.7　宏村古桥

4. 民居之美

宏村的建筑主要是民居和私家园林,也有书院和祠堂等公共设施,建筑组群比较完整。村内街巷大都傍水而建,民居也都围绕着月沼布局。住宅多为二进院落,有些人家还将水引入宅内,开辟了鱼池,形成水院。民居都是黛瓦粉墙,颜色淡雅。屋顶与马头墙相互穿插,交相辉映,赋予聚落浓郁的乡土特色。村内民居马头墙多呈台阶形式,外轮廓线横平竖直,脊背多不起翘,装饰和色彩也比较简洁淡雅,给人以清新和朴素的感觉(见图 5.8)。因有马头墙的装饰,村内建筑立体轮廓线富于变化,具有强烈的韵律和节奏感。瓦檐下部常常有砖雕、石雕、木雕等,给人以细腻精美之感,具有极高的艺术价值。

---

① 黄成林,2000.徽州文化景观初步研究[J].地理研究,3:257—263.

图 5.8　宏村民居马头墙

村落中,汪氏祠堂耸然高出民居,是聚落中最重要、最显著、最高大的公共性建筑,装饰极为精美,集传统建筑与徽州雕刻于一身,是聚落精神空间和村落内部空间布局的中心,主要功能是祭祖、处理本族大事及唱戏看戏。

承志堂建于清咸丰五年(1855),是大盐商汪定贵的住宅。它占地约 2 100 平方米,内部有房屋 60 余间,围绕着九个天井建造。它精雕细琢、飞金重彩,被誉为"民间故宫"。承志堂气度恢宏,正厅和后厅均为三间回廊式建筑,两侧是家塾厅和鱼塘厅,后院是一座花园。南湖书院位于南湖的北畔,是一座别致的园林,也是宏村的文脉。它原是明末兴建的六座私塾,称"倚湖六院",清嘉庆十九年(1814)合并重建为"以文家塾"。此外东贤堂、三立堂等建筑同样华丽精美。它们同平滑似镜的月沼、碧波荡漾的南湖、幽深的古巷,以及青藤石木、百年牡丹,构成一个完美的艺术整体,真可谓是步步入景,处处堪画。这些雅致的建筑,使宏村的淡雅中增加了些许富丽。

村内建筑常用木雕、砖雕和石雕装饰(见图 5.9)。木雕风姿华美,砖雕清新淡雅,石雕浑厚潇洒,三者淋漓尽致地渲染出徽州文化的深厚积淀及徽商的富庶。木雕主要装饰梁架、梁托、斗拱、雀替、柱拱、窗扇、栏杆等,砖雕主要装饰民居大门口、门楼、门罩及祠庙大门两侧的八字墙等,石雕主要装饰住宅和祠堂基座、柱础栏板、漏窗及牌坊形体。三雕图案取材多样,以飞禽走兽、花鸟虫鱼、历史典故及民间传说居多,具有特殊的寓意。

5. 色彩与意境之美

宏村的民居色彩主要通过粉墙黛瓦的强烈对比来体现。黑白虽然并非艳丽之色,但明暗对比异常强烈。此

图 5.9　宏村木雕、砖雕

外，自然环境中又很少见到这两种颜色，因而显得格外突出。此外，洁白的墙面与青灰色的屋顶相互衬托、对比，又能给人以清新淡雅之感。尤其是每到杏花春雨季节，霏霏细雨淋湿的屋顶显得格外深沉，黑白相间的民居建筑掩映于鹅黄淡绿的枝叶丛中，别有一番江南水乡所独有的诗情画意。

宏村背山临水，具有丰富的空间层次变化。起伏的山峦成为宏村的背景和外轮廓线，在人们的视野中形成远景；村内建筑起伏变化，充满节奏与韵律，形成中景；旅游者面前之景，成为近景。当薄雾笼罩，袅袅炊烟升起，宏村就仿若成为陶渊明笔下的世外桃源。

总之，宏村清幽美丽，为青山绿水所环抱，流水清澈，花木秀丽，整个村庄犹如一座园林，无论是山景、水景、街景、园景，景景怡人。人、古建筑与大自然融为一体，好似一幅徐徐展开的长轴画卷。它默默诉说着徽州的历史，讲述着山水间孕育的徽州文化。

（二）合掌村

白川乡合掌村位于日本岐阜县西北部白山山麓，与日本北部的富山县和石川县接壤，是一座四面环山、水田纵横、河川流经的安静山村（见图5.10）。白川乡背靠城山、直面庄川，以与庄川平行的一条车行大路为村民日常生活主路，以绝美的索桥相逢桥为游客门户，全村规模不大，是步行尺度可及的范围。两条主街与山脚所围拢的水田里，都是曲曲弯弯的路与零星散布的房子，重要文化遗产和田家住宅及规模宏大的神田家、长濑家住宅也位于其中。

图5.10 合掌村

图片来源：https://www.ly.com/global/line/29267.html. 访问时间：2022-11-28。

1. "合掌造"——"结"系大屋顶

深山中的合掌村，为了应对冬天的恶寒及风雪天气，将屋顶设计成正三角形的形状，外表的斜角如同手掌尖相靠的幅度，于是房子就被称为"合掌造"建筑。除了可以抵御寒风，"合掌造"建筑也能够承载雪的重量而不崩塌，让部分过高的积雪滑落（见图5.11）。结构稳定的秘诀就在于茅草屋顶，其间凝聚着村民们合力造屋的木匠工艺。

"合掌造"建筑一般为2—4层。神田家合掌屋是开放供游客参观的"合掌造"建筑之一。走进神田家，可以看到，一楼除挑高的客厅外，还有主卧房、长子夫妻房及餐厅、浴室等起居房；二楼的空间较开阔，一般作为储藏与纺织工作室；一楼与二楼间的"中二阶"，是须低头弯腰从横梁下进入的小房间，在木板墙底部有一小开口，一般做"火见窗"，用来观

图 5.11 合掌村冬景

图片来源:https://zhuanlan.zhihu.com/p/50432917.访问时间:2022-11-28。

察客厅地板的火炉;三楼为养蚕室;四楼为屋脊,可以看到正三角形屋顶的内部结构。

"合掌造"建筑的房梁呈东西走向,是为了使房屋获得充足的采光,减小风力,同时坚固的正三角形屋顶建造方式可以避免冬日的大雪压垮屋顶。合掌屋的茅草屋顶时常被积雪覆盖,到了春天,雪水又会渗入草中,所以每隔30年就要更换屋顶茅草。由于茅草屋顶体量大,更换屋顶工程浩大,在过去几乎需要动员全村的劳动力。长期的协作劳动逐渐形成了独特的村落制度——"结",这是一种劳动交换制度,也象征着一种合作方式,遍及日常生产和生活,使村民的关系更加亲密。

2. 浊酒与点灯

每年10月14日和15日,白川乡合掌村都会举办"浊酒节",表达对秋季收获的感谢。所谓浊酒,是指在大米中放入米制的酵母造出的白色浑浊的日本酒。每年1月,村民们在村中的护村神社"白川八幡神社"的酒窖中制造浊酒,然后在浊酒节时请村内的人喝。此外,护村神社还会举办一些当地的艺术表演,如狮子舞、民谣演奏等,向山里的神仙祈求丰收与平安。

举办"浊酒节"已有上千年的悠久历史,对于村民而言,是不可或缺的活动。大人和孩子在过节前的1个月就开始一起练习传统的艺术表演节目。节日当天,大家一会儿加入"御神幸"的队伍游遍各村,一会儿在神社里喝浊酒,忙得不亦乐乎。为了响应这个活动,村里每户至少要出一个人来做帮手。

而冬天,是白川乡合掌村最美丽的季节。每年的12月下旬到次年3月上旬都是雪季,在此期间,村子里会举行亮灯仪式。当皑皑白雪覆盖大地,夜里的灯光宛如星光散落在白色的雪地里。入夜后,暖暖的灯光从白雪掩映下的合掌屋的窗口漫出,整个村落笼罩在静谧的氛围中,如诗如画。

3. 村落传承保护

由于地域闭塞、长期与外界隔绝，直至19世纪末期仍有大量"合掌造"建筑被当地居民居住并保存完好。直至第二次世界大战后日本经济飞速发展，在工业化的进程中，村落遭到破坏，20世纪内，"合掌造"建筑已消失92%。

自20世纪五六十年代开始，政府开始着手村落的传承保护工作——保护组织逐步将各地的"合掌造"建筑迁至白川乡，以国家重点文物"和田家住宅"为中心，重新组建了如今以113座"合掌造"建筑为主的村落样貌；制定保护标准，对改造建筑、增加设施、设立广告等开发行为严加控制。而每到"合掌造"建筑屋顶翻修之时，因需集合全村力量才可达成，故成为壮观而动人的劳动场景。

推广地方文化、提高生活水平也是村民们的重要目标。保护组织将村民移居城市后空置的"合掌造"建筑改造为"合掌民家园"博物馆，向游客展示"合掌造"聚落的生活场景。纪念品店、土特产店的布置和装饰也都能体现出当地的特色。由"合掌造"建筑改造而成的民宿让游客感受农村自然、朴实的日常生活。与旅游观光相结合的农业生产，可以让游客在观赏风景的同时品尝新鲜的农产品。传统节日的庆典活动及歌谣表演、手工插秧等游览、互动项目可以让游客充分感受当地传统文化。与企业联合建造的"大自然体验学校"，可以使游客在赏景的同时学习保护自然环境的知识。

1995年，白川乡正式被认定为世界文化遗产，这是村民坚守、共建、维系的成果。如今，白川乡内依然有大量村民居住在"合掌造"建筑中，村民们延续着传统的生活习惯，保护着祖祖辈辈流传下来的文化遗产，传承着生活的智慧。

二、城镇聚落景观赏析

（一）周庄

悠久的历史，优美的风景，古镇满载着往日岁月的留影，也蕴含着城市里少有的宁静。古镇作为一种聚落形式，雅俗共赏。中国的周庄囊水乡风韵之极致。

周庄是中国首批历史文化名镇。它位于江苏省苏州城东南的昆山市境内38千米处，环抱于南湖、白蚬江、淀山湖之间，被人誉为"中国第一水乡"。错落有致的民宅背水面街，半数以上是明清之际的建筑。周庄有百余幢古宅，60余座砖雕门楼。窄直的河道上横卧着24座石桥，其中元至清古桥10余座。著名画家吴冠中称其"集中国水乡之美"，著名建筑学家罗哲文盛赞周庄"是国家的一个宝"。

1. 历史演变

周庄旧名贞丰里。据史书记载，北宋元祐年间，周迪功郎信奉佛教，将庄田200亩捐赠给全福寺作为庙产，百姓感其恩德，将这片田地命名为"周庄"。但那时的贞丰里只是集镇的雏形，与村落相差无几。1127年，金二十相公跟随宋高宗南渡，迁居于此，人口逐渐稠密。元朝中叶，颇有传奇色彩的江南富豪沈万三之父沈佑，由湖州南浔迁徙至周庄东面的东宅村，元末又迁至银子浜附近。周庄由原来的小集迅速发展为商业大镇，与沈万三的发迹有直接关系。沈万三利用白蚬江西接京杭大运河、东北接浏河的优势，出海贸易，将周庄变成了一个粮食、丝绸及多种手工业品的集散地和交易中心，周庄的手工业和商业得到了迅猛的发展，最重要的产品有丝绸、刺绣、竹器、脚炉、白酒等。至此，贞丰里出现了繁荣景象，形成了南北市河两岸以富安桥为中心的旧集镇。到了明朝，镇廓扩大，向西发展至后港街福洪桥和中市街普庆桥一带，并迁肆于后港街。清朝，居民更加稠密，西栅一带渐成列肆，商业中心又从后港街迁至中市街。这时已衍为江南大镇，但仍叫贞丰里，直到康熙初年才正式更名为周庄镇。

2. 水乡风光之美

昆山是著名的江南水乡，河道密布，湖泊众多。吴淞江、娄江横穿东西。大的湖泊就有淀山湖、阳澄湖、澄湖、傀儡湖。位于昆山的周庄镇自古为泽国，南北市河、后港河、油车漾河、中市河形成井字形。镇内小河纵横交错，呈井字状，临河形成街市，咫尺往来，皆须舟楫。桥街相连，深宅大院，重脊高檐，河埠廊坊，过街骑楼，穿竹石栏，临河水阁，一派古朴、明净、幽静，是江南典型的小桥流水人家。灵秀的水上风光，是周庄最突出的特色。

乘上画舫，从白蚬江出发，经东垞港、抵南湖码头，可以尽情欣赏沿途数千米的田园风光、历史文化、水乡美景。凭窗远眺，宽阔的急水港蜿蜒而去，融入碧波荡漾的白蚬江中。被誉为周庄胜景的"急水扬帆""蚬江渔唱"，景色宜人。急水港西连白蚬江，东达淀山湖，江面宽阔，水流湍急。白帆片片，百舸争流，充满诗情画意，人称此景为"急水扬帆"。白蚬江长十余里，横亘于周庄镇西侧。每当下午，渔船满载而归，抛锚泊船，晾网卖鱼，港湾沸腾。傍晚时分，三五成群的渔民，纷纷在船头饮酒作乐。待明月初升，酒酣兴浓，扣弦高歌，互相应答，此起彼伏，一派粗犷淳厚的情趣，人称"蚬江渔唱"。悠然地静坐在船内，沏上一杯清茶，感受的是一份久违的闲情雅致。沿江东去，两岸田园、湖岸美景渐进渐靓，觅得几处茂林修竹成荫，几处田地阡陌连片，接着农庄。别于古镇的小桥、流水、人家，草亭、风车点缀于村头的岸边，有老农牵着牛在忙碌，渔夫的船悠然划过……一幅美丽的江南水乡景致画卷。急水港航道古谓东江，600余年前富贾沈万三从此出海，通番经商。据记载，这里当年终日舟来楫往，船队宛若长龙，十分壮观。今日，船队依旧，热闹繁忙。南湖景美，湖光水色，清幽透明。远眺位于湖心的全福寺，寺内梵宫重叠，楼阁峥嵘，如同水上的一朵莲花。

游完一周，再穿行于水巷之中，更是别有一番风味。水巷弯弯曲曲，成若干S形，两边建筑围合而成的线状空间，高远又悠长。加上两边古老的房屋和一些长满青苔的墙壁，给人以厚重感和沧桑感。穿行于水巷的船很多，总是给旅游者平添几分匆匆，让人更增加了对前面景色的好奇心。其实，这匆匆的游船就是周庄里最有韵味的美景。那摆动的大橹仍然还沿着古老的轨迹，优美地重复着过去的韵律，吟唱着古老的船歌。船工行列中，最引人注意的是那群勤劳的妇女。她们熟练地摇着橹，用吴侬软语开心地唱着歌曲。那悠扬的旋律和独特的腔调，都似乎向天空和水面散发着浓郁的水乡韵味。这些妇女被称呼为"船娘"，她们总是熟练地驾着船，不经意的动作之间显示着熟练的技巧，流露着生活的自信。

船在狭窄的河道里慢悠悠地移动着，船娘们努力保持着客船漂动的速度，避免撞到两侧的石墙。船娘已经融入了那里的水、那里的水道。她们乐在其中，河道上不断飘来她们的笑声和悠扬的歌声。听着船娘吴歌小唱，饱览古镇风光，在波光粼粼的水面上随船飘荡，优哉游哉，几多潇洒，几多风流。

回到岸上，沿河的建筑默默地展现着它的魅力。几乎所有的建筑都古朴优美，虽历经

900余年沧桑,仍完整地保存着原来的水乡集镇的建筑风貌。全镇百分之六十以上的民居仍为明清建筑,仅有0.47平方千米的古镇有近百座古典宅院和60多个砖雕门楼。周庄民居,古风犹存,最有代表性的当数沈厅、张厅。过双桥,不远就是著名的张厅,前后六进,为明朝建筑,精巧别致、古雅朴实。罕见的是玉燕堂粗大庭柱下的柱脚——木鼓墩。虽油漆驳落,但仍坚实如初,实为明朝住宅遗风。经过富安桥,来到最为著名的沈厅,相传是明朝富商沈万三的故居。最与众不同的是沈厅五个精雕细琢的门楼中的朝正堂的砖雕门楼,高达6米,正中有匾额"积厚流光",四周为"红梅迎春"浮雕,所雕人物、走兽及亭台楼阁、戏文故事等,栩栩如生,非常传神。

同时,周庄还保存了14座各具特色的古桥,其中富安桥、双桥最为著名。富安桥位于中市街东端,横跨南北市河,为单孔拱桥,是江南仅存的立体形桥楼合璧建筑。富安桥刻有浮雕图案,桥身四角有桥楼,临波拔起,遥遥相对。据说沈万三的弟弟沈万四,因不愿重蹈其哥哥与朱元璋作对最终被发配充军的覆辙,主动捐钱为乡里做好事,曾捐钱修建过富安桥。富安桥的名字,表达的是富了以后祈求安康的心愿。双桥是指位于周庄中心位置的世德和永安两桥,建于明朝。桥面一横一竖,桥洞一方一圆,样子很像是古时候人们使用的钥匙,当地人便称之为"钥匙桥"。双桥最能体现古镇的神韵。全镇桥街相连,小船轻摇,绿影婆娑,唐风孑遗,宋水依依,其灵秀的水乡风貌令人陶醉。

3. 民俗乡土之美

周庄历史悠久,地处古吴越,物阜民殷,吴越文化丰厚,孕育了多姿多彩、饶有情趣的民间习俗和乡土文化。他们用自己创造的方式,表达着对美好生活的向往和内心的祈愿。

(1)打田财。

周庄打田财习俗可能来源于宋朝的驱傩活动,后转变为带有道教文化色彩的祈求五谷丰登、国泰民安的民俗活动。每年元宵节,在东诧村牛郎庙的广场上,人们竖立起一根桅杆,杆上横一根小竹竿,两端悬挂串串彩灯。桅杆顶端缚一圈圈稻草,内藏鞭炮,敷以易燃物品,再糊上一层黄色的纸张,呈元宝状,这就是"田财"。到了夜晚,人们扶老携幼从四面八方携带鞭炮、爆竹和各色烟花火筒,来到广场上。当桅杆上彩灯内的蜡烛燃尽时,人们立即鸣放鞭炮、爆竹,点燃烟花火筒,用月炮、"九龙抢珠""五百鞭""一千鞭"对着杆上悬挂的金黄色"田财"轮番射击。霎时,焰火缤纷绚丽,围观者欢声雷动,广场上喜气洋洋。"田财"从桅杆顶上掉落,熊熊燃烧。农家争先恐后地拿着束束稻草到燃烧的"田财"上去点火。然后,一边当空挥舞,一边去田角落焚烧。

(2)摇快船。

周庄的摇快船始于清初。顺治年间,江南各地纷纷起兵反清。邻镇陈墓(今锦溪)的秀才陆兆鱼仗义响应,组织抗清水军,日夜操练于周庄、陈墓毗邻的澄湖和明镜荡。顺治二年(1645)六月,陆兆鱼率师进军苏州,千舟竞发,摇着快船以迅雷不及掩耳之势,一举攻占南门,直捣巡抚衙门。凯旋时遭清军伏击,陆兆鱼只身得脱,隐居为僧。事后,乡亲们为了纪念他,周庄等地每年在农历三月廿八日、七月十五日举行庙会,在水上进行摇快船比赛。经过数百年沿袭,摇快船已成为民间良辰佳节,以及喜庆丰收、婚嫁迎亲时群众的大型娱乐活动。农民自备船只、服装、道具、锣鼓,自娱自乐,具有浓郁的水乡风情。周庄的快船堪为奇景。比赛前,先由手巧艺高的工匠在船上搭起花棚,称为"花快"。花棚分头棚、舱棚和艄棚,棚上披挂绸缎幢幔,装饰华丽。头棚上悬挂彩灯,插上彩旗;舱棚上流苏飘挂,舱中坐上锣鼓乐队;艄棚供橹手们遮阳。每船备头篙、大橹、小橹各一置于船体左右两侧。大橹旁搁跳板于舷外,伸出水面。每船配有十五六名身强力壮的橹手,身穿紧身衫衣,脚蹬绣花布草鞋,颇显威风。每逢节日,周庄南湖或急水江等地锣鼓喧天,人声鼎沸,宁静的水乡变得亢奋了。来自周庄及附近村镇的数十条花快船云集在碧波荡漾的水面上,帆樯如林。岸上人头攒动,摩肩接踵,观者沉浸在一片喜气洋洋的氛围之中。比赛开始,船与船比,村与村比,龙腾虎跃的橹手各司其职,出跳、扯绷、把槽,配合默契。出跳的气宇轩昂地站立在跳板上猛力拉绷,时而身体如飞燕般掠过水面;扯绷的跺脚叱喝,奋力推拉绷绳,时而猫着腰,时而挺着胸,两三个回合,后排橹手马上接力;把橹的尽力推艄,扳艄、撑篙的屹立在船头,使尽拿手绝招,点篙调向,指挥自如。这时,参赛的快船在铿锵的锣鼓声中似飞箭出弦,奋勇争先。船上锣鼓响彻云霄,岸上人山人海,呐喊助威,场面蔚为壮观。如今为了抒发水乡人民的壮志豪情,周庄将摇快船列为民俗风情旅游活动项目,特制了五彩缤纷的花快船,组建了橹手队伍。水乡健儿释放出奇伟磅礴的能量,使情浓意浓的古老民俗风情充满了青春的力量,为古镇旅游增色生辉。

(3)演唱宣卷、昆曲。

宣卷是周庄特有的一种民间曲艺形式,近似于堂名,亦有说唱、评弹之风。按艺人众寡、表演繁简,分为丝弦宣卷与木鱼宣卷两种。前者一般由六人组成宣卷班子,操二胡、三弦、笛子、木鱼、铜磬等乐器,以传统昆曲唱腔、民间小曲《四季调》掺和申曲、锡剧等地方戏调,进行演唱。宣卷主角长衫广袖,手执折扇、惊堂,又说又唱,神采飞扬。所演剧目常有《梁山伯与祝英台》《秦香莲》《顾鼎臣》《白罗山》等。后者常由二人搭档,其中一人敲着木鱼,边唱边念白;另一人和击佛磬,口念佛号以和卷,形式简单。所演剧目多为因果报应、劝人为善之类的简短剧目,如《目莲救母》《观音得道》等。宣卷曲艺已有多年历史,它源于周庄,后流行至锦溪、甪直、同里、青浦等地。民国时期,蟠龙村张慕堂、龙停村徐士英、祁浜村郭兆良等宣卷高手,名扬四乡。每逢过节、农闲,宣卷剧目被邀上演,深受百姓喜爱。现在,随着周庄旅游事业的发展,宣卷等民间艺术正在被逐步挖掘、弘扬。每逢重大喜庆、纪念活动,宣卷艺人便前来演出助兴。

被誉为"百戏之祖"的昆曲源于昆山,周庄就是昆山之地。明嘉靖年间(1522—1566)昆山人魏良辅将戈阳、海盐故调改为昆腔,同邑人梁辰鱼填《浣纱记》传奇,一词一曲,开创了昆曲历史。因文辞清丽、唱腔瑰雅而风靡全国,周庄人民自然也倍加喜爱。深谷幽兰的昆曲于2001年5月18日被列入"人类口述和非物质遗产代表作"。为弘扬传统文化,周庄恢复重建了古戏台,常年演出昆曲,让游客领略昆曲的风采,享受这一高雅艺术。主要剧目有《长生殿》《牡丹亭》《白兔记》《窦娥冤》等。

(4)水乡服饰。

周庄地处昆山、吴江、青浦三市交界,当地农村妇女的传统服饰具有浓郁的水乡风采。上街、走亲、下田等,妇女都喜欢系上一块花毛巾或蓝布包头,身穿大襟褂,腰着百褶小围裙,背后垂下两条及膝的彩带,带头上还缀有红绿流苏,裙下一条上青布裤,脚穿绣花滚边圆口布鞋。这就是地道的周庄农村妇女的打扮。年轻姑娘的穿着既文雅又娇俏:头上系一条色彩呈红的毛巾包头,后面的两边收起。两侧露出扎着红绒头绳的乌黑发亮的两根辫子,身穿小花头的大襟短袄,花布滚边,小琵琶扣,腰间一抹士林蓝布百褶小围裙,腰兜板(俗称着腰板)绣有各种精美图案,蓝色的彩带头上还缀有红绿流苏,裙下一条上青布裤,脚穿绣花滚边布鞋,整个打扮呈现一种俏丽之美。穿着浆洗得干净笔挺的士林蓝布大襟短袄,浅湖色的滚边和琵琶扣,腰间系着蓝布百褶围裙,围裙外还系着同样颜色的小围裙(俗称二官裙),脚着素色布鞋,这就是中年妇女的服饰。她们的头饰也同姑娘不一样,包头用的毛巾是素色的,有的用蓝布包头,头上梳的是扎着彩绳的发髻,发髻上竖插银荷花板,横的是一根银簪子,装饰朴素大方,呈现一种清雅之美。老年妇女的服饰一般都用深色的,发髻上还罩上黑色的网巾,布裙大多也是黑色的,给人一种古朴、庄重之美。包头、腰兜板、彩带、花布鞋,都是妇女们亲手绣成的。年轻的姑娘爱绣牡丹,意为幸福富贵。年长的求平安,则爱绣莲花,倾注了她们炽热的感情和丰富的想象。目前,随着农村生活城市化,上述这种服饰穿戴的人越来越少了,但中老年妇女中还保留着这一服饰传统。

(二)碛口古镇

江南一带有着许多历史悠久的古镇,事实上,华北地区也有许多古建筑群,坐落于山西省吕梁市的碛口古镇,便是其中之一。

碛口位于黄河晋陕峡谷中部,因黄河第二大碛的"大同碛"而得名。大同碛位于碛口镇西南寨子山村,寨子山村古称大同。碛,指河道中堆积的砂石滩;口,指黄河渡口。碛口古镇位于寨子山村湫水河入黄河口处,隔黄河与陕西吴堡丁家湾村相望。碛口自古就有,历来为兵家必争之地。

1. 黄河商贸要道

黄河自北而来到寨子山村,湫水河从东也如约而至,二者刚好呈90°角。湫水河是黄河支流,它裹携着大量的沙石拦腰冲入黄河,冲出一片四五百米长的暗礁浅滩。原本四百多米的黄河顿时被推挤缩至不足百米。不断堆积的沙石把河床抬高,与下游形成了落差高达10米的"跳崖水",黄河的黄金水道就此戛然而止。于是这里便成了货物中转的"水旱码头小都会",渐渐地"人烟辐辏,货物山积,船泊叠岸,驼铃不绝"。

无论大小、远近的船筏,一到碛口便意味着水路运输的终结和陆路运输的开始。而那高高耸立在碛口卧虎山上的黑龙庙,便成了商人们时时期盼的吉祥路标,望着飞檐挑梁的庙宇,商人们长长地松一口气;终于可以脚踏实地,暂时告别艰险的黄河水道。他们将货物卸下,提起行囊,极为气派地跨进客栈,要来一盘油炸花生米,一壶当地的老黄酒,悠闲地品味着。当有些倦意了,他们便坐在房间里的太师椅上,在昏暗的烛光下拨着算盘,仔细地清点着几天来的买卖结余,算盘声和着窗外的阵阵喧闹,极为动听地响起来。

黄河的水路运输衰落之后,碛口基本上处于封闭、贫困的状态。直至20世纪80年代末,碛口才引起艺术家、建筑家们的注意,被重新"发现"。如今,碛口古镇依然古色古香,脚下是石板路,两边是高圪台,房檐连着房檐,店铺挨着店铺。门对门,窗对窗,夜间在屋里说话,对面的房屋也总能听得清楚。老店铺、老字号、老房子上满是明清风格的木雕、砖雕、石雕,到处是文化,遍地见艺术。漫步在五里长街上,仿佛进入了一个时空隧道,一下走进了历史,一切都那么悠远、深沉、厚重。

2. 碛口古镇基本格局

碛口古镇主街从东南到西北呈"L"形走向，全长 2.5 千米。主街被划分为前街、中街、后街三段。主街东头为前街，这一区域主要是骡、马、骆驼交易市场与货物驮运市场。中街是百货、日杂。后街紧靠黄河码头，实力雄厚的商号均聚集于此，也是古镇最繁华的地段。前街、中街、后街一条比一条短，形成了梯形的建筑格局。

3. 碛口古镇建筑遗珍

（1）四和堂。

四和堂创建于清朝道光年间，因为由四人共同出资创建而得名。创建之后一直经营粮油生意，是当时碛口最大的油店，主要售卖西北盛产的胡麻油。到民国年间，一位平遥人买下了四和堂，并将其改名为"天聚永"，继续经营粮油生意。

这里院子宽敞，储存油篓的小窑洞并排有二十多个，如今已然被改成了一间间客房，来自五湖四海的宾朋下榻于此。若仔细看，就会发现这个院子内的柱子粗细不一，有直有弯，所有窑洞都用石头和砖砌筑，但大小不一，甚至有半间窑洞。因为这些窑洞当时主要是用来存放货物而不用来居住，所以大多在选材、朝向、美观方面并不讲究，而只注重实用，目的就是最大限度地节省并利用空间。

1940 年，八路军 120 师在四和堂旧址开办了"新华商行"，专营过载货物转运，有效地支援和繁荣了边区经济。中华人民共和国成立后，四和堂成为碛口粮站。20 世纪 80 年代粮站迁走后，四和堂闲置，原有房屋开始坍塌，损坏严重。后来四和堂经过修缮而成为现在的"碛口客栈"（见图 5.12）。

图 5.12　碛口客栈

图片来源:https://zhuanlan.zhihu.com/p/49949133.2022-11-29

(2) 黑龙庙。

碛口古镇的制高点黑龙庙坐落在碛口卧虎山。倚庙廊俯而环视,但见黄河滔滔横贯南北,湫水潺潺自东向西;远望大同碛波光粼粼,近观碛口镇尽收眼底。山、水、碛、镇、庙在河流巍谷间遥相呼应,构成"虎啸黄河,龙吟碛口"的壮丽图景。

黑龙庙始建于明朝,由当年商号们集资修建。人们在庙内供奉黑龙、河伯、风伯、关圣帝、华佗,祈求风调雨顺、行船平安、商贸繁荣、健康无恙。

黑龙庙创建三百余年来几经修缮,整体建筑结构严谨合理,左右对称,奇伟壮观(见图5.13)。现存的黑龙庙是一座四合院式建筑,依地势坐东北面西南,依山面水。正殿面阔三间,进深两间,硬山顶,内供黑龙大王。左右两耳殿分别供奉河伯、财神,其余仓官、金龙、庙童也各得其所。此外东西配殿、看台、廊房共22间。殿对面建有两层戏楼,乐楼(戏台)的音响效果甚为奇特,不用扩音设备,万人看戏,声音清脆,乃至响彻数里,有"山西唱戏陕西听"的说法。每逢庙会节日,秦晋两省的旅游者络绎不绝。

图 5.13 黑龙庙

图片来源:https://zhuanlan.zhihu.com/p/49949133.访问时间:2022-11-29。

(三) 圣托里尼

有人说,世间有两种人,一种是去过希腊的人,另一种是没去过希腊的人。还有人说,上帝把最美的颜色都留在了这个浪漫的小岛,这个小岛就是圣托里尼(Santorini)。它被誉为爱琴海最璀璨的明珠,柏拉图笔下的自由之地,有着世界上最美的日出日落和最壮阔的海景。

圣托里尼古名为希拉(Thera),后来为纪念圣·爱莲(Saint Irene),于1207年被改名为圣托里尼。圣托里尼位于基克拉泽斯群岛的最南端,岛屿面积为96平方千米,海岸线长69千米,岛民多为希腊人。圣托里尼岛由3个小岛组成,其中2个岛有人居住,中间的1个岛是休眠的火山岛。历史上这里曾多次爆发火山,以公元前1500年那次最为严重,岛屿中心大面积塌陷,原来圆形的岛屿变成了月牙状。

有人说圣托里尼像一杯卡布奇诺,因为月牙形的褐红色火山石活像浓浓的咖啡。也有人说圣托里尼像一个蓝白的梦幻世界,因为这里一眼望去除了白色就是蓝色。置身于圣托里尼,不需要有过多的思考,人们可以和同伴悠闲地在岛上漫步,也可以在曲折的窄巷里寻找有特色的小餐馆、咖啡馆、珠宝店、礼品店,穿梭于摆满鲜花和盆景的阳台间(见图 5.14)。

图 5.14 圣托里尼

图片来源:https://sc.68design.net/tk/42988.html.访问时间:2022-11-29。

1. 依山而落的海边小镇伊亚

伊亚是费拉市西北尽头的一个美丽城镇,是圣托里尼的第二大镇,位于圣托里尼北部。第二次世界大战前,伊亚是圣托里尼的商业中心。伊亚建在海边悬崖上,被认为是世界上观看落日最美的地方。每到黄昏,在太阳落下的那一瞬间,时间仿佛停滞了,太阳慢慢消失在地平线,镇上突然变得宁静安详。人们脸上都洋溢着微笑,安静地送走夕阳的最后一抹余晖,每个人都陶醉在这人间美景中。

在伊亚,无论向哪个方向望去,都是一幅绝美的图画。那些建在悬崖上的蓝顶教堂与彩色小屋十分突出。这里也有无数精致的白色房屋,还有传统的希腊式风车,在夕阳照耀下令人迷醉。镇上依山而建的白色房屋,搭配蓝色门窗,其间还点缀着红、黄、粉以及无数种渐变的颜色,高高低低,错落有致,主人在房前屋顶种植的香气扑鼻的鲜花,衬托出朴实又美丽的建筑风格。这些别致的房屋可能是咖啡馆,也可能是小旅馆、小餐馆,坐在其中一家俯瞰令人陶醉的爱琴海,任凭时间的流逝和浮世的喧嚣,感受这里与世无争、静谧温馨的氛围。

2. 独一无二的黑色沙滩——卡玛里海滩

如果说,伊亚是文人雅士之所爱,那么卡玛里海滩就是旅游者夜生活的天堂。卡玛里海滩距离费拉市较近,是一个长方形黑色沙滩(见图 5.15)。圣托里尼独特的火山地质造就了这块独特的黑色沙滩。看起来,沙是黑的,水也是黑的。黑色海滩名气不小,海水清凉、干净,据说还有美容作用。卡玛里海滩方圆 500 米,聚集了几十家旅馆,从民宿到最高档的五星级酒店都有,可见其热闹的程度。平行于海岸的海滨大道上也有各种餐馆、酒吧、纪念品店、运动用品店。

入夜之后,这里的酒吧、餐馆热闹非凡,让人置身于一座浪漫的不夜城。

图 5.15　卡玛里海滩

图片来源：http://www.vwota.com/gqly/6111.html. 访问时间：2022-11-30。

3. 火山的足迹——阿科罗提利遗址

在圣托里尼的南面，有一座曾被火山灰覆盖的城市于 1967 年被发掘出来，即现在的阿科罗提利遗址。阿科罗提利遗址的历史可追溯到 16 世纪，考古学家在这里发现了两三层楼高的建筑群，墙壁将建筑分隔成许多房间，不仅有仕女房间，还有复杂的水渠系统房间。阿科罗提利遗址被挖掘出来时，考古学家没有发现任何骨骸和珠宝，出土的大酒瓶上还有葡萄酒渍。遗址中最精彩的是墙上的壁画，由于大量火山灰的覆盖，壁画保存完好，表现了居民当时的生活情景，有极高的艺术水平，其中包括了"春之图""打拳少年""渔夫""航海图"等作品。这些最具历史价值的真迹原作现保存在雅典国立考古博物馆。

三、城市聚落景观赏析

（一）丽江古城

仁者乐山，智者乐水。丽江古城是一座依山傍水、天人合一的山水古城。依山而建，顺水而居，依的是天时地利，顺的是自然自由，无心而设又妙手天成。街道傍水，民居临水，古桥跨水，绿树映水，构成了一幅幅意境优美的古城水乡的画卷。如果把狮子山、金虹山比作丽江古城的骨架，那么流遍全城的水系就构成了丽江古城的经脉。清澈明净的玉泉水，走街过巷，色彩斑斓的五花石铺筑而成的大街小巷与水相行，与民居相连；随处可见的桥梁或卧或搭，与水相亲相依，把街巷与民居串联成片。水草在水里摇曳，鱼儿在水草间嬉戏，小桥、巷道、人家、绿树倒映水中，构成了一幅态浓意远的古城山水画，这一切都是令人流连忘返、魂牵梦萦的丽江古城的魅力所在。

依着古城的山，顺着古城的水，沿着古城的大街小巷，人们尽情地品味着古城的山水之韵。

1. 丽江古城概况

丽江位于云南省西北部，其东部和东北部与四川省凉山彝族自治州接壤，因境内的金沙江古称"丽水"而得名"丽江"，纳西语称丽江为"依古芝"，意为"金沙江江湾中的集镇"，或称"巩本知"，"巩本"为仓廪，"知"即集市，可知丽江古城曾是仓廪集散之地。丽江古城由大研、白沙和束河三个古镇构成。现在的丽江古城主要指大研镇。大研镇形成于南宋后期,地处云贵高原,海拔 2 400 余米,面积达 3.8 平方千米,自古就是远近闻名的集市和重镇。在大研镇,有 30% 的居民仍在从事以铜银器制作、皮毛皮革、纺织、酿造业为主的传统手工业和商业活动。"大研"的名称来源有两种说法:第一种说法是当时居住在这里的古纳西族"柬、叶、何、梅"四大支系中的"叶"支系发展壮大,占据了头领的地位,于是为了突出地位的尊贵就称其为"大叶",居住地得名"大叶场",后由于"叶"与"研"读音相近而演化成了"大研";另一种说法是丽江古城被群山环抱(北依象山、金虹山,西为狮子山,东、南连平坝),整个地貌形如一方砚台,古时"砚"与"研"互相通用,故得名"大研"。

丽江古城历史悠久,古朴自然(见图 5.16)。丽江古城始建于宋元,盛于明清,丽江古城是我国保存最为完整、最具纳西风格的古代城镇,也是中国现存历史文化名城中唯一没有城墙的古城。之所以不筑围墙,据说是因为丽江世袭统治者姓"木",筑城墙势必如木字加框而成"困"字。

图 5.16　丽江古城

图片来源:https://www.lijiangtv.com/news/other/article/62623.html. 访问时间:2022-11-30。

丽江古城的建筑布局错落有致,既具有山城风貌,又富于水乡韵味。丽江民居既融合了汉、白、彝、藏各民族精华,又有纳西族的独特风采,是研究中国建筑史、文化史不可多得的重要遗产。丽江古城包容着丰富的民族传统文化,集中体现了纳西族的兴旺与发展,是研究人类文化发展的重要史料。丽江古城把经济和战略重地与崎岖的地势巧妙地融合在一起,真实、完美地保存和再现了古城风貌。丽江古城的建筑历经无数朝代的洗礼,饱经沧桑,融汇了各个民族的文化特色而声名远扬。丽江古城还拥有古老的供水系统,这一系统纵横交错、精巧独特,至今仍在有效地发挥着作用。因为丽江古城集中展现了纳西族文化的精华,并完整地保留了宋元以来形成的历史风貌,所以于 1986 年被国务院列为国家历史文化名城，1997年12月4日被联合国教科文组织世界遗产委员会列为世界文化遗产。丽江古城具有丰富的旅游资源和灿烂的历史文化，玉龙雪山风景区被列为全国5A级旅游区和国家重点风景名胜区。

2. 丽江古城的建筑

（1）街巷深深深几许——丽江古城的街道。

丽江古城以山为骨、路为脉、水为魂。那么，什么是丽江古城的心脏呢？可能大家都会不约而同地想到，丽江古城的心脏应该是四方街。四方街，顾名思义，本身是连通丽江古城四方的中心地带。丽江古城街道以此为中心，向四周发散，四方街是各条街道的起点；同时所有街道都向四方街聚合，四方街又成了各条街道的终点。以四方街为中心，连接了新华街、新义街、五一街、光义街、七一街五条主要街道，同时，又从其中分出上百条的纵横巷道，构成了丽江古城的经络。

从空间角度来看，街道和广场是一个连续的统一体，但又各具不同的特性：街道是"一条线"，广场是"一个面"；街道用于"行进"，广场用于"停顿"；街道是"动态"的，广场是"静态"的。或者可以说，在丽江古城这部凝固的宏大交响乐章中，鳞次栉比、高低错落的民居建筑群构成了它的音符，这些音符又通过街道的贯通组成了进行曲，其中的"广场"则是恰到好处的休止符和中间音。

（2）沟通与交流——丽江古城的桥。

纳西先民在很早的历史时期就掌握了造桥技术。有河就有桥，桥是应沟通连接丽江古城水系网和街道系统的需要而出现的。在丽江古城的水系网上，修建有354座桥，平均每平方千米有93座桥。这三百多座形态各异的桥与河水、绿树、古巷、古屋相依相映，散发着丽江古城的诗情画意。这意境，犹如卞之琳的《断章》，你在桥上看风景，别人又把你当作了风景，人在景中，景在画中，画在心中，情景交融，物我为一。

丽江古城的桥，因时、因地而异，或卧、或搭、或拱、或连，有的是精心建造的石拱桥，有的是雕梁画栋的风雨桥，更多的是因需而设的栗木桥。锁脉桥位于下八河村，桥形如同一把锁。相传清雍正年间万咸燕在丽江主持教育工作时，看到丽江风水极佳，担心冲了龙脉，就对丽江风水进行了破坏。后其母亲莫名失明。他以为自己在丽江所作所为触犯了丽江的土地神，为了偿还宿债，最后修了此桥，桥边也修了锁脉寺，意为丽江的风水之脉由此锁住，不再流到外地。

与古代的风水学相对应，古城石桥设计也有"七星卦八斗"之说。"七星卦八斗"指的是中河沿下共有双石桥（双孔）、大石桥（双孔）、万子桥（一孔）、南门桥（一孔）、锁脉桥（一孔），共计七个孔，每座桥旁都设有焚纸炉，炉数与桥孔相等，加上雪山书院内也设一炉，共计八个，称"七星卦八斗"。

（3）丽江古城的心脏——四方街。

相传木氏土司仿其府印之状来建造四方街，四方街之名也暗含了"权震四方"之意。但就其功能而言，四方街更多的是一个与民众日常生活息息相关的生活空间，也是一个方便四方客商生意往来的商贸中心。在云南方言中，"街"是集市的意思，"街子天"就是赶集的日子。四方街也是一个可以天天赶集的集市，集市中几乎集中了人们吃穿住行用所需的各种商品，是名副其实的商品贸易中心。

四方街不仅是古城的商品贸易中心,也是一个文化中心。来自不同地方、不同行业、不同阶层的人都在这里汇合、交流,由此也体现了它的包容性、公共性、开放性、多义性的文化特征。平民性、世俗性、静态美、历史感是丽江古城历史环境给人突出的印象。这从丽江古城的几条主要街道上也可一一领略得到。街道全部用五花石铺就,雨季不会泥泞,旱季也不会飞灰,石上花纹图案自然雅致,与整体环境相得益彰。

(4) 妙手天成,多元壮丽——丽江古城的民居。

丽江古城的民居别具特色。尊重自然、亲和自然是丽江古城民居的特色之一。纳西先民认为人与自然是同父异母的兄弟,所以尊重自然、亲和自然是深入纳西民众心灵世界的人生观,这在丽江古城民居建筑中也得到了充分体现[①]。依山傍水,户户垂杨,家家流水;街随水走,屋随水建,没有汉式传统的中轴线建筑及官民不同等级的建筑风格,它尊崇的是不拘一格又自成一体,无意为之又妙手天成,蕴含着天人合一的理想追求。在纳西先民的生态伦理观念中,不能随意破坏山脉、地脉、水脉,甚至每一棵树都有神灵依附,不能任意砍伐。这种朴素的唯物主义是纳西先民从漫长的生存经验中提炼加工而成的,渗透到纳西先民的心灵世界之中,继而也影响到了具体的建筑风格。

多元民族文化的融合与深厚的历史积淀,是丽江古城民居的特色之二。多元的民族文化有一个互相融合、互相影响的过程。这种融合与影响表现在文化的诸多方面,在建筑艺术上也有所体现。纳西民居建筑吸收了汉族、白族、藏族的建筑特色。如在古城民居建筑中,大多以木构架为主体,建筑材料以木材为主;以斗拱为关键结构构件并作为度量的单位;在外部轮廓中,有高大的台基,屋顶式样繁多,有庑殿、歇山、悬山、固顶、攒尖顶、单坡、十字脊、丁字脊、拱券顶、盝顶、圆顶等以及由这些屋顶组合而成的各种复杂的形体,屋面有各种脊吻、檐边、转角等形成丰富的屋面曲线,柔和而壮丽;院落的组织上,除主要建筑殿堂外,附属建筑多用配厢、夹室、廊庑、前殿、围墙等,并呈现沿中轴线左右对称的布局。这些都明显借鉴了汉族建筑艺术的表现形式。丽江古城一带的蛮楼的建筑风格及式样则承袭了藏族传统建筑风格,如古城所用的见尺收寸的筑墙技术与藏族的碉楼建筑有相似之处,民居中的蛮楼式建筑也有藏族建筑的风格。白族对纳西族建筑的影响主要是在门窗、墙壁、装饰绘画等方面。白族的照壁、木雕、墙基,汉族的福禄寿禧、庭院布局、四季博古等,这些不同的民族风格都融合到纳西民居建筑中,与纳西族风格和谐统一,相得益彰。

每个民族都有自己独特的文化,建筑就是其文化的重要组成部分,它反映着这个民族的审美观念、社会观念以及地域性。因此,不同的民族对于建筑地点和形式的选择、房间的朝向、房间内部的布局都不尽相同。纳西先民受汉族文化影响较深,这在建筑民俗中也可以看出,比如,中华人民共和国成立以前,丽江纳西先民的正屋的堂屋及厢房不设地板,因为民间有"土生土长,易生易长"之说,认为一个人少了地气就易夭折和患病;大门忌立中,偏左为吉,以应"左青龙"之说;大门正脊中间最后盖的那块瓦下,放入主人家中一本书、一支笔,以喻此门中会走出识字知书的大人物;建新房的仪式中所体现的民俗也深受汉族文化影响。

---

① 和爱东,2011.论丽江古城民居建筑特色[J].大众文艺,5:154.

平民化、世俗化、自然化是丽江古城民居的特色之三。纳西民居建筑从整体特色上来看,讲究布局的均衡对称,过渡、衔接得自然又富于变化。从一栋房屋的结构来看,房屋的结构讲究楼上楼下、前后左右的均衡对称。纳西民居建筑的房屋间数以单数为主,极少有双数的,这样以中间为轴,两边为平衡点,显得稳重大方。这种均衡对称也体现在村落布局上,以河道、道路或以两家中间墙壁为中轴线,相互对着中轴而居。当然,这种均衡对称是相对的,如夹河或夹路而对居的民居是随着河道、道路的改变而改变的,随山顺水错落有致而结庐。正房、偏房、墙壁之间也有高低起落,突出了美观性。

有"宫室之丽,拟于王者"之称的木府坐落于古城中,它与其他民居建筑共享一条街道、一条河流、一个市场,不带有传统的官民森然有别的封建等级建筑色彩。同时,古城民居透露出的不炫耀、尚质朴、崇自然风格正是营造了其特有的一种平民的亲和力,加上市井中的生意往来、邻里往来、城乡往来,构成了一幅生动活泼的古城生活画卷。大户人家有花厅,小户人家也喜欢在庭院内种植花草,人与自然在这方天地中得以和谐共生。一方天井,几棵绿树,数丛鲜花,一尊石笋,一种可亲、可爱而又自然、自在的家居环境浮现于现实之中,虽不是天堂却胜似天堂。

建筑是凝固的艺术,也是一个民族心灵史的活化石。从玉龙雪山到狮子山,从丽江的第一座本土宗教建筑北岳庙到古城里第一座道教建筑三清殿,在尘世与天国之间,灵魂之花一路开放,人们从中不仅感受到了一个民族的上下求索的心路历程,也体会到了生命的美丽和庄严。

(5)缩小的紫禁城与建筑珍宝——木府与五凤楼。

丽江古城内的木府原为丽江世袭土司木氏的衙署,始建于元朝(1271—1368),1996年地震后有损毁,1998年修缮。木府占地46亩,中轴线长369米,整个建筑群坐西朝东,"迎旭日而得大气"。木牌坊上大书"天雨流芳"四字,乃纳西语"读书去"之谐音,体现纳西先民推崇知识的灵心慧性;石牌坊通体皆石,结构分为三层,是国内石建筑的精品;议事厅端庄宽敞,气势恢宏,是土司议政之殿;万卷楼集两千年文化遗产之精粹,千卷《东巴经》、百卷《大藏经》、众多名士书画,皆是翰林珍奇、学苑瑰宝;护法殿又称后议事厅,是土司议家事之殿;光碧楼乃后花园门楼,史称其建筑"称甲滇西";玉音楼是接圣旨之所和歌舞宴乐之地;三清殿是木氏土司推崇道家精神的产物;而狮子山古柏深处,还有木氏土司祭祀天、祖、大自然的场所。木府充分体现了纳西族广纳多元文化的开放精神,充分反映了明朝中原建筑的风采,同时保留了唐宋时期中原建筑中古朴粗犷的流风余韵,而其坐西朝东、府内玉沟纵横、活水长流的布局,则又见纳西族传统文化之精神。它也被称为缩小的紫禁城。

位于城内福国寺的五凤楼,始建于明万历二十九年(1601),楼高20米。因其建筑形制酷似五只飞来的彩凤,故名"五凤楼"。这些恢宏的建筑是纳西族居民心中的纳西净地。五凤楼融合了汉、藏、纳西等民族的建筑艺术风格,是中国古代建筑中的稀世珍宝和典型范例。

3. 丽江古城的水

丽江古城的一大奇观是古城建设者巧妙地调用了玉泉水。当发源于城北象山脚下的玉泉水悠悠流至玉龙桥下时,人们将泉水在此分成西河、中河、东河三岔主流,然后再分为无数股支流，穿流在古城的大街小巷，流遍全城的家家户户。

（1）古城水系。

水是古城的灵魂，丽江古城里的水来自三里远的黑龙潭。盈盈一水间，倒映着玉龙雪山上的白雪和白云，给人一种静美的意境。黑龙潭方圆一里多，从黑龙潭下来的玉泉水，带着雪山上的云影雪光，流至古城入口处的玉龙桥处，分别分成东河、中河、西河三岔主流。这三股主流再分成更小的分支，穿街过巷，遍流全城，形成一个经络相连的树状水系。

（2）古城三眼井。

如果说三岔主流构成了古城的血脉、气脉、经络，是古城的灵气，那么散落在古城内的泉眼、井水就是古城的经穴，成了镶嵌在这座古城之上的宝石。古城中最有名的井是三眼井，体现了古城居民的聪明才智，也是纳西先民尊重自然、顺应自然、亲和自然的典范之作。丽江三眼井是地下喷涌出的泉水，依照地势差修建成的三级水塘。一般是用石条或砖砌成三个围栏，井水浅，井口大，成水塘状（见图5.17）。三个水塘高低有别，但相互连通。一池水满则溢流到下面一池。第一眼井是出水井，最为神圣，主要用于家庭饮水；第二眼井为洗菜、洗涮炊具之用；第三眼井供洗衣之用。最后水由第三个水塘排入排水沟中，用作农田灌溉用水。三潭相串，各司其职，既保证了饮水卫生，又节约了水资源。古城中比较著名的"三眼井"共有六口，分别是光碧巷"三眼井"、白马龙潭"三眼井"、密士巷的溢璨泉、文明巷的甘泽泉、七一街的石榴井和上八河井。为了延续丽江纳西先民护水、用水的民俗，在丽江古城管理局的倡导下，古城四方街仍旧保留用河水"洗街"的传统，充分体现了纳西族敬畏自然、尊重自然、与自然和谐共生的传统生态观念。

图 5.17　三眼井

图片来源：https://www.meipian.cn/8i9ygp4．访问时间：2022-12-13。

（3）古城水文化。

水是古城的灵魂，也是古城的生命线。古城居民与水相依为命，共荣共生，由此积淀生成了一整套用水制度和水文化：水里不能乱扔垃圾，不能随意砍伐水源地的树木，不能捕捞水源地的鱼虾。同时规定了生活用水的时间制度：早上挑饮用水，白天洗菜，晚上洗衣服等；不同居民社区的用水、分水、浇灌田地也有明确的乡规民约。此外，还有一些民俗：大年初一清晨要到河边、井口点香，向水神、龙神磕头谢恩；挑水之前把钱币投入水中，以示向水神买水;大年初一的用水必须在前一天挑满,否则水神会不高兴,以为向它索取过多。

(4) 古城水韵。

古城因有水而有韵味、气质、意境和灵魂。水是流动的,民居、街道是静止的,这里呈现的是动静结合之美;水是柔软的,河岸街道的五花石是坚硬的,这里呈现的是软硬对比之美;水每天都是新鲜的,是即时的,民居、街道是古老的,这里又呈现出灵动鲜活的生机之美;水有声,人有声,有无之间,自有意境;水走街过巷,或隐或现,有时平静,有时喧哗,像个调皮的小孩,而古老的民居、街道,像个沧桑的老人,诉说着悠悠往事。

岁月如流水般流逝,沉淀下来的是这方水土的记忆与生活。记忆里的感觉是模糊的,古城之美也在于此,只能由每个人细细地品味。

4. 纳西文化

纳西族最具代表性的文化被形象地归纳为三个"活化石"。所谓三个"活化石",分别是文字活化石——纳西象形文字,音乐活化石——纳西古乐,人类社会活化石——摩梭人母系大家庭。

纳西象形文字"东巴文"是一种兼具表意和表音成分的图画象形文字,它只有1400余个单字,但词语异常丰富,能充分表达细腻的情感,也能记叙说明复杂的万事万物,还能写诗、作文章,是目前世界上唯一"活着的象形文字"。丽江古城到处都可以看到东巴文的影子,民居大门的楹联、店铺的招牌常常用东巴文书写。

纳西古乐是唐宋以来的一些词牌和曲牌,主要包括"白沙细乐"和"洞经音乐"两部分。前者为丽江本土音乐,后者由宫廷和道教音乐组成。在公元1368年以后,这两种音乐就陆续地传到了丽江。这两种音乐在中原地区早已成为绝音,但自传至丽江后被广泛地传播开来,在乡村小镇随处都能听到这美妙的声音。纳西古乐保存至今还有22个曲目,其中有的融入了纳西族自己的思想感情和演奏风格。纳西古乐被中外学者和广大音乐爱好者称为"音乐活化石""和平之音""仙乐天音"。聆听纳西古乐可以使人真正感受到"此曲只应天上有,人间能得几回闻"的意境。

泸沽湖畔的摩梭人,至今仍保持着母系大家庭和不娶不嫁的阿夏走婚习俗,为世所罕见,以"女儿国"闻名于世。女儿国风情万种,摩梭人"崇母尊女"的文化传统似乎影响了泸沽湖的山水,秀美和飘渺是这里最大的特点,走入泸沽湖宛如走入一个纯美的女神领地。在泸沽湖及周边的摩梭村落里,一可看湖,二可看木楞子房和四合院,三可乘猪槽船游湖岛,四可在风情路上领略摩梭风情,五可了解神秘的"阿夏走婚"。北距落水村20千米的永宁,有著名的扎美寺和永宁温泉,在这里可看到摩梭人的藏传佛教艺术以及悠远的文化,还可了解到摩梭民风的历史演进。

总之,纳西文化独特璀璨,博大精深,令旅游者陶醉久久,回味悠长。

5. 丽江古城观赏方法

丽江古城,虽处处皆景,景景怡人,然若能遵循如下观赏方法,则更能得其妙。

(1) 登高凭胜,可看古城之势。

古城巧妙地利用了地形,西有狮子山,北有象山、金虹山,背西北而向东南,避开了雪山寒气,接引东南暖风,藏风聚气,占尽地利之便。

（2）临河就水，可观古城水情。

古城充分利用泉水之便，使玉泉水在城中一分为三，三分成九，再分成无数条水渠。主街傍河、小巷临渠，使古城清净而充满生机。

（3）走街入院，可欣赏古城建筑。

古城建筑全为古朴的院落民居，房屋构造简朴、粗犷，而庭院布置和房屋细部装饰则丰富而细腻，居民喜植四时花木，形成人与自然的美好和谐关系。

（4）入市过桥，可一览古城布局。

古城布局自由灵活，不拘一格，民居、集市、道路、水系组织聚散合理，配置得当，再加上石桥、木桥、花鸟虫鱼、琴棋书画、民风民俗，生发出无穷意趣，使古城独具魅力。

（二）桂林

作为我国著名的风景游览城市，桂林独特的喀斯特地貌使之被誉为国际旅游明珠。桂林享有"山水甲天下"之美誉，是中国乃至世界重要的旅游城市，有着国家重点风景游览城市和历史文化名城两项头衔。桂林以其秀美的山水、悠久的历史文化和独特的少数民族风情闻名天下。走在桂林，可以发现桂林处处皆胜景，漓江山水堪称其中的典范。

桂林位于中国华南地区，广西壮族自治区东北部，"湘西走廊"南端。桂林的北部及东北部与湖南省交界，东南部与贺州市接壤，南部与梧州市及来宾市毗邻，西部及西南部与柳州市相接。桂林位于南岭山系西南部、桂林—阳朔岩溶盆地北端中部，处在"湘桂夹道"中。

在桂林，喀斯特地貌最为典型。辖区内洞穴、石峰数以千计，大小湖塘数百个，其间河谷开阔平缓，山多平地拔起，形成了神姿仙态的峰林、幽深瑰丽的溶洞和神秘莫测的地下河。孤峰、流泉、峰丛、峰林环布，漓江依山势流转，江中为洲，间有险滩、流泉、飞瀑，是桂林山水精华之所在，形成了集山青、水秀、洞奇、石美于一体的"桂林山水"（见图5.18）。这些独特的喀斯特地貌与景象万千的漓江及其周围美丽迷人的田园风光融为一体，形成了独具一格、驰名中外的桂林（见图5.19）。

图 5.18　桂林山水

图片来源：https://www.guipin.com/zixun/neirong/215.html. 访问时间：2022-12-01。

图 5.19　桂林风貌

图片来源：https://www.sj33.cn/dphoto/fgsy/201606/45601.html，访问时间：2022-12-01。

1. 桂林山水文化

桂林山水的历史文化源远流长：桂林美丽的山水，记录和凝结着底蕴深厚的历史文化。桂林，始于秦朝，兴于唐宋，盛于明朝，是我国首批公布的历史文化名城之一。桂林曾是我国南方政治、经济、军事、文化中心，是"南通海域，北达中原"的重镇。千余年来，这座山水名城被赞美之词填满，很多人知道桂林甚至先于知道广西。桂林有着让人动容的坚持——在城市中心，建筑的高度不能超过山的高度，可以不要高楼大厦、繁华都市，只为青山不改、漓江长流。历史上文人墨客赞美桂林山水的诗赋和佛像遍布石壁岩洞，摩崖数量之巨在我国长江以南首屈一指，成为全国六大石刻基地之一，其中"桂海碑林""西山摩崖石刻"等最为有名。

2. 桂林碑刻大观

桂海碑林博物馆位于月牙山南麓，由龙隐洞和龙隐岩两处的 220 余件摩崖石刻和新建碑阁中数十件石刻组成，还收藏了市内外拓本上千件。这些石刻经由唐朝直至清朝，历时 1 000 多年逐步完成。历史上在这里兴盛的旅游文化，积淀成龙隐洞和龙隐岩内外"摩崖殆遍""壁无完石"的碑林奇观，向人们展示了一幅幅绚丽多彩的历史画卷，堪称一部刻在石头上的历书。无怪乎南宋才子陈谠遍游桂林诸山后，面对琳琅满目的碑刻发出了"周南太史书"的赞叹，并将之与《诗经》《史记》媲美。

与以庄严肃穆的庙堂文化为特色、以碑为主的西安碑林不同的是，桂林碑刻以灵活多样的社会文化为特色，以摩崖为主体。题刻内容从政治生活、军事征战到开渠筑城、宗教传说，一块块碑刻截取了各个时代的横断面，再现了当时的社会风貌，如记录了北宋时期一次震惊朝野的党派斗争的《元祐党籍碑》，反映北宋末年正直官吏反腐倡廉呼声的《龙图梅公瘴说》等，不胜枚举，都具有弥足珍贵的史料价值。"游山如读史"，桂林的摩崖石刻正是以深刻的文化内涵屹立在秀丽的桂林山水中，令中外游客流连忘返。

3. 西南少数民族文化

桂林是个多民族聚居的城市，壮族、回族、苗族、瑶族、侗族等 28 个少数民族占桂林市总人口的 16.64% 左右（截至 2020 年 11 月 1 日）。少数民族虽共同生活在华夏民族的文化气氛中，却都保持着自身的风俗，包括服饰、食物、节日、宗教信仰和语言文字。桂林保持着古朴、奇特、多彩的民俗风情，如壮族三月三歌节，瑶族盘王节、达努节，苗族芦笙节、拉鼓节，侗族花炮节、冬节都对中外旅游者具有极大的吸引力。

壮族以壮锦为标志,喜好唱歌,节庆有三月三歌节。壮族歌圩,在长期发展的过程中有着许多动人的传说,其中比较流行的是"赛歌择婿"的故事。传说在以前,有位壮族老歌手的闺女长相十分美丽,又很会唱山歌,其父母希望挑选一位歌才出众的青年为婿。各地青年歌手纷纷赶来,赛歌求婚,从此就形成了定期的赛歌集会。

苗族的旧年和汉族的春节相似,农历十二月下旬,家家舂糯米、买年货,出嫁的女子也随同丈夫回娘家,到正月初七才能回夫家。刺绣蜡染,工艺独特;芦笙踩堂,欢度良宵。苗族每年二月初二和六月初六都做粽子祭奠祖先。

瑶族居住在高山区,大桶药浴,淋漓痛快,祛风去病,实属民间一绝。节庆有打旗公节(农历五月十四日),粽子祭祖,祈祷丰年。龙胜境内的瑶族分为盘瑶、花瑶和红瑶。盘瑶因崇拜"盘瓠"而得名,又名过山瑶;花瑶因其妇女服饰花色花纹多而得名;红瑶妇女服装分饰衫、花衣、便衣三种,从红瑶妇女的头饰就可区分少女、未婚妇女、已婚妇女。

侗族高超的建筑技艺,以风雨桥、鼓楼为代表。龙胜的侗族擅长建筑,宏伟壮观、凌厉飞扬的鼓楼和风雨桥,是侗乡重要的标识。建筑全杉木结构,凿榫穿枋,架挑对接,吊脚悬空,不用一钉一铆,体现出一种朴素归真的面貌。

4. 山水景观

(1) 漓江——船在水中行,人在画中游。

"江作青罗带,山如碧玉簪",以漓江风光和岩溶地形为代表的山水景观有山青、水秀、洞奇、石美"四绝"之誉。从桂林至阳朔的83千米漓江河段,有深潭、险滩、流泉、飞瀑的佳景,是岩溶地形发育典型、丰富和集中地带,集中了桂林山水的精华,令人有"船在水中行,人在画中游"之感。

漓江是世界上风光最秀丽的河流之一,长160千米。漓江两岸的山峰伟岸挺拔,形态万千,石峰上长有茸茸的灌木和小花,远远看去,仿佛美女身上的衣衫。江岸的堤坝上,终年碧绿的凤尾竹,似少女的裙裾,随风摇曳,婀娜多姿。最可爱是山峰倒影,几分朦胧,几分清晰。江面渔舟几点,红帆数页,从山峰倒影的画面上流过,真有"船在青山顶上行"的意境。

(2) 象鼻山——江水穿洞而过,明月浮水中。

象鼻山原名漓山,位于广西壮族自治区桂林市内桃花江与漓江汇流处,因酷似一头站在江边伸鼻豪饮漓江甘泉的巨象而得名。象鼻山以神奇著称。其神奇之处体现在两方面,一是形神毕似,二是在鼻腿之间造就一轮临水明月,构成"象山水月"的奇景(见图5.20)。

图 5.20 象鼻山

图片来源:https://699pic.com/tupian-500459350.html。访问时间:2022-12-02。

(3) 王城——阅尽王城知桂林。

王城坐落于桂林市中心,它修造于明太祖朱元璋侄孙朱守谦被封为靖江王时。王城为全国重点文物保护单位,由明靖江王城和独秀峰组成。城垣左为宗庙,右为社稷。城内有承运门、承运殿。围绕宫殿主体建筑,还广建楼堂厅院、亭阁轩室,构成一个金碧辉煌、规模宏大的建筑群。"阅尽王城知桂林",因为王城内的独秀峰可以观桂林城全景,且有着独特的历史文化底蕴,所以成为很多游客向往的景点。

朱元璋称帝封藩时,将其侄孙朱守谦封藩于桂林,称靖江王。王城始建于明洪武五年(1372),洪武九年(1376)基本建成,至今已有六百多年的历史,故桂林王城比北京故宫建成的时间还早。王城南北长557.5米,东西宽336米,占地面积18.7万平方米,城墙高7.92米,厚5.5米;并辟有端礼、广智、体仁、遵义四门,左为宗庙,右为社稷。城内建筑有承运门、承运殿、寝宫、月牙池、后花园等。宝善堂、清越亭、凌虚台、可心轩、玄武阁、三神祠等各类建筑齐备,御园中的月牙池可泛舟。清顺治九年(1652),定南王孔有德抵抗不住义军的进攻,火焚王府,城内建筑化为残垣。

(4) 银子岩——雄奇幽美十二峰。

银子岩位于桂林市荔浦县马岭镇,距桂林市中心85千米,离阳朔县城18千米。1999年对外开放,是国家4A级景区。景区宛如一个巨大的天然盆景,四周群山环抱,千亩桃林错落其间,古寨依山而立,鸡犬相闻;田园风光,绝壁攀岩,湖光山色,美不胜收,有"诗境家园典范"之美称。银子岩贯穿十二座山峰,以"雄、奇、幽、美"著称。洞内幽幽森森、迂回曲折,汇集了不同地质年代发育生长的钟乳石,闪闪发光,像银子、似钻石、晶莹剔透,洁白无瑕,在灯光的照射下,宛如夜空的银河倾泻而下,被岩溶专家誉为"世界溶洞奇观"(见图5.21)。

图5.21 银子岩

图片来源:https://travel.qunar.com/p-oi711176-yinziyan. 访问时间:2022-12-02。

（三）威尼斯

威尼斯是意大利东北部著名的旅游与工业城市，也是威尼托地区的首府。威尼斯曾经是威尼斯共和国的中心，被称作"亚得里亚海明珠"，有"世界上最浪漫的城市之一"的美誉（见图5.22），十字军东征时也曾在这里集结。威尼斯市区涵盖意大利东北部亚得里亚海沿岸的威尼斯湖的118个人工岛屿和邻近一个人工半岛，更有117条水道纵横交叉。威尼斯的建筑、绘画、雕塑、歌剧等在世界有着极其重要的地位和影响。

图5.22　威尼斯夜景

图片来源：https://www.tp88.net/fengjing2/chengshifengguang/2020/0418/72993_3.html. 访问时间：2022-12-02。

1. 水城文化

威尼斯一度握有全欧洲最强大的人力、物力和权势。威尼斯的历史相传开始于公元453年，当时这个地方的农民和渔民为避开酷似刀兵的游牧民族，转而前往亚德里亚海中的这个小岛。利用肥沃的冲积土质、就地取材的石块，先民们建起了威尼斯。威尼斯自公元10世纪开始发展，14世纪前后这里已经成为意大利最繁忙的港口城市，被誉为整个地中海最著名的集商业、贸易、旅游于一身的水上都市。14—15世纪为威尼斯全盛时期，它成为意大利最强大和最富有的海上"共和国"、地中海贸易中心之一。16世纪始，随着哥伦布发现美洲大陆以及新航路的开辟，欧洲商业中心逐渐移到大西洋沿岸，威尼斯逐渐衰落。1797年，在拿破仑的统治下，有着一千多年历史的威尼斯共和国从此灭亡。1849年，威尼斯在反奥地利的独立战争中取得胜利。威尼斯水上城市是文艺复兴的精华，它是世界上唯一没有汽车的城市，上帝将眼泪流在了这里，却让它更加晶莹和柔情。威尼斯的风情总离不开"水"，蜿蜒的水巷，流动的清波，它好像一个漂浮在碧波上浪漫的梦，诗情画意久久挥之不去。每年二月威尼斯都会举行狂欢节，其间人们戴着假发和面具，穿着长袍游走在水巷间，热烈欢愉地庆祝节日。

2. 水上建筑

威尼斯是世界闻名的水乡,也是意大利的历史文化名城。城内古迹众多,有各式教堂、钟楼、修道院和宫殿百余座。威尼斯整座城市建在水中,水道即为大街小巷,船是威尼斯唯一的交通工具,当地的小船贡多拉独具特色。大水道是贯通威尼斯全城的最长的街道,它将城市分割成两部分,水道两岸有许多著名的建筑,到处是作家、画家、音乐家留下的足迹。"威尼斯"在意大利语里本来就是"最宁静的处所"的意思,恬静的威尼斯如同漂浮在碧波上的梦境一般。眼前依水而建的古老建筑、一座座漂亮的拱形小桥、岸边的行人倩影、远处的教堂塔身,都清晰地倒映在水面上。船荡起的微波,又让水面上的倒影变形聚散,这个水乡的脱俗之美,无不让人目眩神迷、为之神魂颠倒。仔细看,两岸的建筑都不高,但都非常古老,或许都有几百年的历史,红砖的墙面斑斑驳驳,底部一片苍绿的青苔,有的木门或铁门根基泡在水里已经腐朽。墙面、门窗雕塑极为华丽,楼层多为两三层,上覆红瓦坡顶,底层临水开门,门前均有大理石砌成的台阶。许多住宅的窗台离水面很近,游艇开过的水花常溅入室内。

这些古老的房屋依旧保持着昔日的风采,娇艳开放的花朵从一个个窗台上伸展出来,给古老的威尼斯带来勃勃生机。圣马尔谷广场是威尼斯的中心广场,广场东面的圣马尔谷教堂建筑雄伟、富丽堂皇。总督宫是以前威尼斯总督的官邸,各厅都以油画、壁画和大理石雕刻来装饰,十分奢华。一条条水道,孕育出了威尼斯的生命。水道上,有数不尽的大大小小的桥,而名声最大的一座桥叫"叹息桥",叹息桥连接法院和地牢,犯人被判处死刑后押赴刑场,经过这座桥时,望着人世间的美景,多发出叹息声,久而久之,人们忘记了这座桥的原名,称此桥为"叹息桥"。此外,还有里亚托桥,桥长约 50 米,宽 20 米,桥上有十几个拱洞,中间是一个厅阁,供旅游者休憩赏景。这里的桥造型千姿百态,古韵悠悠,既体现了威尼斯自然古朴的风格,又留下千古绝唱,见证着威尼斯的发展历史。威尼斯修建地基的方法,是先将木柱插入泥土之中,然后铺上一层又大又厚的、防水性能极佳的伊斯特拉石。在伊斯特拉石上铺上砖,建成一座座建筑。由于砖比伊斯特拉石轻很多,所以不会出现房子严重下沉的问题。

3. 景点介绍

(1) 圣马尔谷广场。

圣马尔谷广场是威尼斯的明珠。它最美丽的时候是上潮的时候,一片潮水如同在广场铺上的一面巨大镜子,所有建筑像是镶嵌在水晶或玻璃中间,显得更加玲珑剔透、光彩照人。加上周围咖啡馆的露天陈设,旅游者们鲜艳的衣着,五光十色,上下辉映,形成了一幅极其迷人的图画。广场上,大人们带着孩子们在水中嬉戏,年轻人脱去鞋袜来回奔跑;成群的鸽子时而簇拥在地上觅食,时而又带着扑扑拉拉的振翅声,飞向整个广场的上空。

威尼斯政权由总督和议会共同掌握,兼有专制政体和共和政体的特色。圣马尔谷广场是威尼斯最著名的名胜古迹之一(见图 5.23)。圣马尔谷是《新约·马可福音》的作者,公元 67 年在埃及殉难。公元 828 年,两位威尼斯的富商在当时总督的授意下,成功地把圣马尔谷的干尸从亚历山大港偷出来,运回威尼斯,存放在圣马尔谷大教堂的大祭坛下。

从此,圣马尔谷成了威尼斯的保护神。圣马尔谷的标志是一只带翼的狮子,从此,威尼斯到处是狮子。圣马尔谷广场的入口处,有两根高大的圆柱,东侧的圆柱上挺立着一头展翅欲飞的青铜狮,它就是威尼斯的城徽——飞狮。飞狮左前爪扶着一本圣书,上面用拉丁文写着天主教的圣谕:"我的使者圣马尔谷,你在那里安息吧!"

图 5.23　圣马尔谷广场鸟瞰

图片来源:http://www.jiancai.com/info/detail/48-401975.html.访问时间:2022-12-02。

　　圣马尔谷广场东西较长,平面呈梯形,被宏伟壮丽的宫殿建筑环绕。这些建筑和谐优美,建筑物上的石雕生动逼真。东面耸立着圣马尔谷钟楼和拜占庭风格的圣马尔谷教堂,南面是总督宫和圣马尔谷图书馆。总督宫是威尼斯国家元首的府第,也是大议会和政府的所在地。严整、华丽的总督宫用粉红色和白色的大理石砌成(见图 5.24)。自古以来,圣马尔谷广场一直是威尼斯的政治、宗教和传统节日的公共活动中心。拿破仑进占威尼斯后,垂涎这里的景色,赞叹圣马尔谷广场是"世界上最美的广场",因此曾下令把广场旁边的总督宫改为行宫。一直到 21 世纪,人们还把它叫作拿破仑宫。

　　与总督宫毗连的圣马尔谷大教堂据说是因埋葬了耶稣门徒圣马尔谷而得名。威尼斯的荣耀、富足、历史和信仰,尽显于此。雄伟壮丽的圣马尔谷大教堂始建于公元 829 年,重建于公元 1043—1071 年,它曾是中世纪欧洲最大的教堂,是威尼斯建筑艺术的经典之作。圣马尔谷大教堂融合了东西方建筑特色,历经演变,由最初的拜占庭式建筑,到 15 世纪加入了哥特式装饰(如尖拱门等),再到 17 世纪又加入了文艺复兴时期的装饰(如栏杆等)。从外观上,它的五座圆顶据说来自土耳其的圣索菲亚教堂,正面的华丽装饰源自拜占庭的风格,而整座教堂的结构又呈现出希腊式的十字形设计,这些建筑上的特色让人惊叹不

图 5.24　威尼斯总督宫

图片来源：https://www.badazhou.com/scenicSpot/br641149. 访问时间：2022-12-02。

已。圣马尔谷教堂最引人注目的，一是内部墙壁上用石子和碎瓷镶嵌的壁画，二是大门顶上正中部分，雕有四匹金色的奔驰着的骏马。圣马尔谷大教堂是东方拜占庭艺术、古罗马艺术、中世纪哥特艺术和文艺复兴艺术的结合体，美不胜收，无与伦比。大教堂内外有400根大理石柱子，内外有4 000平方米的马赛克镶嵌画。

广场上格外显眼的钟塔高达97米，建于15世纪。每到整点的时候，槌会自动敲钟报时，整个城市都可以听见钟声。登上大教堂边上高近百米的高塔，纵目远眺，威尼斯全城尽收眼底，一片红褐色的屋顶，一眼望不见尽头。俯瞰偌大的圣马尔谷广场，则是旅游者点点，几近蝼蚁。向海边望去，一排排贡多拉，煞是好看。再望望那头带翼的狮子，似乎为自己能被旅游者瞻仰而洋洋得意。

（2）叹息桥。

叹息桥位于总督宫的后面，以前是经过总督宫判决的犯人通往后面监狱的必经之桥。叹息桥是一座拱廊桥，架设在总督宫和监狱之间的小河上，只有向运河一侧有两个小窗，造型属早期巴洛克式风格（见图5.25）。当犯人们在总督宫接受审判之后，必须经过这座密不透风的桥，犯人们只能透过小窗看看蓝天，想到家人在桥下的船上等候诀别，百感交集涌上心头，不由自主地发出叹息之声——再向前走便要告别世间的一切了，此桥因而得名"叹息桥"。

（3）彩色岛。

这个小岛堪称威尼斯的"童话小岛"。小岛上的房屋都被染上了各种绚丽的色彩，除

图 5.25　叹息桥

图片来源：https://travel.qunar.com/p-oi4342280-tanxiqiao. 访问时间：2022-12-02。

此之外并没有特别的景点。艺术家们用色大胆，把这座小岛打造成了一个童话世界。许多游客来到这座小岛就是为了感受那一刹那的浪漫。

? 思考与练习

1. 什么是聚落景观？它可细分为哪些类型？
2. 你所熟悉的聚落景观主要有哪些构景要素？
3. 以你生活、学习中认识到的聚落为例，谈谈你对该聚落美学特征的看法，以及你对该聚落的认识，并根据本章所学知识对该聚落的美化提出一些建议。

21世纪经济与管理规划教材
旅游管理系列

第六章

中国饮食文化赏析

【学习目标】

本章重在阐述中国饮食文化发展概况、文化内涵及美学特色,介绍中国茶文化发展概况,分析茶道内涵,探讨文人雅士的美食实践及美食作品赏析。学完本章后,应达到以下学习目标:

■ 知识
- 能描述中国饮食文化的发展演变
- 能阐释饮食与人类文明的关系
- 能分析中国饮食文化之美
- 能阐释中国茶道的四谛
- 能分析茶道中所体现出来的传统文化
- 能分析文人雅士饮食作品的美学特点

■ 能力
- 结合饮食文化的介绍与品评,培养语言表达能力和沟通交流能力
- 提升欣赏中国茶道独特美学审美趣味的能力
- 培养行茶等实践能力

■ 素养
- 结合茶道的哲学思想、审美意境、审美方法,认识茶文化,推广有中国特色的"茶仪"
- 感受中国饮食文化的博大精深,坚定中华饮食文化自信食物是人类赖以生存的物质基础,它的出现始于人类基于果腹需求的生存本能。火的使用照亮了人类黑暗的夜晚,给人类带来光明和温暖,让人类第一次吃到加热过的熟食。人类烹饪食物的历史由此开始,文明的曙光也逐渐显现。

饮食是文明中最真实的文化元素之一。《礼记》曰:"夫礼之初,始诸饮食",可见饮食并不简单,其中自有深意存焉。至今已有两万年历史的人类的饮食文化演绎着杯盘碗盏、觥筹交错之间的地域、科学、历史、人物、情感。饮食在浩渺的时空中穿梭、演变、再生,隐藏着人类历史的变迁与生活方式、思想哲学和美学的进化史。一直以来,饮食文化都是地域文化的一大特色,"百里不同风,千里不同俗",造就了不同国家、不同城市间风格迥异的地方特色美食。对于大多数旅游者而言,当地美食是认识城市最好的窗口,千百万年的文化精髓浓缩在短暂的味蕾触动中,一道菜肴品出岁月的味道,一碗汤喝尽一个时代的内涵。现如今,跟随味蕾去寻找舌尖上的美味世界,已成为旅游者热衷的旅游方式。

第一节 跟着食物去旅行

饮食是人类生存的基础。在人类的历史长河里,食物的轨迹从未断裂。餐桌上的食物,在时光的长河中随着历史的脚步而变迁,不仅是行至此处的必然结果,也是那时那刻必然的历史呈现。人类对食物的需求从最初的烧熟果腹,逐步过渡到添加佐料、研究食材的多种做法,再到如今追求更高的烹饪技术和食材搭配,可以说,在人类社会,饮食从来不是一件简单的事情。食物,被人们赋予各种象征、仪式和意义,不但连接起自然世界与人类社会,也连接着外部的物质世界与内在的精神世界。文化呈现的方式有千百种,用饮食呈现的文化,无疑是最"香喷喷"的那一种。跨地域、跨族群、跨文化的差异,导致了多元的、丰富的饮食文化的出现,饮食文化让不同国家、不同民族有了一种无声的、美好的共同语言。

一、饮食文化的概念

饮食文化是一种社会现象,是人们长期创造形成的产物,同时又是一种历史现象,是社会历史的积淀物。《史记》中所提到的"民以食为天",就客观地反映出中国人历来对饮食的重视。著名饮食文化专家赵荣光先生在其所著《中国饮食史论》一书后记中指出:"饮食文化是无比复杂的人类社会生活现象,它几乎同人类文化的任何门类都有不同程度的关系。"[①]王学泰先生在其所著《中国饮食文化史》一书中指出:"饮食文化主要指饮食与人、人群的关系及其所产生的社会意义。"[②]著名民俗学家钟敬文先生认为:"它(饮食)不

---

① 赵荣光,1990.中国饮食史论[M].哈尔滨:黑龙江科学技术出版社.
② 王学泰,2006.中国饮食文化史[M].桂林:广西师范大学出版社.

仅能满足人们的生理需求,而且也因其具有丰富的文化内涵,在一定程度上也满足了人们精神层面的需求。"①

关于饮食文化的定义,分为狭义和广义两大类。狭义的饮食文化专注于饮食的精神方面,指的是通过食物、烹饪以及餐具、就餐的形式等体现出来的价值观念、习惯方式和被人们普遍接受、沿袭相传的各种习俗。② 广义的饮食文化则同时关注饮食的物质和精神两个方面,指"食物原料的利用、食品制作和饮食消费过程中的技术、科学、艺术,以及以饮食为基础的习俗、传统、思想和哲学,即由人们食生产和食生活的方式、过程、功能等结构组合而成的全部食事的总和,是关于人类在什么条件下吃、吃什么、怎么吃、吃了以后怎么样的学问。"③

二、饮食开启人类文明

饮食和人类文明有没有直接的联系呢?佛教从印度传入中国后,茶成为佛教徒修行开悟的必备品。咖啡是伊斯兰教的一种提神的刺激性饮料,因它苦中飘香的独特魅力而在全世界传播。巧克力提神醒脑,可以制成基督教徒斋戒时获取能量的一种饮料。美食的发展对于旁观者而言就是一段趣闻轶事,历史典故对于亲历者来说意味着民族历史情结与家族悲喜情感。

早期人类开始了定居生活后,饮食也从以杂食为主转向以谷物为主,在谷物的基础上搭配食物的不同真正体现了各种文化的特点。谷物所代表的农业解决了远古人类居无定所的问题。大约公元前 3000 年,黄河流域居民以黍为生,长江流域居民以水稻为生;印度河谷、尼罗河谷、两河流域居民以大麦和小麦为生,辅之以牛奶或羊奶制成的酸奶和黄油。美洲最重要、分布最广泛的饮食模式以玉米为基础。在南美洲的安第斯山区,流行一种以土豆、藜麦、大豆和苋菜为基础的饮食模式。谷物确实更适合人类的需求和发展,且世界各地都有谷物分布,在此基础上,人类有了与谷物搭配的饮食,例如肉类、水果和蔬菜,保障食物的多样性和营养均衡。

随着种子的不断传播,谷物改变了人类的生存方式,烹饪方法不再千篇一律,而是演化成了一整套复杂的学问。在人类所有食物中,谷物是当仁不让的主角,我们称之为主食。谷物含有丰富的热量和营养,但它脱颖而出的关键却是产量高、容易采集和保存等特点。在食物的历史上,谷物伴随着文明的出现,因为所有的谷物都是不能直接吃的,需要一个统一的步骤——脱壳,于是出现了碾子、石舂、磨盘、杵臼等各种各样的研磨工具,可以说,谷物的出现与社会分工也息息相关。早期的面粉加工靠人工碾磨,耗时耗力且粉末粗糙;碾子和杵臼出现后,加工出的粮食更精细,但效率依然不高;商业磨坊出现之后使粮食的批量加工成为可能,近代机器生产线更是大大降低了加工成本和粮食价格。食物加工工具和技术的发展对食物的筛选起到关键性作用,方便加工和储存的食物得到更广泛

---

① 钟敬文,1998.民俗学概论[M].上海:上海文艺出版社.
② 毛丽蓉,2003.餐饮文化建设中的扬弃[J].金华职业技术学院学报,2:62—64.
③ 赵荣光,谢定源,2000.饮食文化概论[M].北京:中国轻工业出版社.

的食用和传播,经过层层筛选的食物成了如今人们餐桌上的主角。

古代人对于食物的了解并不像现代人所想象的那样贫瘠。《诗经》中说道:"黍稷重穋,禾麻菽麦",夏商周时期的粮食作物已经比较齐全了,在我国的第一部农书《夏小正》中就有关于种植麦、黍、菽、糜的记载。古希腊人会用面粉做成各种各样的食物,有大麦粉做的扁平面包,小麦粉做的白面包,还能加入蜂蜜、茴香籽、芝麻和果实制成各种各样的口味。跨过大西洋,美洲人用土豆、玉米熬粥,配上蔬菜与肉类。面食在中西方饮食文化中都有着悠久的历史,但中西方却采用了截然不同的烹饪方式。欧洲人通过炉火将发酵后的面饼烤制成了面包,阿拉伯人和波斯人则用炉子将面饼烤成了大饼和馕。与西方相比,我们的祖先因为在生产技术上的优势,比如陶器、瓷器和铁器的广泛使用,可以采用更加复杂的烹饪方式加工面食,在火与食物之间添加水作为加热介质,进而创造出了包子、馒头和面条等美食。

在过去很长一段历史里,百姓们种植粮食作为赋税上交给君王,来供养皇家、贵族和军队。中国古代历来就有春耕的习俗,更有皇帝带领大臣扶犁亲耕的举动,而明清两朝的皇帝更会前往天坛祈求未来一年风调雨顺、五谷丰登。

在漫长的历史长河中,人们不仅创造了果腹的食物,还创造了反映当时人们饮食生活的各种器物,可以说,饮食生活是艺术的源泉。从新石器时代的彩陶,到后来的青铜器、陶瓷制品,都从物质和精神上丰富着饮食文化。但毫无疑问的是,饮食文化和艺术是在相互促进中共同进步的。

世界是流动的,人类在不断流动和迁徙的过程中,各民族的饮食习惯不断地被传播和吸收。"饮食文化就是随着商人、传教士和军队,跨越山脉、海洋、沙漠和政治边界,从而发生不断的融合和演变。"[①]从汉朝到唐宋再到明清,中国饮食文化向外传播的脚步基本没有停止过。伴随丝绸之路上商人之间往来沟通,各国之间的饮食文化也因此发生了很大变化,新品种农作物穿越无垠沙海和崇山峻岭,历经数千次冬去春来走入世界人类的厨房。丝绸之路也因此有了"人类饮食文化之路"的美誉。

相比之下,西方饮食文化的高速发展和对外传播交流则是在地理大发现之后,从西方人开始转运印度调味品开始的。海上丝绸之路到非洲东海岸航线的开辟及后来的地理大发现,促进了世界范围内农作物的大交流。番薯、番茄、辣椒、马铃薯、玉米等可食用农作物从此走出美洲,并通过殖民者商船的运输被摆上了欧洲人和亚洲人的餐桌。胡椒、胡豆、胡萝卜等"胡"字系列,番茄、番薯、番石榴等"番"字号,洋葱、洋芋、洋白菜等"洋"品牌,从古至今,依次进入中国,并成功融入华夏食谱。其中马铃薯、番薯、玉米输入中国更被学术界一致认为是明末清初中国人口迅速增长的直接原因。世界地理大发现同时也带动着茶、咖啡、葡萄酒等饮料的传播与交流。

如今,世界各国饮食交流变得更加频繁与便捷。地域的差异造成了饮食习惯的不同,但随着时代的进步、网络的发展、食材资源的丰富,饮食习惯的差异也变得越来越小。地

---

① 〔美〕蕾切尔·劳丹,2021.美食与文明[M].杨宁,译.北京:民主与建设出版社.

方的特色依旧存在,只是有了兼容性,喜好更多地占据了主导地位。便捷的现代物流,让我们可以享受世界各地的食材,丰富的食材再搭配各地不同的烹制方法,让生活在现代的我们可以轻松享受过去只有古代帝王才能享受到的高级饮食。

饮食文化就是这样,从不文明向文明进化,从不科学向科学过渡,而美食的背后则是由无序(大家不知道吃什么、怎么吃)到有序(不同等级的人吃不同的食物),再到无序(全世界的人都有机会尝到全球美食)的变迁历程。

味蕾很顽固,饮食却从不保守。食物,堪称人类文明交流的使者。上下数千年、纵横几万里,食物旅行从来不需要护照,美食移植从来不需要版权,只对味蕾负责。在对饮食文化进行赏析时,我们既需要看到食材的发现、全球的推广,也需要看到其背后的历史。研究各个地区食物发展的历程时会发现,饮食其实从侧面反映了人类无法否定的人性,也就是包容。文化、信仰、艺术这些东西都随着征服者的到来被推翻和篡改,但唯有餐桌上的食物彰显着包容,征服者本人也会爱上这片土地的食物,反过来当地人也会尝试这些外来人的食物。国家实力的大小,并不能影响饮食在文明内部传播,更不能决定饮食文化的归属。没有什么比跟别人吃一样的食物更能宣告地位的平等,也没有什么比能自己选择吃什么更能展现独立自主。

全球化的饮食,与文明一样,无疑是多元化的。文明不论大小,均无高下之分。美食无论种类,皆有传播自由。人类今天可以自由选择食物食材去烹制,新旧交替之间化繁为简,饭桌上的一日三餐,是人类与食物的缘分,也是美食与文明的永恒的生命力。

第二节　中国饮食文化之美

中国饮食文化是中国文化十分重要的组成部分,它源远流长、积淀深厚、丰富多彩、特色鲜明。中国的饮食可以说是"食"遍天下。这一现象早在21世纪初时就被孙中山先生敏锐地观察到了,孙中山先生在《建国方略》一书中说:"我中国近代文明进化,事事皆落人之后,惟饮食一道之进步,至今尚为各国所不及。""烹调之术本于文明而生,非深孕乎文明之种族,则辨味不精;辨味不精,则烹调之术不妙。中国烹调之妙,亦足表文明进化之深也。"[①]

什么季节应该吃什么食物,什么节气应该吃什么食物,什么节日应该吃什么食物,什么庆典应该吃什么食物,中国都有着流传千古的习俗和讲究。饺子、粽子、月饼、腊八粥、油条、东坡肉、毛血旺、夫妻肺片、叫花鸡、佛跳墙……这些大家所熟悉的食物,每一个背后都有一个动人的故事。因此,这些食物才能如中华民族一般得以源远流长。中国饮食文化经历了几千年的发展与沉淀,在传统饮食结构、食物烹饪、饮食器皿、养生保健、饮食审美、饮食礼仪等各个方面均已形成了特色,也成为中国传统文化中的重要组成部分。中国饮食文化早已超越了维持生存的需要,成为人们积极充实人生、提高人生体验的寄托。

---

① 孙中山,1985.孙中山全集(第六卷)[M].北京:中华书局.

一、中国饮食文化发展概况

任何事物都有其发生和发展的过程,饮食文化也不例外。中国饮食文化的发展是一个从简单到复杂、从粗糙到精细、从果腹到养生不断演变、成熟和丰富的过程。其发展历程大致分为原始社会、夏商周、先秦两汉、魏晋南北朝、隋唐五代、宋辽金元、明清和近现代八个阶段。

1. 原始社会:中国饮食文化的萌芽时期

在原始社会,早期人类利用简单的生产工具进行采集、狩猎和捕捞等活动,数不清名目的植物、果茎和腥膻的肉食被人食用,茹毛饮血是原始社会初期的主要特征。火种发现的重要意义在于把人类引入熟食时代,开始"做饭"。从饮食角度来说,烹制食物的出现,让原始人类逐渐把植物和动物当作食材,而不再是食物本身。思想上的这种转变,也促使人类产生了探索更多食材的想法,农业和饲养业由此出现。

在饮食的美学意义上,一方面,早期人类通过本能直觉,对不同食物的本味进行鉴别,并在这个基础上形成了对食物本味的直觉观念。另一方面,水与火的结合使用,使人类开始懂得烹煮食物,陶器就是人类基于饮食欲望创造的第一个饮食载体。由火的炮、燔、烹、炙发展到陶器的发明使用,是中国饮食文化质的发展。这时的饮食有了较多的美学因素,刻绘纹饰的陶器作为饮食器具与祭祀用具被广泛使用,集中凸显了原始社会人们粗犷的审美直觉(见图 6.1)。

2. 夏商周:中国饮食文化的成型时期

夏商周时期是我国历史上农业由原始农业向以精耕细作为特征的传统农业的过渡阶段。黍和粟是主要的农作物,小麦的种植开始在黄河流域普及,水稻也逐渐成为长江流域主要的农作物之一。畜牧业在这一时期也得到了很大的发展,人们开始学会饲养猪、牛、羊、马、犬、鸡、鸭、鹅等家畜。在商朝的前期,人们还开始了鱼类的

图 6.1 仰韶文化人面鱼纹彩陶瓷盆

图片来源:https://xw.qq.com/cmsid/20200630A0GX5500.访问时间:2022-10-18。

人工养殖。蔬菜瓜果由在原始时期多以采摘野生品种为主,到商周时期人们已学会种植一些品种。饮食结构基本上是粮食、肉食和蔬菜的主辅食搭配,并开始重视食味的烹调。《周礼》记载:"设席之法,先设者皆言筵,后加者为席。"古人席地而坐,筵和席都是宴饮时

铺在地上的坐具,筵长、席短。夏商周时期,饮食器具的主要成就体现在青铜饮食器的制造上,拥有划时代的意义。周朝的青铜饮食器皿主要包括食器(见图6.2)、酒器和水器三类。

图 6.2　食器

图片来源:https://new.qq.com/omn/20210720/20210720A03J2500.html.访问时间:2022-10-18。

周朝的烹调技术因食材的极大丰富而呈现出多样化发展的趋势,这一时期饮食美学在厨师、菜品、烹饪工艺及理论上都达到了较高的水平,"饮食由自然到文化,必须经过社会化的国家力量,使人的所饮所食在一定的观念引导下成为社会化的行为"①。根据史料记载,中国最早的厨师是伊尹,他发明了五味调和,创立了"火候论",伊尹因为精于烹饪而被后世尊为烹饪"鼻祖",被民间敬为厨神。钱钟书先生在《吃饭》一文中说道:"伊尹是中国第一个哲学家厨师。在他眼里,整个人世间好比是做菜的厨房。"

3. 先秦两汉:中国饮食文化的初步发展期

这一时期是中国封建制的统一多民族国家发展时期,各民族相互融合、交流日渐频繁,西域的核桃、葡萄等十几种植物被引进中原栽培,从而丰富了中原地区食物原料的种类,同时域外的烹饪技术和烹饪经验也被带入中原,带动了中国古代饮食文化的稳步发展,确立了我国古代人民饮食生活模式的基础,在中国饮食文化发展中起到了承前启后的重要作用。汉朝出现炒菜的雏形,铁锅的出现及炒菜的发明是中国烹饪技术体系形成后里程碑式的成就。这一时期也开始使用瓷器碗盘,贵族中也使用轻巧美观的漆器。

饮食在一定意义上是人们生活价值观的对象化验证。在汉人的饮食价值观中,"生命"意识有了不同于此前时代的新的追求特点。首先,"生之为性"在谶纬文化的诠释中,以远远超越儒家道德的观念深入人心。"汉代饮食风谶纬之化,一方面导致饮食的平民化、世俗化,即由观感触验而至口味享受,形成全社会注重食味的饮食风尚;另一方面,也导致饮食过程对味、象的观感触验的社会化、观念化,自西汉肇启,迄东汉逾盛。"②主副食的工艺制作更加刻意讲究,能够区别宴饮和日常食用之不同需要,体现了很高的制艺水准和美学观念,初步确立了中国菜肴烹饪方式,区域性的地方风味饮食和菜系已经出现雏形。两汉时期,分餐制得以继续传承,一日两餐成了日常食俗。

---

① 赵建军,2014.中国饮食美学史[M].济南:齐鲁书社.
② 同上.

4. 魏晋南北朝：中国饮食文化发展的交融期

魏晋南北朝是战争频繁的时代，也是民族融合的时代。陈寅恪先生说："魏晋南北朝三百年来的大变动，即由人口迁徙问题引起。人口的徙动为魏晋南北朝三百年来之大事。"[①]在这种背景下，饮食文化在各地域与各民族间以前所未有的规模和速度交流融合。作为华夏几百年统治思想的儒家思想开始失去魅力，玄学思想取而代之成为社会思想的主流，并对当时的饮食风气产生了巨大的影响。玄学的兴起与佛教的传入，再加之道教兴盛，在一定程度上促进了魏晋南北朝饮食文化的交流与融合，素食文化和素食养生就在此时期蓬勃发展。饮食原料更加丰富，饮食结构也变得多元化，南北方物种的交换、少数民族饮食风俗习惯的传入、饮食典籍的书写、分食制向合食制的转变都对整个中国饮食文化史的发展起着重要作用。魏晋时期的炒菜成为中国烹饪的代表性技法，这是魏晋南北朝时期饮食史上的重要大事。

玄学勃兴、佛教美学的兴起与文化的输入使得中国饮食审美文化完成了巨大飞跃，实现了雅与俗的分流。饮食文化更具审美意趣，饮食活动也愈加趋近审美化。"魏晋时期使饮食审美和美学化真正呈现出一种历史的现实，并且由于这个时期中国深层文化基于儒、道、释融合的范型奠立，饮食美学也因此呈现出深厚的文化意蕴追求和相应品味。"[②]

5. 隋唐五代：中国饮食文化全面发展繁荣

隋唐五代是中国历史上第二次大一统时期，政治稳定，经济空前繁荣，人民安居乐业。佛教的盛行、南北方的交流与域外的饮食文化的传入，饮食文化包罗万象并随之发展到一个新高度。饮食制作精细、品种繁多，茶和酒普及到社会各个阶层。隋唐五代是一个思想上兼收并蓄的时代，这个年代的人们富有浪漫主义气息，有着一种包容万千的气度，表现之一就是可以容纳一切外来事物。唐朝人坐在火炉旁，喝着西域的葡萄酒，吃着南方的稻米，嚼着北方草原进贡而来的羊肉，鲜美无比。

隋唐五代地域辽阔，饮食相比之前更加丰富多彩。当时的美食，既有宫廷美食的奢侈造绝，也有遍布市井的酒肆饭店的推陈出新，还有街镇、市井的别出心裁的精美小吃。饮食才情的多元迸发是社会活力的释放，它能够催生最有思想、最有才艺和最有品鉴力的厨师、美食家为饮食美学的翻新造奇做出贡献。唐人的菜分高、中、低三个档次，高档为宫廷宴用菜，中档为一般官吏日用菜，低档为市民普遍用菜。"唐代经济的繁荣发展，带来了饮食文化上的高度发达，其中最能代表唐代饮食风貌和内涵的是多样化的宴会"[③]。皇帝每年要进行一次"曲江游宴"，大臣百官要向皇帝献"烧尾宴"，如图6.3所示，后宫嫔妃十人，围坐于一张巨型的方桌四周，有的品茗，也有的在行酒令。同时，野宴之风也深入民间，春季有仕女们的"探春宴"，也有青年妇女的"裙幄宴"[④]，宴饮的食品制作很有特色，充分反映了唐朝饮食习俗的丰富多彩以及高超的烹饪制作水平。

酒在唐朝迎来了大发展，饮酒和唐朝诗人千古流芳的吟诗结为一体，成为这一时代饮食文化的突出特征。唐朝是我国葡萄酒酿造史上最辉煌的时期，葡萄酒的酿造已从宫廷

---

① 陈寅恪, 1987. 魏晋南北朝史讲演录[M]. 合肥：黄山书社.
② 赵建军, 2014. 中国饮食美学史[M]. 济南：齐鲁书社.
③ 王赛时, 2005. 唐代宴会的设计风格与娱乐助兴[J]. 饮食文化研究, 4：21—36.
④ 金炳镐, 1999. 中国饮食文化的发展和特点[J]. 黑龙江民族丛刊（季刊）, 3：89.

图 6.3　唐代《宫乐图》局部

图片来源：https://baijiahao.baidu.com/s? id=1603575519832823409. 访问时间：2022-10-18。

走向民间。京杭大运河的开通带来南北方水运的便利，南北物产交融，饮食结构和用餐形式也随之发生了巨大的改变。南食和北食正式形成各自体系。"合食制"也逐渐取代了"分食制"。在唐朝中期以前，社会上基本上是一日两餐的，在唐朝中后期随着国力强盛，贵族中出现了一日三餐。

6. 宋辽金元：中国饮食文化发展成熟的关键时期

"宋辽金元时期是中国饮食文化发展的稳定、成熟时期。唐代饮食观念的情感激发和风味探索发展到宋代更加细化和文人化。宋代城市和南北经济的交流使饮食在商业性质的市面上更加活跃，各类食品都在向经营细致化和美学化的趋向发展。而与此同时，伴随着文人书院的南北兴起和南北方饮食经营，随政治中心的迁移而发生的相应变化，民族饮食美学在中国南北方和少数民族区域都有成熟化的发展。"[①]

宋人对于饮食的精致程度，促使着宋朝社会诞生了花样繁多的美食，饮食业出现了前所未有的繁荣景象。据《东京梦华录》中记载，东京（今开封）有七十二家著名的正店（大酒店），数不胜数的脚店（小饭店）。此外，北宋画家张择端的《清明上河图》中饮食业发达兴旺的盛况也清晰可见。

宋朝是中国瓷器的鼎盛时代，宋瓷饮食器具设计改变了自唐朝以来的华贵富丽风格，器形优雅、釉色纯净、图案清秀。

宋朝之后成吉思汗又往中华美食中注入了一股力量，烧烤、火锅和酸奶由此诞生。蒙

---

① 赵建军，2014. 中国饮食美学史[M]. 济南：齐鲁书社.

古族将肉、酒、茶、奶结合食用,形成了十分特别的饮食美学传统。这种传统在散居的牧民生活中体现得淋漓尽致,肉、酒、奶、茶无时不在。而在蒙古族成长的历史上,特别是在部族崛起的宴饮上,这种饮食美学传统更是风采奇绝,熠熠闪烁。

7. 明清:中国饮食文化发展的高峰期

明清是中国历史上封建社会的余音。明朝时期,资本主义生产关系开始在中国萌芽。城市经济的发展促进了饮食的繁荣,我国极负盛名的四大菜系(苏菜、粤菜、川菜和鲁菜)在明朝真正形成规模且具有一定的影响性。明清时期以景德镇为中心的官窑大量生产御用饮食器具及民用瓷器,促进了饮食器皿的发展。

清朝的饮食由建立初期的"满食当道"逐渐变迁为"满汉共存","满汉全席"也由此而来,它是中国古代孔府菜系和满族关外饮食结合的产物,代表了清朝烹饪技艺的最高水准。清宫筵宴名目繁多,从年初吃到年尾,此外还有各种节令宴等。出于政治和享乐的需求,宫廷又创造出全鹿席、全羊席、全猪席、全鱼席等。

与此同时,这一时期出现了许多集大成的饮食著述,清朝的李渔和袁枚都是很有代表性的美食家,他们分别著有《闲情偶寄》和《随园食单》。清朝中国饮食文化的另一辉煌成绩就是菜系的最终形成。

8. 近现代:中国饮食文化的发展在继续

西餐真正在中国传播始于广州,鸦片战争之后,中国西式餐饮业的重心移至上海。上海第一家西餐厅名为"德大西菜社",后来也出现了由国人经营的第一家西餐厅"一品香",天津、北京的西餐馆也相继开设,在一些大城市,上流社会人士去西餐厅吃西餐成为一种时尚。近代以来,在"强国强民、救亡图存"的时代背景下,有关饮食改造的大讨论在全国兴起。品尝了西餐后的中国人也开始思考中西饮食文化和饮食习惯的差异,来自西方的营养观念逐渐深入人心。

进入21世纪以来,科学化的饮食文化越来越受到重视。在中华人民共和国成立的七十多年里,生活中最大的变化、最直观的感受莫过于饮食的变化。从缺吃少穿,到粗茶淡饭,再到各色美味佳肴,最后到选择性的吃食。中国饮食文化求新求变的多样性与坚守传统同步流行,向本土舌尖与异国风味混搭的新饮食时代进发。餐饮行业高度发达,网上订餐、零售送货上门等新业态出现。人们对吃更讲究,不再追求单纯的吃饱和味蕾的体验,而是更注重食品的品质与健康需求。人们在慨叹科学化的饮食能如此便捷、可口、赏心悦目且营养价值高之时,或许传统的饮食美学观念正在悄悄地隐退。因而,如何在科学化饮食中发掘传统饮食美学的精华与现实影响力,是现代饮食美学所面临的一个重要课题。

中华饮食文化博大精深,寥寥几笔不能尽述。每个时期都有其不同的文化特色,每个时期的美味又在之前的基础上不断推陈出新,并融入新的元素。中华美食源远流长,延绵千年,很多传统美食穿越历史直到现在仍是国人心中的最爱。新的美食之旅仍在继续,这趟现代美食之旅已经启程。

二、中国饮食文化的特点

中华文明五千年,饮食文化也随着中华文明发展了五千年之久,才得以逐渐积淀而成。中国幅员辽阔,不同的区域文化也形成了不同的饮食风俗,最为典型的就是"南米北面""南甜北咸""东酸西辣";中国有56个民族,56个民族都有各自喜爱的饮食;中国人自古以来重视"天人合一",四时、节气对于中国人来说,不仅仅是历法上的计时概念,更是一种饮食、养生、食疗的生存法则。中华美食是美好、华丽、精致的,同时也是坚韧、顽强、隐忍的。中国美食自古以来最不缺的,就是兼容并蓄和持续创新的气度和能力。具体来说,中国饮食文化有以下特点:

1. 地域差异明显

我国作为一个幅员辽阔的多民族国家,山脉、丘陵、平原、盆地等地形种类繁多,河网纵横交错,湖泊星罗棋布,海岸线漫长,复杂多样的地形导致各地区适合种植的农作物种类不同,各地区的食材也因此存在很大差异。根据人类学家研究表明,不同的地理自然环境,是造成人们饮食习惯存在巨大差异的主要原因,所谓"一方水土养一方人"说的就是这个道理。

清朝中后期中国形成了格局稳定的著名地方菜系,清末徐珂《清稗类钞·饮食类》云:"肴馔之有特色者,为京师、山东、四川、广东、福建、江宁、苏州、镇江、扬州、淮安。"菜系一词的前身,是清末民国时所说的"帮口",中华人民共和国成立后,将其改称为菜系。有人把八大菜系用拟人的手法描绘为:苏菜、浙菜好比清秀素丽的江南美女;鲁菜、皖菜犹如古拙朴实的北方健汉;粤菜、闽菜宛如风流典雅的公子;川菜、湘菜就像内涵丰富、才艺满身的名士。

鲁菜在宋朝以后就成为"北食"的代表。明清两朝,鲁菜已成为宫廷御膳的主流菜品,对北京、天津、东北各地的影响较大,现今"由齐鲁、胶东、孔府三种风味组成,盛行于山东、北京、天津、河北、河南、东北三省及晋陕"[①]等地,其特点是清香、鲜嫩、味纯,十分讲究清汤和奶汤的调制,清汤色清而鲜,奶汤色白而醇。济南菜擅长爆、烧、炸、炒,其著名品种有"糖醋黄河鲤鱼""九转大肠""汤爆双脆""烧海螺""烧蛎蝗""烤大虾""清汤燕窝"等。胶东菜以烹制各种海鲜而闻名,口味以鲜为主,偏清淡,其著名品种有"干蒸加吉鱼""油爆海螺"等。创新的名菜品种有"扒原壳鲍鱼""奶汤核桃肉""白汁瓤鱼""麻粉肘子"等。

川菜"包括蓉派、渝派、盐帮三种风味,虽源于四川、重庆,现已扩展至湘、鄂、黔、滇地区"[②],正宗川菜以四川成都、重庆两地的菜肴为代表。其重视选料,讲究规格,分色配菜主次分明,鲜艳协调。其特点是酸、甜、麻、辣香、油重、味浓,注重调味,离不开三椒(辣椒、胡椒、花椒)和鲜姜,为其他地方菜所少有,形成川菜的独特风味,享有"一菜一味,百菜百味"的美誉。烹调方法有烤、烧、干煸、蒸。川菜善于综合用味,收汁较浓,在咸、甜、麻、辣、酸五味基础上,加上各种调料,相互配合,形成各种复合味,如家常味、咸鲜味、鱼香味、荔枝味、怪味等。川菜的代表菜肴有"宫保鸡丁""回锅肉""怪味鸡块""麻婆豆腐"等。

粤菜是以广州、潮州、东江三地的菜品为代表而形成的。粤菜的原料较广,花色繁多,形态新颖,善于变化,讲究鲜、嫩、爽、滑,一般夏秋力求清淡,冬春偏重浓醇。调味有所谓五滋(香、松、臭、肥、浓)、六味(酸、甜、苦、咸、辣、鲜)之别。其烹调方法有煎、炸、烩、炖、煸等,菜肴色彩浓重,滑而不腻。粤菜的著名菜肴有"盐焗鸡""蚝油牛肉""烤乳猪""干煎

---

① 韩薇,2007.地理条件与菜系的形成——浅析菜系的形成原因[J].考试周刊,53:81—82.
② 苏英春,陈忠暖,2004.论地理环境对潮汕饮食文化的影响[J].云南地理环境研究,16(4):61—64.

大虾碌""冬瓜盅"等。

苏菜是以苏州、扬州、南京、镇江四地的菜品为代表而形成的。其特点是浓中带淡,鲜香酥烂,原汁原汤浓而不腻,口味平和,咸中带甜。其烹调方法有炖、焖、烧、煨、炒等。烹调时用料严谨,注重配色,讲究造型,四季有别。苏州菜口味偏甜,配色和谐;扬州菜清淡适口,主料突出,刀工精细,醇厚入味;南京菜、镇江菜口味和醇,玲珑细巧,尤以鸭制的菜肴负有盛名。苏菜的著名菜肴有"清汤火方""鸭包翅""松鼠鳜鱼""西瓜鸡""盐水鸭"等。

闽菜是以闽东、闽南、闽西、闽北、闽中、莆仙的地方风味菜为主形成的菜系。闽菜清鲜、淡爽,偏于甜酸。尤其讲究调汤,汤鲜、味美,汤菜品种多,具有传统特色。闽菜有"福州菜飘香四海,食文化千古流传"之称,并有以下鲜明特征:一为刀工巧妙,寓趣于味;二为汤菜众多,变化无穷;三为调味奇特,与众不同。闽菜最突出的烹调方法有醉、扣、糟等,其中最具特色的是糟,有炝糟、醉糟等。闽菜中常使用的红糟,由糯米经红曲发酵而成,糟香浓郁、色泽鲜红。糟味调料本身也具有很好的去腥臊、健脾肾、消暑火的作用,非常适合在夏天食用。代表菜品有"佛跳墙""鸡汤氽海蚌""淡糟香螺片""沙茶焖鸭块""糟醉鸡"等。

浙菜包括杭州、宁波、绍兴和温州四个支系,流行于浙江地区,具有用料广博、配伍严谨、刀工精细、火候适度、香酥绵糯、清鲜嫩爽、滋味兼得的特点,烹调方法以爆、炒、烩、炸、蒸、烧、炖、煨、腌制为主,代表菜品有"龙井虾仁""西湖醋鱼""冰糖甲鱼""荷叶粉蒸肉""黄鱼海参羹"等。

徽菜起源于安徽省徽州地区,包括皖南、沿江、沿淮三种风味,流传于苏、浙、赣、闽、沪、鄂以至长江中下游区域,影响广泛,因为徽州人喜爱常年饮茶,所以徽菜一般都浓油赤酱,重油、重色、重火工,芡重,色深,味浓,擅长烧、炖、蒸、熏、炸、熘等烹调方法,同时由于徽州多山、多水、多食材,徽菜注重食物的本真,以烹饪山珍水产见长,代表菜肴有"毛峰熏鲥鱼""火腿炖甲鱼""腌鲜鳜鱼""黄山炖鸽""雪冬烧山鸡"等。

湘菜,又叫湖南菜,主要分布于湘江流域、洞庭湖区和湘西山区,湘菜特别讲究调味,尤重酸辣、咸香、清香、浓鲜。夏天炎热,其味清淡、香鲜。冬天湿冷,其味热辣、浓鲜。湘菜调味,特色是酸辣,以辣为主,酸寓其中。酸是酸泡菜之酸,比醋更为醇厚柔和。湖南大部分地区地势较低,气候温暖潮湿,古称"卑湿之地"。而辣椒有提热、开胃、祛湿、祛风之效,故深为湖南人民所喜爱。剁椒经过乳酸发酵,具有开胃、养胃的作用。炖菜、烧菜、蒸菜较为出名,尤以煨菜和腊菜著称,代表菜品有"剁椒鱼头""腊味合蒸""红煨鱼翅""冰糖湘莲"等。

2. 民族特色鲜明

我国在长期的历史发展中形成了 56 个民族,各民族聚居的地区不同,不同的民族间存在着不同的民俗文化、社会历史及精神信仰,因而各个民族的饮食文化都具有一定的独特性。我国坚持"尊重各民族的饮食风俗和习惯,形成既保持差异化又具有中华民族统一饮食审美价值的传统"[①],"就总体情况看,我国的东部、南部、西部、北部和中部都基于地缘差异而形成了中华饮食审美的差异化。在保持中华民族饮食差异化的进程中,汉族、回

---

① 赵建军,2014.中国饮食美学史[M].济南:齐鲁书社.

族、壮族、蒙古族、藏族等民族都属于促成民族饮食审美差异化的主体"[①]。饮食文化差异主要体现于食材种类、制作工艺等方面。比如，北方民族主食主要为稻米、面食，南方民族主食主要为稻米、玉米，西北民族主食主要为小麦。另外，我国各民族在漫长历史长河中，还形成了各不相同的酒文化、茶文化等。

回族是我国分布最广的少数民族，大多与汉族杂居，但其饮食文化仍基本保留其民族特色。回族菜亦称"清真菜"，有着悠久的历史。由于信奉伊斯兰教，回族群众在饮食上有一定禁忌，最大特点是不吃猪肉，但吃骆驼肉、牛肉、羊肉。现在我国的清真菜大致有三种风味特色：一是西北，如新疆、宁夏地区的清真菜，较多保留了中东阿拉伯人的饮食特色；二是长江以北的北方清真菜，较多受北京、山东菜的影响，对羊肉的烹调很有特色，且制作方法精细，以爆、熘技法最擅长；三是杂居南方和沿海地区的清真菜，对羊肉和鸭肉的制作有独特之处。

壮族是我国少数民族中人口最多的民族，主要居住在广西壮族自治区和云南省，其中绝大部分分布在文山壮族苗族自治州。大米、玉米是壮族地区盛产的粮食，自然而然成为他们的主食。制作方法多种多样，大米也分为籼米、粳米、糯米等品种。壮族对任何禽畜肉都不禁吃，如猪、牛、羊、鸡、鸭、鹅等。壮族自家还酿制米酒、红薯酒和木薯酒，度数都不太高，其中米酒是过节和待客的主要饮料。

蒙古族主要分布在内蒙古、甘肃、青海、新疆和东北，以游牧为生。蒙古族人以牛羊肉和奶酪品为主食，称奶食为"白食"、肉食为"红食"。最具风味特色的是"塞北三珍"——醍醐（纯酥油）、酥酪和马奶酒。红食以牛肉和绵羊肉为主。蒙古族人最喜食手扒羊肉。全羊席是蒙古族人招待客人的上等宴席。

藏族受地理环境和宗教的影响，形成了自己独特的饮食风俗。藏族群众长期以畜牧业为生，因此，菜肴用料以牛羊肉、奶类为主，手抓羊肉、青稞面、酥油茶、河曲大饼是其独特的风味食品。此外，还有脍炙人口的"藏北三珍"，即用当地物产原料烹制的冬虫夏草炖雪鸡、人参果拌酥油大米饭、蘑菇炖羊肉。由于受到藏传佛教的影响，藏族群众不吃鱼类。

维吾尔族主要居住在新疆、甘肃等地，饮食上以面食和纯肉类菜肴为主。维吾尔族人擅长以烙的技法制作面食，如馕。维吾尔族禁吃猪肉，常用的食物原料有羊肉、牛肉、鸡肉以及少量蔬菜。最具维吾尔族传统特色的菜肴有：羊肉羹、烤全羊、烤羊肉串、手抓饭等。

满族古称"女真族"，长期居住在我国东北地区的白山黑水之间，曾两次在历史上建立王朝。清朝满族菜影响全国，后经满汉交流，有些已被汉菜吸收，现只有东北、西北等一些地区的满族菜仍保留原来的风味。满族的主要食物有高粱、小米、玉米等，嗜食白煮猪肉，狩猎得来的野猪、鹿、兔等也是日常食物的重要组成部分。满族还有养蜂采蜜的传统，擅长制作蜜制品。烹调方法多使用烧、煮，喜食糕点面食和干鲜果品。满族传统名菜有白肉血汤等，传统点心有沙琪玛、打糕、玉米面等。

3. 四季有别

（1）四季为时，不时不食。

《黄帝内经》中提及："人以天地之气生，四时之法成。"说明人体健康是与四季气候的

[①] 赵建军，2014. 中国饮食美学史[M]. 济南：齐鲁书社.

变化息息相关的。四季有别,按季而吃,是中国饮食文化的一大特征。自古以来,人们顺应着季节变化来配菜、调味,所谓"冬吃萝卜夏吃姜,胜过医生开药方",说的就是食补胜过药补的道理。先秦时期的《礼记·月令》中就记录着"行春令""行夏令""行秋令""行冬令"等,孔子也提出了"不时不食"的观念,提倡人们要按照季节饮食。"对于中国人来说,四时、时令、节气不仅具有历法统计的时间意义,更有饮食养生、食疗保健等生活启示。"①春夏养阳,秋冬养阴。春天吃芽、夏天吃叶、秋天吃果、冬天吃茎。春泡花茶,香味无穷;夏品绿茶,生津止渴;秋冲青茶,戒除秋燥;冬冲红茶,滋润脾胃。

如果以农历月份计,则有正月葱、二月韭、三月苋、四月蕹、五月匏、六月瓜、七月笋、八月芋、九月芥蓝、十月芹、子月(十一月)蒜、腊月(十二月)白,每个月的食材不同,形成中国人特有的食谱。

食用春天的新笋、夏天的西瓜、秋天的梨、冬天的萝卜,在古人看来就是守时令。农耕时代,人们多是看天吃饭。目前,先进的栽培技术层出不穷,一年四季都可以买到自己想吃的东西,但最好还是吃应季的东西。因为无论什么食物,只有到了它的时令,才是最佳的食用时机。反季蔬果,虽有其形却无神。

(2)中华节气菜。

"以一年为周期,或以四季为时段,乃至以二十四节气中的每个节气为时段,形成众多的饮食惯习与文化规律。五味饮食、五行哲学与五脏中医理论,互相转换,对立统一。"②

两千多年来,中国人在饮食方面基本都是按照二十四节气的节奏和顺序来生活的。由古人创造的这套二十四节气和七十二候的时令法无疑给中国人搭建了与日月星辰、天地草木对话沟通的话语体系。千百年来,二十四节气不仅是我们认识宇宙天地的一种方式,也是中国人的一种生活方式。

2016年11月30日,二十四节气被正式列入联合国教科文组织人类非物质文化遗产名录。一年后,由世界中餐业联合会主导的"中华节气菜"概念率先在北京发布,这一概念被定义为:"遵循春夏秋冬的时令变化规律,以'阴阳平衡''五味调和'为核心理念,敬畏天地,珍爱生命,尊重食材,以多样化的烹调技法,打造具有鲜明中华优秀传统文化特色的菜式体系。"提出"中华节气菜"这个概念,主要是想进一步总结中国历史上节气饮食实践,进一步梳理各地区品类繁多的节气饮食样式,进一步概括中国丰富多彩的节气饮食习俗文化。"中华节气菜"体现了中国人注重"阴阳平衡""五味调和"的饮食理念和敬畏天地、珍爱生命、尊重食材的价值观念,是中华民族一项重要的文化遗产。

(3)节日饮食。

中国的传统节日很多,传统节日和相应的饮食习俗源远流长,丰富的饮食是节日活动不可或缺的内容。从饮食文化史来说,节日饮食不仅特点明显,而且质量较高,是中国饮食文化的精华。

元宵节:又称上元节,是中国春节年俗最后一个重要节令。元宵节始于东汉明帝时

---

① 白玮,2018.循着时令去生活——中华节气菜的理论来源以及和人体的内在关系[J].餐饮世界,5:56.
② 龙晓添,2017.顺时调和,风土相宜——二十四节气的饮食养生习俗[J].文史知识,5:1925.

期。僧人们会在正月十五这天点灯敬佛,因明帝大力推崇佛教,所以命令这一天在宫里和寺庙里点灯,让官员和百姓效仿。后来这一佛教节日逐渐演化为我们熟悉的元宵节。因为这是一年中第一个月圆之夜,所以为了庆祝这一天的到来,往往都是"火树银花灯如昼,宝马雕车香满路"。人们用灯火通明的方式,迎接新的开始。元宵节的另一项目是吃元宵,虽然南北各地的做法、成分、风味各异,但团团圆圆、和和美美的寓意,却是相同的。

清明节:又称踏青节,节期在仲春与暮春之交。王羲之在《兰亭集序》如是说:"天朗气清,惠风和畅。"清明时节是一年中最好的时候,气清景明,海晏河清。作为中华民族古老的节日,清明节既是一个扫墓祭祖的肃穆节日,也是人们亲近自然、踏青游玩、享受春天乐趣的欢乐节日,兼具自然与人文两大内涵;既是自然节气,也是传统节日。古时大家会到田野采摘新鲜的艾草,将艾草洗净,搅碎挤汁,青青的汁儿与糯米粉放在一起蒸熟食用。清明节里食青团,是人与大自然一年一次的约定。跟着节气过日子,是一种中国式生活美学,其中有润物无声的坚持和细腻悠远的诗意。

端午节:中华民族一直是一个避凶趋吉的民族。千百年来,居安思危的中国人将避凶趋吉意识巧妙地融入一年四季的节庆之中,并将其上升为一种仪式化、审美化的民族心理。端午节就是一个祛除病瘟、驱邪攘灾的节日。每到这一天,人们都要吃粽子、赛龙舟、喝雄黄酒、在屋檐上插上艾叶,有时还要在身上佩香囊、在手腕上缠红丝线。关于端午节的来历,有一种说法认为端午来源于"恶月恶日"。因这一天时值农历五月初五,正是仲夏疫病流行的季节,蚊蝇孳生,百虫活跃,古人遂将农历五月初五称为"恶月恶日",并认定这一天是不祥的。这是一种对于自然的恐惧,人们无力抵抗,只好小心翼翼躲避着。但聪慧的古人也发现,农历五月初五正是仲夏万物皆盛的时节,也是一年里草药药性最强的时候,这一天采药祛病是最为有效的。因此,便衍生出佩香囊、挂菖蒲、熏艾草、饮雄黄等驱邪攘灾的民俗活动。一直到南北朝时期,爱国诗人屈原才正式与端午这一节日产生关联。传说屈原写下绝笔,抱石投江,以身殉国,百姓在江中投入艾叶包裹的米粮,以免让鱼虾侵蚀屈原之身。自此以后,大江南北便慢慢都有了端午吃粽子的习俗。该节日由来已久,从神灵信仰到祭祀祈福,从辟邪攘灾到凭吊纪念,一步一步,逐渐丰富了端午节的内容。许多民俗学家都认为是有端午节后,人们才逐渐将各种美好期盼附丽其上,而或许,这也正是节日的意义。

中秋节:中秋节是我国仅次于春节的第二大传统节日,每当此时,合家团聚,其乐融融。《周礼·春官》中记载了"中秋夜迎寒""中秋献良裘""秋分夕月(拜月)"的活动;到魏晋时,有"谕尚书镇牛淆,中秋夕与左右微服泛江"的记载。唐朝初年,中秋节才成为固定的节日。《唐书·太宗纪》记载有"八月十五中秋节"。宋朝出现"小饼如嚼月,中有酥和饴"的节令食品。明朝诗人田汝成《西湖游览志余》中记载:"八月十五日谓之中秋,民间以月饼相遗,取团圆之意。"清朝富察敦崇的《燕京岁时记》中记载:"届中秋,府第朱门皆以月饼果品相馈赠。至十五月圆时,陈瓜果于庭以供月,并祀以毛豆、鸡冠花。是时也,皓魄当空,彩云初散,传杯洗盏,儿女喧哗,真所谓佳节也。"吃月饼的意义,一般都认为是取团圆之意,象征阖家团圆。中国人的中秋,充满诗情与仪式,一轮满月一碗茶,亲人在旁,便是良夜。

腊八节:"小孩小孩你别馋,过了腊八就是年",就像童谣唱的那样,腊八节拉开了春节的序幕,伴着粥香飘进千家万户。腊八节因腊日而来,是农历腊月最重大的节日,日期为腊月初八,古代称为"腊日",俗称"腊八节"。腊八是用来祭祀祖先和神灵(包括门神、户神、宅神、灶神、井神)的祭祀仪式,祈求丰收和吉祥。佛教传入后,腊八节被定为佛祖成道日。佛祖成道日与腊日融合,在佛教领域被称为"法宝节"。《礼记·郊特牲》中记载"岁十二月,合聚万物而索飨之也",腊八粥以八方食物合在一块,和米共煮一锅,是合聚万物、调和千灵之意。腊八粥成为民间过腊八节的突出饮食习惯,人们纷纷效仿佛门施粥送福的做法,在亲友邻里之间相互馈赠,以示祝福。除食用腊八粥外,民间还喜欢在腊八节腌制各种小菜,最常见的是腌制腊八蒜。《春明采风志》中记载:"腊八蒜,亦名腊八醋,腊日多以小坛甑贮醋,剥蒜浸其中,封固。正月初间取食之,蒜皆绿,味稍酸,颇佳,醋则味辣矣"。"腊八这天还要泡腊八蒜。把蒜瓣在这天放到高醋里,封起来,为过年吃饺子用的。到年底,蒜泡得色如翡翠,而醋也有了些辣味,色味双美,使人要多吃几个饺子。"这是老舍笔下的腊八蒜。

冬至:这是二十四节气中的第二十二个节气,却又是第一个被制定出来的节气。它不仅是节气,还是一个盛大的节日。早在三千多年前,周公便借土圭法测出了一年中"日影"最长的日子,即现在的冬至,并将其定为"岁首"。在那时候,有"冬至大如年"的说法,在这一天,有祭祖、祭天、聚餐等习俗。春耕、夏长、秋收、冬藏,忙了一年,到冬至才终于得闲,一家人才能围在一起贺冬,举杯庆祝过去的一年,庆祝日头慢慢变暖。在我国北方,每年农历冬至日,都有吃饺子的习俗。谚云:"十月一,冬至到,家家户户吃水饺。"冬至吃饺子还有感谢医圣张仲景"祛寒娇耳汤"之恩的传说,民间也有"冬至不端饺子碗,冻掉耳朵没人管"的民谣。因而,冬至吃饺子防冻耳朵的习俗就被沿袭下来。

大寒:大寒拉开了年的序幕。一到腊月,中国人的计时方式便不自觉地切换成农历。与别的节气不同,大寒的短短十几天里,蕴含了众多传统节日,如尾牙、小年、除夕、春节等。《礼记》中记载:"是月(农历十二月)也,日穷于次,月穷于纪,星回于天。数将几终,岁且更始。"在这个月里,太阳走完一年行程,月亮完成了与太阳最后一次相遇,星宿绕天也运行了一周。时间从一而终,即圆满;时间从一而始,即新岁。于是"天子乃与公卿大夫,共饬国典,论时令,以待来岁之宜。"[①]未来的事情交给天子来做,民间的人们就尽管吃吃喝喝,玩耍欢乐,告别这一年。中国人对食物予取予求,花样迭出,哪怕只是一道腊味,也是精深细致、难以道尽。

春节:主要是别旧岁,迎新年。当天大红灯笼高高挂起,春联窗花也已贴好,炸油糕、蒸馍馍、炖豆腐、拌肉馅出现在人们的餐桌,除夕夜家家户户必吃"年夜饭",这是重要的除夕活动之一。《清嘉录》中记载:"除夕夜,家庭举宴,长幼咸集,多作吉祥语,名曰'年夜饭',俗称'合家欢'。"春节的第一顿饺子要在除夕夜十二时包完,取义"更岁交子"。饺子是一种营养全面且易消化吸收的美食,可以用羊肉、白菜、大葱、韭菜、萝卜等做馅,因为这些菜均偏温热性,对人体能起到一定的温阳作用。在节日中,饺子属于点睛之笔,并以此来表示对于节日的重视。饺子成为节日气氛与内容的载体,餐中虽或不属唯一,但敢言为灵魂,不在于多少,而在于有无。中国学者束皙曾写了一部作品,热情地赞颂了饺子,捏好

---

① 出自《礼记·月令》。

的面团里包了"馅若蝇首"的羊肉或猪肉,则是"四时从用,无所不宜"的。把昂贵的肉和用来中和肉腥味的生姜、洋葱、香料和豆豉(即发酵过的黑豆)放到一起仔细切碎,包进极薄的饺子皮里捏好,然后煮熟。"于是火盛汤涌,猛气蒸作。攘衣振掌,握搦拊搏。面弥离于指端,手萦回而交错。纷纷及及,星分雹落。笼无迸肉,饼无流面。"春节食品具有象征意义,如鱼象征年年有余;萝卜为菜头,意为"好彩头";鸡代表大吉大利,等等。

4. 包容且独立

中华民族是最具包容性的民族,这点在饮食方面也有所体现。中国人可以在东北吃猪肉炖粉条,在西北吃牛肉面,在川渝吃火锅,不同地域的美食相处融洽,即使方便面和汉堡进入中国市场,中国人也能坦然接受。

在漫长的历史中,由地理交通、人群迁徙、商贸活动以及军事战争来的食物交换、饮食食俗改变的事件不胜枚举。"他者力量改写了中国饮食文化。他者力量包括:少数民族的饮食文化;佛教的饮食美学观念和习俗;西方的饮食美学观念与体系。"①

古代中国一直处于北方民族和南方民族相互抗争、相互交流和融合的进程中,而且交流融合始终是历史发展的主旋律。今天中国的饮食结构受到包含西方饮食文化的影响,建立在持续交往基础上的"汉食"和"胡食"之争,实际上"我中有你,你中有我",共同构成动态发展的中国饮食文化体系。茶饮的应用,以及各种素肉的产生,都是在佛教饮食文化的基础上发展起来的。人在追求食物的"滋味"时,既欣赏本土风味,又追逐新奇的味道,这正是饮食交流之所以出现"本土化改造"的根本原因。

第三种力量与前两种有别,它出现于中国近代,主要是西方国家为辅助其政治侵略,利用传教士、商务活动甚至武力手段传播其饮食文化及相关的观念习俗。欧美、俄国等地区的人口纷至沓来,涌入中国,在各城市开设西餐馆,提供新的餐饮方式。自鸦片战争到清朝灭亡,西方列强在政治、经济、军事上取得了掠夺性的胜利,唯独在饮食文化方面的侵蚀上没有占上风。民国时期,西方人在上海、北京、天津及一些重要城市开办西餐馆,最后纷纷以萧条衰落而告终。中国人可以兼容并蓄,在中西方饮食文化发生交锋时,中国的饮食文化需要对外来饮食文化加以吸收并创新。西方的进餐方式和营养理念也开始为中国人所接受,饮食文化的变迁体现了开放性、包容性、差异性、主体性等特征。一种饮食取代另一种饮食是非常不易的,这需要国家和各个社会阶层的共同努力。若要取代中国在长期的历史发展中稳固形成的饮食文化传统,绝不是一件简单的事情。几千年来,中国人饮食结构的总体特点并无太大改变,人们对于传统饮食文化的热爱和坚持,依然如同他们对故乡家园的依恋那样,时时向往着自己的种族之根。因而随着历史的变迁和社会的发展慢慢包容、适应和创新,同时按照文化自身的规律渐渐发展,始终顽强地固守着民族饮食文化的传统风范,是中国饮食文化的独立性本质和价值体系的外在表现形态。随着中国在世界舞台上实力的增强,中国饮食文化也愈来愈为世界各国人民所接受。中国饮食文化的风貌与特色,以其博大、淳厚、丰富、优美的品性,愈来愈鲜明地成为弘扬中华文明的旗帜。

中国人在漫长的历史岁月中,一直成功地实践着自我保持与自我更新的统一,延续着

---

① 赵建军,2014.中国饮食美学史[M].济南:齐鲁书社.

自强不息的生命机制,应对一个又一个来自内部或外部的挑战,创造出绵延不断的发展序列。

"一带一路"建设是基于古代丝绸之路又超越历史而提出的国家倡议。古代丝绸之路是中外商贸之路,也是中外饮食文化交流之路。长期以来,"一带一路"沿线国家和地区的人民积累了十分丰富的美食资源。如今,中国应当抓住机遇,有效整合美食及其他旅游资源,制定"一带一路"美食发展规划,打造并提升自身品牌形象,开发和推广"一带一路"沿线美食旅游产品,促进餐饮业、旅游业的发展。

三、中国饮食文化的美学呈现

饮食之美不仅在于食物外在形状、色彩及入口之味所带给人的感官愉悦,还在于饮食活动所蕴藉和投射出的厨者兴味和食者意趣。源远流长的中国饮食文化,因其所特有的审美表现与审美特征,以及其背后所蕴含的中国独特的传统文化审美观念,在极大程度上实现了生活与审美的融通,使得人们在满足生存需求的本能活动中,实现了对生命体验的超越性诉求,从而成为中国人生活审美化最为集中而典型的日常呈现。

从人类审美意识的维度来看,味觉在审美过程当中起着至关重要的作用,中国古典美学的产生是建立在饮食文化的基础之上的。中国的饮食文化中蕴含着深刻的文化内涵,古典美学思想也就在古代饮食文化中应运而生了。中国饮食审美文化根植于寻味自然的"本味"思想,至汉唐时期衍变为"至味"大观,直至宋朝融合发展出"和味"之道,彰显了饮食审美从注重"滋味""味道"至注重"韵味""意味"的演变历程。中国饮食文化中蕴含着深刻的审美思想,以食味为本,衍生出色香俱全、形意俱美的饮食审美追求。

(一)中国饮食文化的美学要素

中国饮食文化的美学要素包括:色泽、香气、味道、形态、菜名、器具和环境等。

1. 色泽

色香味俱全,是人们对美食最直接的感官评价。其中,"色"是对美的最基本的欣赏和鉴别角度。一份菜肴,如果拥有搭配协调的色彩,将会极大提升人们的食欲。中国人善于利用蔬菜、肉食、水产品等食物本身具有的天然色彩进行调色,还会用人工色素和调味品添加色泽。如皮蛋晶莹靓丽,通透美观,蛋白色泽金黄,蛋黄自然红润,松花朵朵,美艳诱人。

2. 香气

香气是食物所散发出的气味,食物的香气不仅让人感到愉悦,还能够刺激人的味蕾,提升人的食欲。同时,对香气的感受能够加深和促进人们对色与形的审美愉悦。中国人在菜肴的制作上崇尚香气扑鼻,清醇诱人;饮食的香味主要分为食物自身的香味和食物经烹饪之后的香味。

3. 味道

食以味为主,味道是烹饪艺术的核心,包括食物给人的口味和口感两个方面。中国人在餐桌上经常说的一句话是"今天的菜很合口味"。一道菜肴,即便色彩鲜丽、造型精美,但如果味道不好,那么无论如何都不能被称为美食。明末清初美食理论家李渔曾说:"论蔬食之美者,曰清、曰洁、曰松脆而已矣。"人类能品尝出多种味道,概括起来主要分为基本味和复合味两大类,基本味分为酸、甜、苦、辣、咸、香、鲜七种。如蒜蓉鲍鱼蒜香浓郁,麻辣小龙虾鲜香麻辣。

4. 形态

美食饮食除了满足人们的味觉需求,还要满足人们的视觉要求,给人们带来视觉与味觉的双重享受。食物不仅是一份菜品,也是一件艺术品,需花费一定的时间与精力,才能做出好看的食物。一盘精美的菜品,食材形状要一致,大小要均匀;食物造型多种多样,可以通过捏塑、雕刻、镶嵌等方法改变其形态,还可以借助雕花、水果、酱汁来丰富餐盘元素。蓝莓山药,把煮好的山药条摆好造型,淋入蓝莓酱,好看又好吃(见图6.4);颜值爆表的豆角酿肉,豆角编成翠绿色的花瓣,肉糜为花蕊,豆角散发着蔬菜的清香,肉糜散发出浓郁的鲜香,令人垂涎欲滴(见图6.5);扭成玫瑰花形状的粉色馒头,既有玫瑰花的温润美丽,也有来自小麦的粮食香气(见图6.6);红色的山楂糕,用模具拓印出活灵活现的鱼的模样,摆在精致的盘中,陡然间有了沉鱼落雁之美(见图6.7)。

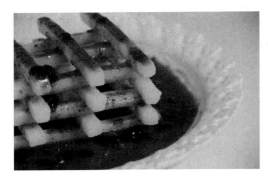

图 6.4　蓝莓山药

图 6.5　豆角酿肉

图 6.6　玫瑰花形馒头

图 6.7　山楂糕

5. 菜名

中国菜的做法博大精深,就连菜肴的名字也是五花八门。一个好的菜名能达到先声夺人的效果,富有意蕴的菜名还能体现中国语言文化的魅力。给菜肴取一个美妙而贴切的名字是一门学问,诗情画意的菜名不但丰富了菜肴的内蕴和层次,而且构建了一种强烈的艺术氛围,提高了大众的审美情趣。如鲁菜中的"花揽鳜鱼"、徽菜中的"凤炖牡丹"等,菜名典雅优美,为盘中之物锦上添花,让食客既能享受菜品的美味,又能领略诗词的意境。纵观古今各菜系的菜名,有的质朴,有的典雅,有的幽默,有的夸张,但它们都从不同的角度突出了菜肴某一方面的特点,或者是菜肴的由来、典故、寓意,或者是其烹饪方式、味道、造型、色彩,从中我们不难找到取菜名的基本规律和方法。随着社会的进步,餐饮业也在发展变化,取菜名的方法也在与时俱进。

6. 器具

用餐需要仪式感,美食也要有好看的器具来衬托。每个人对美都是有追求的,高颜值餐具可以让食物看起来既精致又美味,反之,如果精心烹制的美食被放在一个普通的容器里,食物也会随之变得"黯然失色"。中式饮食器具的风格经历了漫长的历史进程,它就像无形的文字,承载了大量的文化信息。从陶器到瓷器,千姿百态,或清秀大方,或小巧玲珑,或庄重典雅,或富丽堂皇。那些充满仪式感的餐具,让吃饭这件事情变得精致、温馨(见图 6.8)。

图 6.8　饮食器具

"美食不如美器",这句话是美食家袁枚在《随园食单》中引用过的一句古语。它的意思并不是说"器美"要胜于"食美",也不是要提倡吃饭一定要使用豪华精美的器具,而是表达了古代中国人的一种审美意境,即食美,器也要美,美食配美器,追求的是一种和谐的生活。

7. 环境

环境美是享用美食的重要条件,因为环境是影响人情绪的因素之一。享用美食时的外部环境尤为关键,优美的外部环境会让就餐时的心情变得更愉快,从心理上觉得食物更美味。敞厅雅座,花前月下,山间水边,得自然清净之趣,皆是进食佳处。善用音乐佐餐,注重音乐与环境的"通感"作用引发的联想。在一个优雅、整洁的环境中进餐,能够起到放松身心、舒缓神经的效果。

(二)中国饮食文化的美学内涵

中国饮食文化的审美特征着重表现在"品""味"两字,其美学思维始终围绕着对"品""味"的追求,中国人对这两个字的关注和追求胜过其他任何国家的人民,这也体现了中国人对于饮食的美学思想。

所谓"品",即追求美好食物的行为,为认真体味、领会的意思。"品"即享受,是一种对于外界感官刺激的美好体会,人们在不断思考如何认真地来体味、领会食物这个问题的同时,开创了"品"的行为水平,从而积淀出中国的饮食文化。

与"品"对应的是"味"。"味"产生于饮食,同样也是人们饮食美学思维的重要内容。日常的味,有好与不好之分,人们通常会选择好的味道,舍弃不好的味道,这是一方面;另一方面,根据地域性的差异和人们的习惯,人们又对本地(或家乡)风味特别怀念,表现出一种浓厚的乡土之情,具体可反映在不同菜系的风味特点上。因为地域的关系,产生了中国的八大菜系,每个菜系都有着自己的风味特点和文化承载。此外,中国人的"味",反映出明显的哲学思维和人生观念。"味"与"和"也是紧密相连的,"和"是融合、和睦之意,既指菜式的制作,也指人生道理的领悟。酸、甜、苦、辣、咸、香这六种味道,并不是单一的就是最好的,而是要相互融合。这就跟人生一样,人生总会有逆境顺境,总有酸甜苦辣时,也总会有辛酸时,只有看得到甜以后的苦,人生才算是完满,人才能收获成长。追求六味的融合和平衡,是厨师对于食物的追求,也是人一生的最高境界。

(三)中国饮食文化审美之境的三重表达

1. 中国饮食文化审美之境第一重:物境的诗性表达

做菜讲究色香味俱全,饕餮盛宴感官齐动员。物境是可感知的存在,通过美食色彩、美食造型、用餐环境三个元素的精心组合,对审美对象进行直观而形象的表达,以真实唯美的视觉形象、恰当流畅的音乐渲染和丰富抒情的菜品名称引导,表现出一种行云流水般的形式美感与独特的审美情趣。美食通过可视、可感、可听的表现满足了食客的消费需求与愉悦享受,饮食也因此具有了如此迷人的魅力。

2. 中国饮食文化审美之境第二重:情境的感性回归

民以食为天,食物总是能够唤醒人们最深的记忆。色香味与知情意俱全的食物们,刺激视觉,挑逗味蕾,与爱有关,与自我成长相连。它们有过去的记忆,是童年的味道;它们有恋爱的调味,是满满的回忆。美食,是用心制作的一份早餐,是忙活一下午的满汉全席,是藏着爱、含着情,不贵但沉甸甸的食物。人们常常怀念小时候妈妈做的某一道菜,也忘不了十七岁的夏天和初恋一起吃过的街角甜品,还有一个人时努力学习并完成的蛋糕烘焙。因为人生有不同的阶段,人们有不同的记忆,会孤单,也会相聚。美食家蔡澜说,"世界上最极致的口味,永远是妈妈的味道"。一个在南方生活多年的北方人,当米饭和馒头同时摆在他面前时,他会毫不犹豫地选择馒头。在国外生活多年的中国人都知道:中国人的胃最"恋家",他们的胃是最爱国的。你的胃会告诉你哪里是故乡,也会提升你的爱国热情。

美学是人生永恒的课题,它所关怀的本质是人类共通的情感,美学的核心在于"感"。因此,关于食物的美学,也就是和我们自身相关的此心、此情、此理。让人愉悦,让人深情,就是美学的意味。人的生命终将枯竭,食物的美学田野却常绿常新。

3. 中国饮食文化审美之境第三重:意境的哲思

美食印象既包括味蕾享受与感官刺激,也包括美食背后独特的故事与想象。在经历了两重审美之境后,美食的落脚点来到第三重审美之境,即意境的哲思。通过对具体物象的感知,进行审美想象与再创造,从而体会美食内涵的意蕴与哲思。"天人合一"似乎能够投射在任何情境下,通过这种哲学思想的渗透,传递给美食体验者更深层次的审美感受。

鲜之入食,活色生香。鲜代表着中国人对美食的极致追求,被认为是天人合一思想的美食表征。鲜讲究的是道法自然,还原其本来面目与味道的味觉体验。鲜是跨越古今的,从"鱼""羊"合为"鲜"的字面释义到彭祖"羊方藏鱼"的历史典故,鲜作为客观存在于食物中的特性,从古至今始终是人类对美食追求的最高境界。从神农氏时代制造的盐到商朝从酿酒技术中衍生出来的醋,从商周制作饴糖到研制各种美味的调味酱,从秦汉丝绸之路带来调味品种类(大蒜、香菜、胡椒)的增多到盛唐饮食文化的空前发展,从元朝工艺技术的成熟到晚清外来调味品种类(咖喱、沙司、色拉)的传入,鲜味逐渐在不同程度上被发现和提炼。鲜也是横贯东西的,它是世界饮食文化中不可分割的一部分。世界各地均有不同的饮食习惯和烹饪技巧,但对"鲜"的追求,却始终如一。也正因如此,食物和生活才能保持新鲜与活力。

由饮食的口味到饮食生活的韵味,代表着饮食之美和生活旨趣相联结。这样的饮食文化审美习惯,千百年来形成了一套独特的文化现象,渗透在我们的日常生活中。陶渊明《饮酒·十四》诗云:"不觉知有我,安知物为贵。悠悠迷所留,酒中有深味。"饮食中有真味,耐心品味,或能得之。

第三节 文人与饮食文化赏析

著名学者陈平原曾指出:"在一个讲究民以食为天的国度,饮食从来就不仅仅是营养或美味,而是包含了味蕾的感受、知识的积累、历史的氛围以及文人的想象,附着在具体的食物上,大大扩展了饮食的文化内涵。"[①]我国的饮食文化除了囊括各色美食,还蕴含了深刻的文化历史渊源或别样的情感,因此品尝中华美食绝不仅仅是一次味蕾之旅,更是一次文化探寻和情感回归的体验。在中华美食发展的历程中,中国的文人也对美食文化的发展提供了很大的推力。自古以来,"文人嗜吃"似乎是一个不成文的传统,宋朝大文豪苏轼有"东坡肉""东坡鱼"的典故,明清时袁枚有《随园食单》,说明他们不仅热衷于品尝美食,还会将一些精致美食的制作方式用优美的文字记录下来,或者在品尝美食的过程中收获不同的人生感悟,从而赋予这些美食更丰富的生命力。到了近现代,梁实秋、汪曾祺这两位作家,几乎占据了文人谈吃的半壁江山。汪曾祺写美食,擅长用简单平实的语句勾出读者的馋虫,无论是其笔下的高邮咸鸭蛋,还是记忆中求学时期的汽锅鸡,都成为许多人魂牵梦萦的美味。

文人谈吃,重点不在谈吃什么和怎么吃,而在于怎么谈。美食在他们笔下,更多呈现出味外之趣、题外之旨。他们通过文学作品将美食和生活中的温情联系在一起,形成了独具特色的文化现象。

一、苏轼的美食与人生:人间有味是清欢

宋朝是我国饮食文化一个重要的发展阶段,最突出的特点就是文人士大夫饮食文化

---

① 陈平原,2008.长向文人供炒栗——作为文学、文化以及政治的"饮食"[J].学术研究,1:127—137.

的形成。没有哪一个朝代的文人士大夫像宋朝这样关注饮食,这使饮食文化与文学创作的关系更加紧密,其中以诗词的表现最为明显。中国诗歌史上的饮食类题材是在陶渊明笔下初露曙光,到宋朝则蓬勃发展,而苏轼在这方面做出的巨大贡献尤其值得重视,他美食家的盛名与大文豪的美名相得益彰。

苏轼在仕途中不得志,空负一身才华,一生三起三落可谓经历坎坷。苏轼多次被贬外地,这为他遍尝全国各地美食提供了机会,也激发出他自己动手制作美食的热情。同时苏轼还发挥了特长,在品尝过各地的美味佳肴后积极地将这些美食用诗词记录下来,在其作品中建构起丰富独特的饮食世界。其中有许多诗词是直接用食物名当作诗名,如《野雉》《鳊鱼》《豆粥》《四月十一日初食荔枝》等。他凭借丰厚的文学素养和审美修养,把饮食这一生活的本能提升到人的精神层面,将饮食与人的精神追求联系在一起。通过对美食的描写,赋予饮食以美学的意蕴,展现了他积极乐观的人生情怀。对于苏轼来说,与其说是其豁达的个性成就了一个美食家,不如说正因为他是个热爱美食的人,才让他成为一个豁达的人。因为他能在生活中用美食疗愈自己,能享受素淡如水的生活,能用烟火换来心之所安。

1. 苏轼对饮食题材的诗意提升

苏轼现存诗词有三千多首,据不完全统计,他直接描述饮食文化的诗词近百篇,间接描述的就更多。苏轼诗词所记录的食材丰富多彩,包括南北不同地域的食物,有山珍海味,也有粗茶淡饭;有鸡鸭鱼肉,也有瓜果蔬菜、粟米薯芋、馒头、笋饼等,美食特色蔚为大观。据丁永淮先生在《东坡菜和东坡小吃》一书中的统计,以"东坡"命名或与"东坡"有关的菜肴大约有一百多种,常见的有东坡肉、东坡肘子、东坡鱼、东坡豆腐、东坡羹、东坡饼、东坡蜜酒。苏轼更是留下数百篇与美食相关的诗词,如《猪肉颂》《食蚝》《菜羹赋》《蜜酒歌》《豆粥》等,从炒菜、炖肉、烹菜,到煎饼、煮饭,再到熬粥、煨羹,都做了详细介绍。东坡菜也因此被戏称为中国第九大菜系。

苏轼曾经这样说过:"世人之所共嗜者,美饮食,华衣服,好声色而已。"[1]他对饮食的认识遵循着他"凡物皆有可观"的美学原则。他认为:"凡物皆有可观。苟有可观,皆有可乐,非必怪奇伟丽者也。哺糟啜醨皆可以醉;果蔬草木,皆可以饱。推此类也,吾安往而不乐?"[2]在苏轼看来,任何一种食物都有它值得示人的地方,这就是"可观",或产于特定的地域,或具有独特的风味,或营养丰富可益寿延年,或形状奇特为世所罕见,或加工方法别致,等等。"可观"意谓既美味,也美观;既可食用,也可玩赏。苏轼就是从食用、玩赏、加工等角度来记述这些美食的。食用讲究的是味道鲜美,玩赏讲究的是颜色、形状奇特,加工讲究的是技巧、方法,这其中都关联着美学问题。苏轼以食物入诗,不仅扩大了宋朝诗歌的表现范围,而且在弘扬饮食文化的同时对地方文化产生了深远的影响。千百年来苏轼留下的关于美食的诗词,也成为自带流量的宣传稿,为他所到之处的美食增添了丰富的文化内涵,令人心生向往。

---

① [宋]苏轼,1986.苏轼文集(第二册)[M].北京:中华书局.
② 同上.

2. 苏轼品味食物之美

苏轼一生颠沛流离,足迹遍及我国大江南北,接触过不同地域的多元饮食。苏轼移情于饮食,与美食佳酿相伴,作诗赋以写之,各臻其妙。"竹外桃花三两枝,春江水暖鸭先知。蒌蒿满地芦芽短,正是河豚欲上时。"这首耳熟能详的《惠崇春江晚景》不但描写了春光的美好,而且体现了苏东坡能吃、会吃、敢吃的特点。对于味道鲜美但是带有剧毒的河豚,苏轼几乎是从不拒绝的。

刚被贬到偏僻的黄州(今湖北黄冈)时,他发现"长江绕郭知鱼美,好竹连山觉笋香";被贬到潮湿的惠州时,他感叹"日啖荔枝三百颗,不辞长作岭南人";甚至被贬到人烟稀少的海南时,他也能在这里吟诗作对,留下儋州吃牡蛎的美谈。无论是走在倾盆大雨中,还是走在人生路上,苏轼都能从容不迫地吟诵:"竹杖芒鞋轻胜马,谁怕?一蓑烟雨任平生。"

3. 苏轼制作食物之乐

苏轼一生被贬多次,可他无论被贬到多么偏僻荒凉的地方,都能把生活过得有滋有味。苏轼在美食记录中寄寓了深厚的人生感悟,既激励着后人的精神世界,也为中国博大精深的饮食文化添以光彩之笔墨。

饮食之趣体现在烹饪食物时收获的成功与喜悦。苏轼参与烹饪实践,创制出美肴佳馔,并对其改良创新。于是,大名鼎鼎的东坡肉就在他被贬谪至黄州后诞生了。关于黄州本地的食物,据苏轼给秦观的信上说:"柑橘柿极多,大芋长尺余,不减蜀中。羊肉如北方,猪牛鹿如土,鱼蟹不论钱。"①然而苏轼是西南人,似乎不太喜欢牛羊肉,却盛赞黄州的猪肉。苏轼曾作《猪肉颂》曰:"净洗铛,少著水,柴头罨烟焰不起。待他自熟莫催他,火候足时他自美。黄州好猪肉,价贱如泥土。贵者不肯吃,贫者不解煮,早晨起来打两碗,饱得自家君莫管。"②令他没想到的是,这样一首《猪肉颂》竟然成了千古美食东坡肉的秘方。

东坡鱼也是苏轼在黄州时创制的,他在策马来黄州的途中,俯瞰浩浩江水,仰视群山上的竹林,脱口而出:"长江绕郭知鱼美,好竹连山觉笋香。"后来他果然常常运用这两种最便宜的材料来做菜,不但自己吃,还煮出鱼羹来请客。东坡鱼的制作方法为:"以鲜鲫鱼或鲤治斫冷水下入盐如常法,以菘菜心芼之,仍入浑葱白数茎,不得搅。半熟,入生姜、萝卜汁及酒各少许,三物相等,调匀乃下。临熟,入橘皮线,乃食之。其珍者自知,不尽谈也。"③东坡鱼的妙处就在起锅前加入橘皮切的一撮丝线,与众不同,别具一格。

4. 苏轼赏茶之雅

苏轼一生几起几落,从峨眉之巅到岭南之地,茶陪伴了他一生辗转曲折的时光。

苏轼每到一处,凡有名茶佳泉,他都留下诗词。苏轼对茶的总体评价至高,在他的诗词中,茶具有君子之品格,佳人之妙质,高人之风度,兼悟禅之韵味。其中最负盛名的比喻便是"从来佳茗似佳人",他在《次韵曹辅寄壑源试焙新芽》一诗中这样写道:"仙山灵草湿行云,洗遍香肌粉未匀。明月来投玉川子,清风吹破武林春。要知玉雪心肠好,不是膏油

---

① [宋]苏轼,1986.苏轼文集(第二册)[M].北京:中华书局.
② 李一冰,2020.苏东坡新传[M].成都:四川人民出版社.
③ [宋]苏轼,2000.苏轼全集[M].上海:上海古籍出版社.

首面新。戏作小诗君一笑,从来佳茗似佳人。"①后来,人们将苏轼的另一首诗中的"欲把西湖比西子"与"从来佳茗似佳人"辑成一联,陈列在茶馆之中,成为一副名联。

苏轼年少得志,意气飞扬,后半生久经风波,看淡名利,于茶道上亦到达自然隽永、超然物外的境界。茶之于苏轼,不仅是追求优雅的生活,还是散乱中的内心坚守。历史上喜欢紫砂壶的以文人居多,尤以苏轼最为出名。苏轼一生三次被贬,且越贬越远,但他始终保持着豁达的心境。苏轼开启了的紫砂壶创作之风,在他之后的制壶大师用更加精湛纯熟的技法,表达着这种境界。紫砂壶泡茶的好处在于能较长时间保持茶叶的色、香、味。品鉴紫砂壶有六个要点:神韵、形态、色泽、意趣、文心、适用。对于苏轼来说,紫砂壶的高雅神韵、优美形态,远远高于人间俗物。苏轼对紫砂壶爱不释手,无奈的是,对他而言,市面上的紫砂壶容量有点小。于是,苏轼在宜兴时,还亲自设计了一种提梁式紫砂壶,烹茶审味,怡然自得,题有"松风竹炉,提壶相呼"的诗句。后人为了纪念他,把这种壶式命名为"东坡提梁壶"。

5. 人间有味是清欢

美学上常常以"味"来言说美,使"味"成为中国古典美学的一个重要领域。相比于味,苏轼更重清欢。清欢是一种清心淡雅的快乐,是一种平淡美。平淡雅致是整个北宋时期的审美特质,秋山淡淡,简单纯净,如宋瓷里的釉色,一片秋月白,一片风露青。公元1084年苏轼被皇帝罢免,不得不离开他生活多年的黄州,赴任汝州。途中经过泗州(今江苏盱眙)时,约会好友泗州知州刘倩叔,遂作《浣溪沙》一词,表达出他对这种清欢之味的感受:"细雨斜风作晓寒,淡烟疏柳媚晴滩。入淮清洛渐漫漫。雪沫乳花浮午盏,蓼茸蒿笋试春盘。人间有味是清欢。"②

苏轼甚至发展出"至味说"这一理论,提出"咸杂众好,中有至味永。"③"发纤浓于简古,寄至味于淡泊。"④苏轼以味论诗,注重的是有限的文字之外的无限意味,认为"至味"是"外枯而中膏,似淡而实美",这个淡而至味,与苏轼喜欢的笋是相近的,以无味胜有味,却又是极鲜、极清、带有余味的。林语堂也曾说,中国菜味道最好的就是无味的笋,果然英雄所见略同。

苏轼一生历经宋仁宗、宋英宗、宋神宗、宋哲宗、宋徽宗五朝,典领八州,贬谪三地,可谓尝尽了人生百味。面对不幸,他总能通过品尝、制作各种美食,化解心中苦闷。于是,读起苏轼的故事,会感觉酸、甜、苦、辣、咸五味俱全;然而其中最刻骨铭心的,却是其人生苦旅中渗出的甜味,无论身在何处,聊起食材时,苏轼总是自称"性善食肉",又"好自煮鱼",更提倡多吃鱼类、蔬菜类杂食以养生,与现代人提倡的健康饮食方式类似。苏轼传于后人的,不仅仅是东坡肉、东坡鱼、羊蝎子、岭南荔枝,更是那种乐天派的处世哲学。诚如他总结的人生哲学:"人生一世,如屈伸肘。何者为贫,何者为富?何者为美,何者为陋?"他既是美食的受用者和实践者,也是中华饮食文化的继承者和开拓者。人们将苏轼的才情和对美食的贡献融合成"苏文熟,吃羊肉;苏文生,吃菜羹"口耳相传,既包含了对培养苏轼这

---

① [宋]苏轼,2000.苏轼全集[M].上海:上海古籍出版社.
② 同上.
③ 同上.
④ 同上.

样的人才的殷切希望,也传递了对苏轼的人格和才华的高度赞赏。

二、袁枚与《随园食单》:食之乐趣与学问

赵荣光在《中国饮食文化概论》中提出,中国饮食文化的辉煌发展主要得益于饮食思想的源远流长和内蕴的丰富。"中华民族的历史文化,有更为鲜明和典型的'饮食色彩'。这种'饮食色彩'不仅表现在餐桌上,而且表现在中国饮食生活的全部过程之中,更表现在他们对自己食生活、食文化的深刻思考与积极创造、孜孜探索中。"[①]在这漫长的探索过程中,中国古代饮食思想也逐渐趋向深化和完善。明清时期是中国饮食文化发展的高峰时期,也是中国古代饮食思想发展的鼎盛期。正是在这样一种社会和文化发展的背景下,包括袁枚、高濂、张岱、李渔等在内的一批名士相继登上美食的舞台。由于他们的记录、总结和理论创造,晚明盛清成了中国古代饮食文化史上大放异彩的历史时段。

清朝才子袁枚历经康熙、雍正、乾隆、嘉庆四代帝王,正是清王朝和平安定的强盛期,为袁枚独特的美食活动提供了极佳的客观条件,也使他把自己别开生面、极富创意建树的食学研究推向历史的巅峰成为可能[②]。袁枚曾在《所好轩记》一文中,坦言自己的几大爱好,其中好味、好友、好游、好葺屋几项,都是与他的"好吃"联系在一起的,因为"好吃",也成就了他的"食圣"之名。袁枚在自己所购置改建的随园里举办了数不清的雅集宴会,随园简直成了盛清时期的私房菜馆,闻名江南,气势完全不输今天的网红店。同时,袁枚交友广泛,吃遍权贵宴席、市井美食,正如袁枚自己的诗文所述,"随身文史同商榷,到处羹汤教品题。"诸多的客观因素为袁枚撰写《随园食单》提供了必要条件。

袁枚爱吃、会吃、善吃、懂吃,还善于把吃的经验总结成篇。他积累了四十余年的美食品尝及料理经验,于1792年编纂为《随园食单》。全书共14章,分为两大部分。第一部分是基础理论部分,主要包括"须知单"和"戒单",集中表现了袁枚治味的理论思想。第二部分是菜谱,为我国的饮食史保存了不少宝贵的史料(见图 6.9)。《随园食单》是我国古代烹饪理论和实践的集大成之作,更是第一次系统全面总结中国烹饪的著作。林语堂曾用英文向西方国家介绍袁枚:"伟大的诗人和学者袁枚写了厚厚的一本书来讨论烹饪方法,并写有一篇最为精彩的短文描写他的厨师。"[③]这一烹饪方面的著作不仅在当时达到很高水平,而且其中许多观点,放在今天仍值得学习和借鉴。

与孔孟传统的"君子远庖厨"思想不同,在袁枚看来,饮食是一门学问。袁枚在《随园食单》的序言中提出"学问之道,先知而后行,饮食亦然",他引经据典,极力证明饮食的意义,正应和了《随园食单》里写的:"清者配清,浓者配浓,柔者配柔,刚者配刚,方有和合之妙。"

袁枚会吃,他深谙饮食之道,食材并不以贵重作为选择的依据。在他看来,"适口为珍何必贵,贵者未必珍"。袁枚在《随园食单》中记载了九种豆腐的做法,豆腐得味,远胜燕窝。豆芽也是袁枚很喜欢的一种食材,他认为以豆芽配燕窝为上味:"豆芽柔脆,余颇爱

---

① 赵荣光,2008.中国饮食文化概论[M].北京:高等教育出版社.
② 赵荣光,2011.餐桌的记忆:赵荣光食学论文集[M].昆明:云南人民出版社.
③ 林语堂,1988.中国人[M].郝志东,沈益洪,译.杭州:浙江人民出版社.

图 6.9 《随园食单》节选

图片来源：http://www.szzet.net/type-7/n34202970.htm. 访问时间：2022-11-2。

之。炒须熟烂，作料之味，才能融洽。可配燕窝，以柔配柔，以白配白故也。"

饮食须适时而用之，方能强身健体，这是袁枚对饮食强身之道的重要见解。他在《随园食单》的"须知单"中，专门列有"时节须知"。其中，主要阐释的强身之道有三点：其一，人之饮食，应循时而进；其二，人之饮食，当因季变味；其三，人之饮食，须择时"见好"而食。

袁枚深谙饮食茶酒之道，写吃灵动、形象。如其在《随园食单》中所言："余游武夷到曼亭峰、天游寺诸处。僧道争以茶献。杯小如胡桃，壶小如香橼，每斟无一两。上口不忍遽咽，先嗅其香，再试其味，徐徐咀嚼而体贴之。果然清芬扑鼻，舌有余甘，一杯之后，再试一二杯，令人释躁平矜，怡情悦性。始觉龙井虽清而味薄矣；阳羡虽佳而韵逊矣。""既吃烧酒，以狠为佳。汾酒乃烧酒之至狠者。余谓烧酒者，人中之光棍，县中之酷吏也。打擂台，非光棍不可；除盗贼，非酷吏不可；驱风寒、消积滞，非烧酒不可。汾酒之下，山东膏粱烧次之，能藏至十年，则酒色变绿，上口转甜，亦犹光棍做久，便无火气，殊可交也。"

美食之道，不在于稀、野、贵，而在于出乎期待、惊艳味蕾。袁枚赏得了真味，写得出食经，调教得出名厨，亦俗亦雅。我们不妨学一学他对美食的热爱，对人间美味的孜孜以求，对美好生活的执着坚守。

三、梁实秋的美食记忆：民国版"舌尖上的中国"

民国时期，不乏懂味道、擅厨艺的美食家，但若论写吃，极少有人能与笔下生花的梁实秋相提并论。梁实秋经历中国最风云多变的时代，学贯中西，文采斐然。他旷达幽默，博古通今，谈起吃来，引经据典，信手拈来。

梁实秋是真正的"生活家"，吃过山珍海味，品过清粥小菜，尝尽人生百味，以笔谈吃，写美食背后的文化故事。一本《雅舍谈吃》，写下了梁实秋走南闯北时吃过的各地食物，言语间充满了智慧和幽默，让我们不自觉地走入中国传统饮食的文化世界。饮食文化作为一种文化现象，它的特色主要包括三个层次：物质层次、行为层次和精神层次。梁实秋在《就只知道吃》一书中的描写细腻生动，该书分为"快活馋""舌尖上的故乡""这世间的味道"三部分，层层递进地展现出中国传统饮食独有的文化魅力。

1. 快活馋：深厚文化背景之下的人之大欲

梁实秋是位天生的美食家，他热爱生活，懂得欣赏美食，也爱好钻研美食，保持着不偏不倚的态度去接纳、品味个中滋味，用心感悟、享受美食带来的百味人生。在他的美食散文中，"吃"不仅是满足口腹之欲的饮食过程，还有其独特的文化底蕴。关于吃的一些理念和风俗，梁实秋认为，"馋非罪，反而是胃口好、健康的现象，比食而不知其味要好得多。"更为难得的是，梁实秋在讲述与食物有关的典故时，都以极为流畅的笔触点到为止，始终保留其清逸闲散的文风，既有深度，又不失趣味。透过这些或简或繁的食物和菜谱，我们看到的是悠远的历史，还有时间与文化的积淀。

2. 舌尖上的故乡：食之美者，故都滋味，在物更在人

梁实秋对故乡的美食如数家珍：宝华春的烧鸭、玉华台的水晶虾饼、信远斋的糖葫芦……他深情追忆故乡北平的各色美食小吃，在他的书中我们可以看到颇具特色的北方菜式，如刚出炉的北平烧鸭，鸭肉片得薄薄的，有皮有油有肉，一口下去满口都是油香；还有又酸又烫又辣的豆汁儿……这些带有北方气息的美食，独具风采，绘织成独特的地方风味。梁实秋最后总结道，在北平的生活就是"一年四季的馋，周而复始的吃。"他在《想我的母亲》一文中写道"我想一般人都会同意，凡是自己母亲做的菜永远是最好吃的。我的母亲平时不下厨房，但她高兴的时候，尤其是父亲亲自到菜市场买回鱼鲜或其他'南货'的时候，在父亲的特烦之下，她也欣然操起刀俎。这时候我们就有福了"，因此，梁先生爱美食，不光因为美食本身，更因美食背后的情。

3. 这世间的味道：中西论吃

梁实秋细心品评他乡风格各异的美食，文字清雅、诙谐，透出梁实秋对美食一如既往的热爱和对生活平实悠然的态度。梁实秋是一位学贯中西的学问家，在接受中式传统文化教育的同时，也深受西方文化的浸染。在国外，只要有机会，他便会参观、探访当地的美食生产基地。他在书里写道，"人最馋的时候是在想吃一样东西而又不可得的那一段时间"，即使隔着时空的距离，这句话仍精准地道出了天下所有美食爱好者的心声。

四、汪曾祺的饮食散文：致力于给人间"送小温"

当代美食散文作家，汪曾祺当为翘楚，其文与在黄州苦中作乐的苏轼颇有些相似，至

性至情的文字只有热爱生活的人才能写出。汪曾祺兼具文学家与美食家之名,在他笔下不论是童年的家乡特产、记忆中的昆明美食,还是日常生活中的粗茶淡饭,都呈现出一种闪光的质感。汪曾祺笔下的食物都不是单独作为个体出现的,而总是会与一个事件、一段回忆联系起来,看起来是在谈吃,但细细品味起来,却能感觉到时光的流逝。尽管世事变幻,汪曾祺笔下流淌出来的那种从容淡然的态度却一以贯之。饮食文学本身就是立足于个人生活感受,去体会日常生活的意义,从而获得幸福感与愉悦感,所以饮食的滋味与人生的况味是相通的。

汪曾祺在《人间滋味》中,不太爱写食物入嘴的感受,顶多说句"极妙""能下三碗饭"。但就是这寥寥数笔,却让人感觉活色生香。比如他写香椿拌豆腐:"嫩香椿头,芽叶未舒,颜色紫赤,嗅之香气扑鼻,入开水稍烫,梗叶转为碧绿,捞出,揉以细盐,候冷,切为碎末,与豆腐同拌,下香油数滴。一箸入口,三春不忘。"[①]又如在《端午的鸭蛋》一文中,他说好鸭蛋必须是质细而油多的,"筷子头一扎下去,吱——红油就冒出来了"。对于故乡的鸭蛋,汪曾祺心心念念,虽然在文章中描述不多,并没有用力诠释故乡鸭蛋的特别之处,但他笔下的鸭蛋也总是让人念念不忘。

汪曾祺所说的吃,并不是指追求食材的稀有珍贵,也不是追求烹饪技巧的高超,而是吃得精细雅致,即使最简单的小菜也凝聚着心思和创意。他在《慢煮生活》中总结自己的心得:"家常酒菜,一要有点心意,二要省钱,三要省事。"但绝不可因图省事,而火急火燎,故而又补充道:"酒渴思饮,主人卷袖下厨。一面切葱姜,调佐料,一面仍可陪客人聊天,显得从容不迫,若无其事,方有意思。如果主人手忙脚乱,客人坐立不安,这酒还喝个什么劲!"人之于生活,最常有的是浮躁心。我们可以找借口说,时代不同,压力大,不得从容。但无法否认,每个时代都有每个时代的压力。对于汪曾祺来说,生活在旧时代的空袭下是压力,但他在做美食、品美食中又能与焦虑、烦恼、压力和解。

汪曾祺说:"一个人的口味要宽一点、杂一点,南甜北咸东辣西酸,都去尝尝。"只有尝遍酸甜苦辣咸,方知百味分寸在何处。无数对吃有研究的食客,在烟火中把五味炼成人生况味,在千变万化的味道里,找到处世的分寸。所以,饮食的"分寸感"也像中国人的处世方式。当百种味道融合一起,每种味道都不能太突出,各有分寸,不喧宾夺主,也不妄自菲薄。做人也是如此,讲究的是平衡调和。食物里有人间百味,最难把握的恰是"分寸"二字。

汪曾祺文字中透着世俗的热闹,让人感觉到生活的热气腾腾。然而,再细读,却发现在热闹之外可以收获心灵的平静。那是一种心态由浮躁到平静的变化,这种变化正是汪曾祺的文字所带来的力量。汪曾祺的美食和美文,有一种治愈的力量,让生活变得不那么沉重。汪曾祺是一个把口腹之欲和高雅文化之间的距离拉得最近的人,他自称喜欢逛菜市场:"到了一个新地方,有人爱逛百货公司,有人爱逛书店,我宁可去逛逛菜市场。看看生鸡活鸭、新鲜水灵的瓜菜、红彤彤的辣椒,热热闹闹,挨挨挤挤,让人感到一种生之乐

---

① 汪曾祺,2021.人间滋味[M].兰州:读者出版社.

趣。"①如此描述，不正是我们日常生活里的小乐趣、出门即可触达的幸福吗？在汪曾祺的文字里，我们感受到了平凡生活中的另一番滋味。安身之本，必资于食。四方食事，亦可明心见性。在品尝美食中参透人生，是一件令人愉悦的事情。人间市井，世俗人生，成了汪曾祺笔下最温情诗意的文字。在柴米油盐中，感受最恬淡的人间烟火，正是汪曾祺笔下的生活日常。

第四节　悠久典雅的茶文化

茶叶起源于中国，是当之无愧的中华"瑰宝"。在一千多年前，唐朝的陆羽撰写了《茶经》一书，从而出现了茶道的雏形。中国是茶叶的故乡，茶叶深深融入中国人生活，成为传承中华文化的重要载体。②

作为沿袭千年的传统，喝茶早已悄悄融入中国人的集体基因之中。茶，作为"国饮"，它既是同"柴米油盐酱醋"并肩的人间烟火，也是与"琴棋书画诗酒"齐名的精神追求。鲁迅在《雨天的书》中写中国人喝茶："喝茶当于瓦屋纸窗之下，清泉绿茶，用素雅的陶瓷茶具，同二三人共饮，得半日之闲，可抵十年的尘梦。喝茶之后，再去继续修各人的胜业，无论为名为利，都无不可。但偶然的片刻悠游断不可少。"中国人在日常生活中感受喝茶的闲适，是生命中必不可少的情趣。

喝茶，是一种味觉的审美，是一份感知，是一番可与世界万物（包括自己在内）互相接纳包容的过程。

一、茶的产地

茶的名称很多，如荼、槚、蔎、茗、荈等，而"茶"则是其正名。茶字在中唐之前一般都写作"荼"字。茶字之所以有很多名称，其原因可能与古人所见有关。《诗经》中有"荼"字，《桐君录》《晏子春秋》中有"茗"字，《尔雅·释木》中提到"槚，苦荼"，《方言论》中记载"蜀西南人谓茶曰蔎"，《凡将篇》中有"荈"字，晋代郭璞曰"今呼早采者为荼，晚取者为茗"。陆羽在《茶经》中，除讲述茶之源的篇幅外，通篇使用"茶"字。由此茶字的形、音、义固定下来。单看茶字，它的结构是一个草字头、一个人、一个木，草、木、人代表了人和自然的相处关系，也蕴含着中国人的处世哲学。

中国是茶树的原产地，据植物学家考证，茶树的原产地就在中国的云南、贵州、四川三省交界的山区，也就是战国时期的巴蜀所辖地区。清初顾炎武在《日知录》中首次提出"是知秦人取蜀而后，始有饮茗之事"。云南有得天独厚、适于茶树繁衍的自然条件，至今尚留存许多古老的野生大茶树。陆羽《茶经》开篇曰："茶者，南方之嘉木也。一尺、二尺，乃至于数十尺。其巴山峡川，有两人合抱者，伐而掇之。"

---

① 汪曾祺，2009.四方食事? 食道旧寻[M].北京：中国文联出版社．
② 习近平．向首届中国国际茶叶博览会致贺信[EB/OL].(2019-12-01)[2022-11-06]. http://hznews.hangzhou.com.cn/chengshi/content/2017-05/19/content_6554881.htm.

二、中国茶文化的发展历程

茶源自中国,茶文化也发祥于中国。茶文化这一概念的提出是在茶步入人类生产和生活四五千年之后。20世纪80年代初,伴随中国改革开放的推进和民族文化的觉醒,著名民俗学家娄子匡为《中国茶艺》一书写的代序里,首次使用"茶文化"一词。而后各种茶艺馆如雨后春笋般涌现,"茶艺"一词也被广泛接受。20世纪80年代末,中国茶界举办的各种文化活动开始活跃起来,中国茶文化重新焕发生机。

"茶文化是人类在发展、生产和使用茶的过程中以茶为载体,表达人与自然以及人与人之间产生的各种理念信仰、思想感情和意识形态的总和。"① 中国茶文化有广义与狭义之分,前者指整个茶叶发展历程中所有物质财富与精神财富的总和,后者指其中的精神财富部分②。

1. 汉前

汉前茶的食用和药用功能是交叉、递进的关系。中国最早的中草药学经典之作《神农本草经》中记载:"神农尝百草之滋味,水泉之甘苦,令民知所避就,当此之时,一日而遇七十毒,得茶而解之"③,这是关于茶的药用功能的最早叙述。且在很早的时期,捣烂的茶叶就已用于外敷和消炎消肿。"尔后,逐渐用于生嚼内服,用于消食、清热和解毒药用"④,"苦茶久食,益意思",这是东汉名医华佗在《食经》中对茶的药用价值所做的记录。

茶源于巴蜀,闻于周朝。至少在西周时期,巴蜀地区就已经有茶园存在了。巴蜀人很早就服用"煎茶"以除瘴气,解热毒。久而久之,茶就由一般的药用发展为巴蜀人的日常专用饮料了。西周建立后,巴蜀地区喝茶的习俗就开始慢慢向全国传播开来。从周朝开始,人们开始大量人工种植茶树,因为人们发现茶叶可以被当作菜叶食用,人们将茶叶和葱姜盐,甚至和米饭蔬菜煮作一锅,作为羹茶食用。

2. 两汉至南北朝

这一时期,饮茶成风,茶文化开始萌芽。西汉著名辞赋家王褒所写《僮约》是研究中国茶文化发展十分重要的历史文献,其中就提到"武阳买荼,烹荼尽具"。这是我国最早的将茶当作商品的记载,表明茶最晚在西汉时期已经作为商品流通。茶树的人工栽培在一定范围内已较普及,茶的加工技术也有所进步,并已逐渐扩大到长江中下游地区,还出现了茶叶集市,此时南方饮茶已蔚然成风。

随着文人饮茶之风渐起,开始有关于茶的诗赋出现。而在日常生活中,则出现了以茶代酒的新时尚,众多清谈家、玄学家纷纷弃酒用茶。在清谈家及玄学家的意识里,茶已经被当作一种精神寄托。西晋茶道大师杜育适时推出他的力作《荈赋》,这也是我国最早的茶事诗词赋作。在《荈赋》中,杜育完整地记载了茶叶从种植、采摘、选水、烹茶、茶具的选择到饮用的全过程,让饮茶成为一种生活艺术,代表着风雅文化。这标志着中国茶文化的萌芽。

---

① 姚国坤,2004. 茶文化概论[M]. 杭州:浙江摄影出版社.
② 陈文华,2006. 中国茶文化学[M]. 北京:中国农业出版社.
③ 张登本,2009. 全注全译神农本草经[M]. 广州:新世纪出版社.
④ 曾雪兰,蔡苏州,2018. 从"神农尝百草"认知茶的药用价值对中医药文化的贡献[J]. 福建茶叶,8:27.

3. 唐朝

唐朝《茶经》问世，茶文化开创新局面。饮茶蔚然成风，"茶道"一词便应运而生了。"茶道"这个词最早出现在唐朝皎然的诗《饮茶歌诮崔石使君》中，来自"孰知茶道全尔真，唯有丹丘得如此"此句。从其中"一饮涤昏寐，情来朗爽满天地。再饮清我神，忽如飞雨洒轻尘。三饮便得道，何须苦心破烦恼"的表述可见，1 200多年前的皎然已经深刻领悟到了茶的魅力。[①] 而与皎然互为忘年之交的陆羽，凭借立论完备的《茶经》，开创了中国的茶道，《茶经》在当时便已译成各国文字广为流传，对中国茶文化乃至世界茶文化的发展具有深远的影响。《茶经》开始让茶超越之前的食饮、药饮，变成一种对品饮方法和环境有所要求的特殊饮料。

随着南北文化的逐渐融合，饮茶风气渐渐由南向北推广开来。唐朝饮茶的盛行，首先与统治者大力推崇信仰佛教有关。因茶有提神益思、生津止渴功能，故寺庙崇尚饮茶，在寺院周围植茶树。这在《封氏闻见记》中反映得十分充分："开元中，泰山灵岩寺有降魔师大兴禅教，学禅务于不寐，又不夕食，皆许其饮茶，人自怀挟，到处煮饮。从此转相仿效，遂成风俗。"唐朝茶道兴盛的另一个重要原因，是朝廷贡茶的出现。唐朝宫廷内的人大量饮茶，对茶叶的生产十分重视。在唐朝，饼茶仍是当时制茶主要的形式，采来茶后，先放入甑釜中蒸，白杵捣碎后，拍成团饼，焙干以后，用荻或篾穿起来封存。饮用时，再碾碎，过筛，入釜烹煮。在中唐后，受到陆羽的影响，开始由加料的羹煮发展成清茶的烹煮。唐贞观年间茶叶作为文成公主的陪嫁品被带到了西藏。在唐朝，茶叶首次作为商品被销往中国边疆。《新唐书·陆羽传》中记载："其后尚茶成风，时回纥人朝始驱马市茶。"这是中国历史上历经唐、宋、明、清1 000多年的茶马交易的开始。

4. 宋朝

宋朝，茶文化进入发展期。宋朝迎来了中国历史上商品经济、文化教育、科学创新高度繁荣的时期，也开创了风花雪月诗酒茶的文化盛世。茶在宋朝不仅是军事物资，也是生活必需品。茶业的发展客观上又推动了茶文化的发展。

茶兴于唐而盛于宋。宋徽宗赵佶亲自编写了史上唯一一部由皇帝撰写的茶书《大观茶论》，皇帝的直接参与使茶得到了普及。而文人的参与，则使中国传统文化对茶饮进行渗透，文士品茗是宋朝十分普遍的现象，宋朝第一流的文士如蔡襄、范仲淹、欧阳修、王安石、梅尧臣、苏轼、苏辙、黄庭坚、陆游等都置身其中，又以苏轼、王安石造诣最深。斗茶这项文人墨客乐此不疲的娱乐应运而出，《撵茶图》描绘了这一活动（见图6.10）。斗茶的流行又促使点茶的技艺不断创新，虽然宋朝斗茶的鼎盛光景难以再现，但古人对于茶的喜爱和钻研却以文化的形式传承至今。

5. 明清

宋朝的文人雅士们拓展了茶文化的文化形式，同时也使茶艺走向繁复、奢侈之路。直到元朝，茶文化才返璞归真，茶艺也开始简约化。饼茶为散形叶茶所代替，变成了以沸水冲泡叶茶的饮法。明朝建立后，痛恨铺张浪费的明太祖朱元璋下诏"罢造龙团（团饼茶）"，改以芽茶入贡。从此，民间便以制造散茶为主，茶的饮用也由"煎煮法"改为"撮泡法"。这

[①] 林瑞萱，2008.中日韩英四国茶道[M].北京：中华书局.

图 6.10 《撵茶图》局部
图片来源：https://m.sohu.com/a/424476896_658931. 访问时间：2022-11-08。

是饮茶方法史上的一次革命，开千古清饮之源。

吴中四杰文徵明、唐寅、祝允明和徐祯卿开创了文士茶的新局面，重自然和谐与环境美，通过品茗之趣、以茶助诗兴、以茶会友、雅化茶事，不仅讲究环境的至精至美，还追求超凡脱俗、天人合一的精神境界，体现了明人对中国茶道精神的继承发展与超越。

据《封氏闻见记》记载，唐开元年间，山东、河北至陕西等地都"多开茗铺，煮茶卖之，不问道俗，投钱取饮"，茶馆就已经出现。茶馆真正在全国普及，却是在明清之际。明朝时期，在朱元璋的直接干预下，散茶开始流行，这不仅使品茶的程序日趋简单，而且使品茶的费用大大降低，从而使品茶成为普通百姓的日常消遣，成了真正的国民饮品。茶馆的普及使茶与民族文化生活相结合，从而形成了接地气、富有生活性和文化性的民族茶艺，使茶文化具有了民族性。

17—18 世纪，中国茶叶远销海外，几乎垄断了全世界所有市场。晚清东印度公司为扭转由茶叶贸易产生的巨额贸易逆差，开始大规模向中国贩卖鸦片，很快遭到了清政府的阻截，鸦片战争由此爆发。鸦片战争爆发以后，直到 20 世纪前期，中国国力不断衰退，战事连连，茶叶生产和茶文化遭受重创。

6. 中华人民共和国

中华人民共和国成立后，茶成了真正的世界级饮品。20 世纪 50 年代初，中国茶产业发展的重点在恢复生产，同时大力开发新茶园。20 世纪 60 年代开始，根据茶叶生产发展需要，实施南茶北移进山东，东茶西扩至甘肃、西藏，使中国种茶区域进一步扩大，茶叶产量大幅提高。1952—1957 年，政府划拨资金，有计划地安排一些城市以仿制为主地制作出一大批初、精制茶叶机械。现代机械和食品科学开始融入中国茶叶科技大家庭，茶叶初步实现了机械化和标准化。

随着茶文化活动的开展，全国范围内涌现出一批新兴的茶文化产业，并朝着多元化方向发展,如茶文化产品的涌现、茶文化庄园的建设、特色茶文化旅游线路的开辟等就是例证。茶乡旅游是现代旅游业中的特色旅游项目,集游名山、观名寺、饮名茶三项为一体,受到人们的普遍欢迎。

三、中国茶的种类及加工方法

中国是茶树的原产地,是世界上茶园面积最大的国家。全国被划分为四大茶区,分别是西南、华南、江南与江北茶区。各大茶园的茶树品种繁多,中国茶的种类有1 000种以上。根据发酵的程度大体分为六种:绿茶、白茶、黄茶、青茶、黑茶、红茶(见表6.1)。每种茶都以其颜色命名,给人很美好的诗意印象。

表6.1 各大茶类的发酵程度、发酵类型及特点

种类	绿茶	白茶	黄茶	青茶	黑茶	红茶
发酵程度	0	5%—10%	10%—20%	10%—70%	80%	100%
发酵类型	不发酵	微发酵	轻发酵	半发酵	后发酵	全发酵
特点	绿茶不发酵,清汤绿叶好味道	白茶微发酵,绿叶红筋三年药	黄茶轻发酵,黄汤黄叶蒙顶好	青茶半发酵,绿叶红边好味道	黑茶后发酵,暗褐外形洗两道	红茶全发酵,甘甜柔口真奇妙

1. 绿茶

绿茶即不发酵茶。在陆羽的《茶经》一书中便有有关绿茶的古老制法:"蒸之,捣之,拍之,焙之,穿之,封之。"后来改用机器加工后,制作工艺逐渐变得简单。按杀青和干燥方式不同又可分为蒸青绿茶、炒青绿茶、烘青绿茶和晒青绿茶。

绿茶内含有的天然物质在所有茶中是最多的。这些天然物质在抵抗病毒细菌方面有很好的医用效果。

现在国内市场上较为有名的绿茶是产于浙江省杭州市西湖区西南的龙井村、因"龙泓井"圣水而得名的西湖龙井,以及产于安徽省黄山市黄山区(原为太平县)新明乡的猴坑、猴岗及颜村三村的太平猴魁。

2. 白茶

白茶属微发酵茶,因成茶绿叶红筋、外表满披白毫而得名。白茶有两种,一种是以白叶茶树的鲜叶为原料制成茶叶,加工工艺采用绿茶的制法。因芽叶天然呈白色而得名,并且不经过萎凋,属于绿茶类的"白茶"。白茶中的极品是白毫银针,比较著名的有浙江省安吉县出产的"安吉白茶"。

另一种是指以普通茶树鲜叶为原料,将鲜叶自然萎凋至八九成干,然后经轻微发酵,不经揉炒,以自然干燥或文火微焙的方法制成的茶叶,即传统的发酵类白茶,号称"日晒茶"。其成茶芽叶完整,密披白毫,色泽银绿,滋味甘醇,汤色浅淡,故名"白茶"。

唐朝贡茶中所列的"白茶",是将鲜叶蒸熟后放入清水中,剔取芽心,经压制后做成一寸二分的方形团茶,面有小龙纹饰,名曰"龙团胜雪"。现在常见的白茶有白牡丹、寿眉等。

3. 黄茶

黄茶是轻发酵茶,其品质特点是黄汤黄叶。

黄茶的制作特点主要是闷黄（或称闷堆）的过程。首先利用高温杀青破坏酶的活性，其后由于湿热引起了多酚物质的氧化，并产生一些有色物质。变色程度较轻的，是黄茶；程度重的，则形成了黑茶。

现在国内市场上较为有名的黄茶是产于湖南省洞庭湖君山岛的君山银针。

4. 青茶

青茶也称乌龙茶，属半发酵茶。它既有绿茶的清芬香，又有红茶的浓鲜味。其叶片中间绿边缘红，享有"绿叶红镶边"的美誉。品尝后齿颊留香，回味甘鲜。

现在国内市场上较为有名的青茶是产于福建省安溪县的安溪铁观音、产于福建省武夷山的武夷岩茶和主产于中国台湾地区南投县的冻顶乌龙。

大红袍作为武夷岩茶的代表，山场决定了大红袍根本的品质。在武夷山之内，山场又分为了正岩、半岩、洲茶、外山，以正岩为中心，茶的品质往外辐射开始依次递减，简单来说，越核心的品质越好。

5. 黑茶

黑茶属后发酵茶，是我国特有的茶类，因其成品茶叶呈黑褐色而得名。

我国黑茶的生产有杀青、揉捻、渥堆、干燥四道工序。其中渥堆时间的长短、程度的轻重是决定黑茶品质的关键工序。黑茶是中国藏族、蒙古族和维吾尔族等食肉喝奶茶的少数民族的必需品。因其有消食的功效，所以有"嗜食乳酪，不得茶以病"之说。在这些少数民族中有"宁可一日无食，不可一日无茶"的说法。最为有名的是产于云南省西双版纳等地的云南普洱。

6. 红茶

红茶是全发酵茶，具有红叶、红汤和香甜味醇的特征。因其茶叶的色泽和冲泡的茶汤以红色为主调，故名红茶。

在生产制作上选用合适的茶树嫩芽为原材料，在经过一系列的加工工序后制作而成。红茶在加工过程中不经过杀青，发酵是其制作的关键，又称"渥红"。发酵过程中，茶多酚在多酚氧化酶的催化下发生氧化反应，减少90%以上，产生了茶黄素、茶红素等新成分。部分溶于水成为红汤，部分不溶于水则变成红叶。这便是红茶的红汤红叶。同时香气物质比鲜叶明显增加。

现在国内市场上较为有名的红茶有产于云南省临沧和保山等地的滇红，还有产于安徽省祁门县的祁红。

四、中国茶文化的内涵

20世纪80年代后期，随着茶文化热潮的回归，许多专家、学者也开始总结中国茶文化的内涵。1989年庄晚芳综合多年研究成果，提出了"中国茶德"的设想，时隔两年庄老又将"中国茶德"提炼为"廉、美、和、敬"。[①] 其中，中国茶文化的核心是"和"。"和"是天和、地和、人和的意思，代表着宇宙万物的统一后，从中生出的天人合一的思想。

"廉"即廉俭育德，修身养性。"美"即美真康乐，艺术品茶。茶要美，妥用"茶艺"，适当

---

① 余燕文，朱世桂，2017. 庄晚芳与张天福茶学思想及其比较[J]. 农业考古，5:44.

采纳"茶道""茶礼"等一些礼仪,配上优美的茶品;茶具要美,以洁净为要,茶具的选用因茶而异,一般以陶器为主;水要美、活、甘、甜;境要美,营造出给人增添情趣的饮茶美境,达到心旷神怡之效。"和"即和诚处世,通过饮茶实现人体身心的平和,与人相处之和睦,增进社会和谐。"敬"即以敬为人,敬茶时充满敬爱之情。久逢知己,敬茶洗尘,品茶叙旧,增进情谊;长辈来临,敬茶示礼,祝寿贺喜,共享天伦;朋友相聚,以茶传情,互爱同乐,增进理解。①"中国茶德"不仅诠释了一个更高层次的品茶生活,还从品茶的艺术、修养、交际、养身四个方面提炼、升华了茶文化的内涵,赋予了茶文化深厚的人文底蕴,强调通过提升品茶境界,达到陶冶人格之效,从而促进社会进步。②

1. 人与自然的和谐统一是中国茶文化的基本精神

中华文明对人类世界的一大贡献,就是生动诠释了"道法自然"与"天人合一","天人合一"的传统精神始终是茶文化的宗旨精蕴。③ 关于人和自然的关系的观念,中西差距是非常大的。西方意欲征服自然,要填海造田,要伐木山林。中国人自古以来倡导的是人与自然和谐相处。当然,这种征服自然的思想推动了人类科技的发展,也给我们的生活带来了很多便利,这是不能否认的。但我们更不能否认的是,人对自然的征服,某些情况下对我们赖以生存的环境产生了毁灭性或不可逆的破坏。纵观现在的全球环境,全球变暖、动物的濒临灭绝、各方面的环境污染等,无不是人对自然的破坏。而中华民族自古在茶中所表达的思想,是人融于自然的一种和谐状态。端起茶杯,品一口香茗,这时候不得不感叹中国人处世的智慧哲学。

2. "和"是中国茶文化精神的核心

和为贵,内和则众志成城;外和则良友诸多;气和能财源广进;人和可所向披靡。以茶和天下,追求"和而不同""和谐相生"之道,以中华茶文化之"和"诠释人类文明的兼容,充满了东方智慧的人生哲学和世界观。

正是在中华儒道释传统文化影响下,中国茶文化极具深刻的内涵,并随茶文化的广泛传播,在不同时代、不同国家和不同民族中产生了深远影响。在人与社会"和而不同""求同存异"的交融影响下,在各民族人民都共同热爱的温和、温情的一杯茶中,在"和谐相处""和平与共""共同发展"的认同中,大家共同构建人类命运共同体。茶是中国的,也是世界的。在茶的融通间,中国茶文化丰富着自己的多元,包容践行着"和而不同"的理念。

一杯中国式茶饮,其醇和清香、先苦而后甘,既彰显着儒家文化的平和,又体现着道家天人合一的和谐。与中华文化一脉相承的茶文化,同样饱含着儒家的治世之道,洋溢着道家的浪漫理想,隐现着佛家的淡泊节操。茶文化中展现的"和而不同""美美与共"的高尚精神,正是今天人类世界应当大力倡导与践行的。

五、饮茶小常识

不同季节适合什么茶?适合用什么茶具?

---

① 程启坤,姚国坤,1991.关于茶德的讨论[J].农业考古,2:17—18.
② 谌晓煜,1998."茶德"的理论探索[J].农业考古,2:23—27.
③ 赖功欧,1999.茶哲睿智:中国茶文化与儒释道[M].北京:光明日报出版社.

春天:建议喝水果调味的茶,打开你对一年的憧憬。茶具:日常喝水杯子即可。

夏天:建议喝绿茶、白茶,这是炎热季节的甘露。茶具:建议瓷器。

秋天:建议喝滇红茶、祁门红茶、正山小种茶,这是滋润的伴侣。茶具:盖碗、玻璃茶壶。

冬天:建议喝普洱,是最佳的"浮生半日闲"。茶具:建议紫砂、陶器。

不要过分为茶具所累。可以讲究时不将就,必须将就时不讲究。

本章彩图请扫描下方二维码观看

❓ 思考与练习

1. 饮食不仅可以果腹,还与文化有着千丝万缕的关系。请基于你所感兴趣的地域文化,以中国古典文化为源泉,选择合适的食材,设计一款菜品。要求菜品要兼具文化美、形式美,同时请为该菜品命名,并解释其文化寓意。扫描下方二维码可见学生作品(作者:高孜铁、鲍蕴心)。

2. 人们常说每次喝茶都像谈了一场恋爱,为什么喝茶的愉悦跟谈恋爱很像呢?

3. 读一首苏轼的与美食相关的诗词,并对其进行赏析。

第七章

西方饮食文化赏析

【学习目标】

本章重在阐述西方饮食文化的发展演变、文化内涵,分析中西方饮食文化的差异以及形成原因。学完本章后,应达到以下学习目标:

■ 知识
- 能描述西方饮食文化的发展演变
- 能分析西方饮食文化的文化特点及美学特点
- 能解释中西方在饮食观念、方式、对象等方面存在的差异,并分析其文化根源

■ 能力
- 以西方饮食为媒介,培养对异域文化的理解能力与欣赏能力
- 提升欣赏西方饮食的能力

■ 素养
- 通过中西方饮食文化比较,认识中华饮食文化的博大精深,坚定中华饮食文化自信

第一节　西方饮食文化发展概略

西餐,是中国人对欧美各国菜的总称。由于欧洲各国距离较近,其餐饮文化早已互相渗透融合,彼此有很多共同之处。与此同时,西方各国的餐饮文化也有各自的特点。西餐分很多菜系,如意大利菜、法国菜、英国菜、美国菜、德国菜、俄罗斯菜等。西餐有三大流派:意大利菜素有"西餐之母"之称,奠定了西餐的基础;法国菜代表了西餐的发展,提高了西餐的标准和文化;西班牙菜意味着西餐的普及,扩大了西餐的影响范围。西方饮食的发展大致可分为三个阶段,即古代、近代与现代。

一、西方饮食文化之源

古希腊是西方各国的文明源头,自然也就理所当然地成为西方饮食文化的源头;古希腊的饮食文化其实就是近现代西方饮食文明演变的起始。以雅典为代表的文明生活奠定了后世饮食系统的主要构成基础。从食物的结构到主食和肉食的具体种类、甜品与消遣乃至调料及烹调方式,我们都能看到现代西方世界的影子。

1. 古希腊主要食物原料

古希腊人的主食是大麦和小麦,古希腊人会用面粉(大麦粉和小麦粉)做成各种各样的食物,有大麦粉做的扁平面包、小麦粉做的白面包,还能加入蜂蜜、茴香籽、芝麻和果实制成各种各样口味的食物。自此以后,面包就在西方人的餐桌上"长住"了下去。古希腊人养殖牛羊除了获得肉制品,还获取了奶酪、牛奶,以雅典为代表的古希腊人只食用牛羊奶的加工制品,即奶酪。

2. 烹调技术与调味技术

与我国以煲、煮为主的烹饪方式不同,古希腊人偏爱烧烤与油炸。古希腊人最喜欢用各种辛香料对食物进行调味,厨师们时常会在制作佳肴前列出自己所需要的调味料,不仅包括葡萄干、橄榄、刺山柑、洋葱、大蒜、孜然、芝麻、杏仁、橄榄头、醋、葡萄汁、蛋、盐和腌渍的鱼肉,而且包括百里香、茴香、芸香、洋苏草、欧芹、无花果叶子以及各式各样的其他香草,用蜂蜜与浓缩葡萄汁平衡甜味。这种调味的技术被西方各国延续至今,并广泛运用于西方各国的烹饪中。

3. 会饮文化

古希腊人以好饮酒闻名,上流社会的人们经常会以各种各样的理由大摆筵宴,柏拉图的《会饮篇》就是以一次宴会为主题。古希腊人宴饮的主角是葡萄酒,甚至可以说,葡萄酒与古希腊文明紧密相连。古希腊人约在6 000年前就已掌握了酿造葡萄酒的工艺。由于葡萄酒还是出口的经济产品,古希腊为规范酿酒业,颁布了法律,成为世界上第一个将葡萄酒的生产纳入法律条文的国家。

二、古代西方饮食文化的代表

意大利菜被称为"西餐之母",它起步于古罗马帝国的强盛时期,当时的贵族们纷纷将拥有精湛厨艺的厨师当作体现实力和权力的工具,从而影响了欧洲大部分地区的饮食风尚,意大利面、比萨就是风行全世界的食品。

古希腊被古罗马帝国征服后,其文明不仅未曾出现消弭,反而在罗马人破坏性的继承中以其独特性广泛传播于欧洲地中海沿岸,对西方整体的文明进程产生了难以估量的推动力。古希腊在被古罗马帝国征服后,其饮食文化深深嵌入了古罗马帝国的方方面面,到了古罗马帝国时期,产自印第安的胡椒、来自香料岛的丁香和姜等被用作调味品,这是古罗马帝国的饮食文化过度繁华和奢靡的表现。这一时期对香料的大量使用成为贯穿意大利菜、法国菜、英国菜和美国菜的共同特征。古希腊和古罗马的饮食习俗对意大利饮食的构成具有决定性的影响。意大利饮食摒弃了导致古罗马帝国衰亡的奢华并承继古希腊朴素之风,构成了独有的饮食风格。香草和酱料是西方饮食文化的独特烹调标志。从古希腊到古罗马,再经过漫长的中世纪,西方没有一套中国式的完备烹炒体系。香草与酱料一直紧紧伴生着以煎、煮、炸、烤为主的主流烹调方式。

文艺复兴对意大利文化的影响巨大,用最简单的工艺制作营养丰富的精美菜肴成为意大利人对于美食不懈的追求。意大利饮食注重选料清鲜、烹饪方法简单,强调原汁原味,其菜式传统具有浓厚的家庭风味。意大利既制作出品种丰富、样式多变的菜肴,还创造出以意大利面、通心粉与比萨饼为主的面食,最后形成了意大利饮食独特的古朴风格。

三、佛教、伊斯兰教和基督教饮食

世界上传播范围较广的宗教取代了古代祭祀原则,不仅带来了新的世界观,而且对世界各地的饮食产生了深远的影响。茶、咖啡和巧克力的普及,伴随着佛教、伊斯兰教和基督教的传播,也带来了新的社交方式,改变了人们的生活。佛教、伊斯兰教和基督教这世界三大宗教在影响人类精神世界的同时,也促进了全球文明的交汇,比如十字军东征和各种节日朝拜,所带来的不仅是文化和技术,也有食材与饮食习惯的交互。因为宗教信徒要不远万里去圣地朝拜,世界各地的信徒及其饮食都进行了大融合,形成了各个宗教不同的饮食习惯。而且随着神权饮食的扩散,他们所偏好的食物(如面包、茶、饺子和咖啡等),也在不断传播。

1. 佛教饮食

古印度在孔雀王朝时期,佛教的普遍饮食哲学是遵循佛陀的教义,提倡戒荤戒酒,推崇那些据信有利于冥想和心灵成长的食物。这些食物均被阿育王采纳。蒸熟的米饭、印度扁豆、印度酥油、糖和香甜的水果饮料构成了日常饮食结构的基础。在阿育王的支持下,佛教成为"国教",并得以走出印度,逐渐发展为世界性宗教,佛教饮食也随之传播到了东南亚、中国、日本、朝鲜。而在中国,茶饮的应用以及各种素肉的产生,比如豆腐和面筋等,都是在佛教饮食文化的基础上发扬光大的。自此之后,茶文化也传播到世界各地。

2. 伊斯兰教饮食

伊斯兰教饮食以面饼、轻度发酵的面包和用羊肉及野味做成的浓香扑鼻、较辣的菜肴为主要元素，种类丰富多样，但禁食猪肉。伊斯兰教饮食文化的发展比较复杂，经历了公元8世纪波斯的伊斯兰教饮食和15世纪突厥的伊斯兰教饮食两个阶段。波斯的伊斯兰教饮食继承了波斯萨珊王朝的饮食，沿着帝国的贸易网络传播到其他的伊斯兰教城市，形成了自己独特的饮食文化，最远甚至到达了西班牙的南部。突厥的伊斯兰教饮食有两种极为重要的创新，即肉饭和咖啡。尤其是咖啡，在13—14世纪，咖啡传遍了整个伊斯兰教地区，进而传播到全世界，成为世界上饮用最为广泛的饮料之一。

3. 基督教饮食

基督教饮食始于2—3世纪，它是对罗马和犹太食物的再加工，分化为两支：一支发展成为拜占庭饮食，后来和伊斯兰菜系及中亚菜系合流了；另一支跟随基督教在北欧、加勒比海地区、美洲的大部分、菲律宾群岛进行发展。基督教产生之初就和吃有关；基督教的受洗仪式某种意义上就是发酵的意思，圣灵之火意味着烧烤，圣体即面包，圣血即葡萄酒。还有一种典型的基督教食物——巧克力，它是来自亚马逊雨林的原材料可可豆和糖相结合而产生的，因为巧克力能起到提神的作用，而且它还不算是一种食物，适合在基督徒斋戒的时候吃，因此巧克力迅速在基督教世界流行开来。基督教饮食影响力在16世纪时达到顶峰，并传播到美洲、亚洲和非洲。这种饮食方式将铁盘烤的烹饪手法发挥到了极致，并由此产生了一系列的烘烤食物，许多在现代饮食中依然大受欢迎。伴随着通往太平洋、大西洋航线的发现，殖民者和神职人员，将基督教饮食传播到了美洲、非洲，新旧大陆之间的各类交流从未像这个阶段这样频繁。这个过程也被称为"哥伦布大交换"。进入16世纪之后，马丁·路德（Martin Luther）发起了宗教改革，伴随着这一过程，宗教饮食从古代来到了近代。在这次改革中首当其冲的就是法餐，法餐在西餐里的地位就是源于此。

随着世界文化的大融合，以及各类新思想的产生，关于食物与自然、食物与神性、食物与政治之间的讨论越来越多，由此诞生了许多新的理念，而在这些理念中，也孕育着近现代饮食文化的思想。

四、近代西方代表性饮食文化

在近代西方，饮食文化中最具代表性的当属法国菜。它在吸收意大利菜的基础上结合自己的优势发展形成了自己的特色风格。17—19世纪，法国菜是西餐的绝对统治者，被称为"西餐之王"。法国饮食文化在形成的过程中深深受到意大利饮食文化的影响，而且这种影响早就在古罗马帝国时期就已经开始。

1. 法国亨利四世时代

提到法国美食，还要从16世纪法国国王亨利四世说起。在他继位之前，法国还是处于用手抓饭的"蛮荒"状态，所谓的美食更是无从谈起。16世纪初，意大利美第奇家族的凯瑟琳公主嫁给法国王储亨利二世。凯瑟琳是一位地道的意大利美食家，她出嫁时的陪嫁是50名私人厨师，凯瑟琳和她的私人厨师把意大利最先进的烹饪方法和食料带到了法国。法国烹饪技术也在这次联姻中得到提升，联姻将两国的饮食特色融合在一起，从而奠定了法国菜的基础。乘着文艺复兴的东风,法国菜也摆脱了中世纪的黑暗与落后,逐渐繁荣起来。法国人在罗马烹饪风格的影响下,渐渐摆脱饮食上的原有状态,日趋精致且开始追求食物的滋补性和欣赏性。葡萄藤的移入使法国的波尔多、马赛等地大量种植葡萄,这也为迄今仍然享誉世界的法国葡萄酒的辉煌奠定了基础。

2. 法国路易十四时代

到了路易十四时代,法国菜再次得到较大发展,这要归功于路易十四时代法国国力的提升。路易十四爱好奢华,常常摆宫廷豪宴,并开始努力培养法国本土的厨师。路易十四著名的御厨拉瓦雷恩于1651年出版了《法兰西厨师》一书,这是法国历史上最早的一本美食著作,标志着法国菜的成熟,也标志着法国菜从基督教饮食中脱颖而出,这本食谱收录的菜没有特定的意义,而是开始专注人的健康。实际上,只有少部分人才能吃到这样的法国菜,底层的人依然没有解决温饱问题。

3. 法国大革命

真正让法国菜享誉世界、为各国各阶层所熟知和公认的,要归功于法国大革命。法国大革命导致的美食变革,就如同一个强力助推器把法国人的美食真正推向了世界美食的舞台。大量宫廷厨师在此期间流落到了民间,他们在巴黎的大街小巷开设餐馆营业以求谋生,宫廷烹饪技术流入民间,让大多数法国民众都能有机会享受美味的法国菜。

拿破仑的野心,也为法国菜在欧洲各国的流传,起到了推波助澜的作用。随着拿破仑在整个欧洲大陆的南征北战,法国菜也随之传至各国。法国美食在"自由、平等、博爱"口号的渲染下,广受欧洲各国民众的欢迎。当时的德国大作家歌德如此评价:"拿破仑的铁蹄征服了欧洲的君主,而法国厨子的美食征服了所有人的肠胃。"在拿破仑之后,法国菜的势头有过短暂低迷的时期。19世纪饮食界的经典之作《大仲马美食词典》,成了法国菜得以为继的强心剂,这本书也被普遍评价为"能看,可读,好用"。

相比欧洲的其他菜系,法国菜有着一些显著的特征。在食材上,法国菜从不吝啬使用一些珍贵的食材:鱼子酱、鹅肝、松露、龙虾等,让昂贵的食物物有所值。在烹饪方式上,法国菜常用的有烤、煎、烩、焗、焖、蒸等,讲究原料、原味、原色、原汁,注重味觉的层次感和丰富感。如果要给法国菜一个定义,那就是:法国菜是意大利菜系基因和法国奢华优雅文化结合的产物。法式大餐至今仍名列世界西餐之首,优雅、浪漫的法餐依然是人们唇齿之间的风情谈资。

五、现代西方代表性饮食文化

现代西方的饮食文化以英国与美国为代表。

(一)英国饮食文化

英国历史悠久,其饮食文化亦源远流长。由于英国有长期的殖民历史,英国传统的菜式早已融汇了世界各地许多佳肴的风味。

1. 古罗马对英国早期饮食文化短暂的影响

公元43年,古罗马皇帝克劳狄乌斯征服不列颠岛,这就是历史上英国被古罗马统治的开端。这一时期古罗马人的饮食文化也对英国早期饮食文化产生了短暂的影响。这种讲究且复杂的饮食文化只被少部分相对富裕的英国上层民众接受。来自古罗马的作物在气候多变的英国难以存活，所以在古罗马人离开后，大多数烹饪知识都失传了。

2. 法国和意大利为英国饮食文化注入新的活力

1066年，法国诺曼底公爵威廉以武力夺取了英王之位，建立了诺曼底王朝。威廉的胜利对英国历史的发展产生了深远的影响，随之而来的法国和意大利的饮食文化为英国饮食文化注入了新的活力，孕育了传统英国菜的雏形。法国人对饮食的讲究改变了英国人传统的饮食观念，小麦、豌豆等豆类成为主食。但是受地理及自然条件所限，英国的农业不是很发达，而且英国人也不像法国人那样热爱美食，因此英国菜相对来说比较简单。

3. 十字军东征带来的东方香料食材的融合

16—18世纪，英国海盗盛行，他们凭着"无畏"的海盗精神为英国带来了巨额的财富。海盗式的掠夺使英国近代充满了血与火的殖民扩张，本就与海盗有着千丝万缕联系的东印度公司，在西班牙垄断咖啡交易的时期，积极地从印度进口红茶，将英国从"咖啡之国"变成了"红茶之国"。英国也参与了十字军东征，其间从东方引入的香料食材融入了英国菜谱中，如丁香、藏红花、肉豆蔻、南姜、肉桂等，英国菜形成了自己独特的风格。在此之后，厨师们不断推陈出新，创造出了更多极具特色的菜肴。但在几百年后，曾经汇聚欧洲饮食精华的美食之邦却与英国国力的增强丰富背道而驰，英国一步步沦为黑暗料理王国。

4. 茶叶的传入

17世纪中期，茶叶开始经由荷兰商人之手传到英国。但最开始，茶在英国并不是一种饮料，而是被包装成一种治疗百病的神秘东方饮品，并成为第一种在报纸上推销的商品。此外，茶叶的解腻提神作用，给喜爱甜点的英国人带来了全新的饮品体验。茶叶在英国的盛行，最终导致了英国人生活习惯的改变，下午5点钟喝下午茶成为许多英国家庭的习惯。

5. 工业革命改变英国饮食方式

18世纪，英国率先开始工业革命。工业革命加速了英国的阶级分化，大批的农业生产者抛弃了传统的农业生产方式转而成为产业工人，快节奏的工厂产业生活，马铃薯、罐头等方便快捷、耐储存的食材成为英国人果腹的食物。炸鱼、薯条等廉价、耐储存的食品外卖行业也在工业革命的需求中应运而生，为工人们迅速高效地补充能量。直到今天，炸鱼、薯条仍然是英国的饮食特色。

6. 英国当代美食

当代的英国是全球各地美味佳肴汇聚的地方。在人类历史上，战争大概是改变饮食习惯最有力的方式。英国菜在此之前早已辉煌不再，两次世界大战后，更是遭到沉重打击。英国的调味品主要靠进口，而战争阻断了英国的对外贸易，贵族们的厨师们"巧妇难为无米之炊"，英国可谓是变成了"美食荒漠"。在这样的历史条件下，味道一般而耐储存的食品成为英国人的首选。让人印象深刻的美食都在战争中流失了。现如今，英国人对饮食的要求也逐渐提高了，世界各地的食材也都漂洋过海，在这里交汇融合。现在的英国虽然不缺乏美食，伦敦作为一座人文荟萃的大都会也被世界人民称为"美食之都"，但实际上，英国的当代美食是在经济与贸易全球化的条件下，全球各地的美味佳肴汇聚的产物。由此可见，在世界美食的冲击下，真正的英国菜想要复兴仍然有很长一段路程。

（二）美国饮食文化

进入19世纪，美国实力开始显现，弥赛亚主义达到高潮，数百年以来，这种优越感早已融入美国人的骨血之中，给美利坚民族打上了鲜明深刻的烙印。美国总是将自己塑造成世界的领袖与拯救者，毫不避讳以弥赛亚自居。这种强势的态度也影响了世界饮食的历史。

美国食物最主要的原材料有四种：一是牛肉，二是鸡肉、鱼肉，三是猪肉、羊肉、虾，四是面包、马铃薯、玉米、蔬菜。美国饮食倡导食用新鲜的原材料，不靠添加剂、调味剂，食物保持原汁原味，烹调的过程并不复杂，也不讲究细火慢炖。美国人用牛肉与面包做成了汉堡，搭配薯条与可乐，成为他们的国民饮食。这种美食搭乘美国全面崛起的列车，被输送到世界各地。无论是出于仰慕还是好奇，消费者大多最终都选择了接受。于是，肯德基、麦当劳门店开遍了全世界，随之遍布全世界的还有原料加工工厂，工业化在其中扮演了举足轻重的角色。美国餐饮行业能迅速地崛起，并在世界范围内占有举足轻重的地位，有两个主要原因：一是注重研发，二是讲求效率。

如何生产出易食、廉价、低成本的食品，不仅是全球企业要思考的问题，也是饮食专家的追求。对于今天的我们来说，在条件允许范围内，欣赏世界各地的美景、尽享不同风味的美食，绝不像古代那样遥不可及。在饱腹的基础上，今天的我们更追求味蕾的极致享受以及食材新鲜和营养均衡，既要好吃又要健康，这可以说是当代人共同认可的饮食哲学。

第二节　中西方饮食文化比较

饮食文化不仅是一个纵向的历史延续性话题，也是一个横向的区域性课题。对于一个国家或一个地区，其口味的形成、烹饪方法的选择、食材的偏好，以及因此形成的风俗习惯、饮食哲学，无不体现出该区域民众的生活方式与思维习惯。法国的美食家安塞尔姆·布里拉特-萨瓦兰（Anthelme Brillat-Savarin）曾经总结道："一个民族的命运取决于它的饮食。"

从一个人感性直观的角度来看，中西方饮食文化的不同表现在：吃中餐需要用筷子，而西餐使用刀和叉；中餐更多以菜为主，而西餐是以肉类为主等。我国著名文学家、语言学家季羡林曾发表过这样的观点："中餐与西餐是世界两大菜系。从表面上来看，完全不同。实际上，前者之所以异于后者几希。前者是把肉、鱼、鸡、鸭等与蔬菜合烹，而后者则泾渭分明地分开而已。大多数西方人都认为中国菜好吃。那么你为什么就不能把肉菜合烹呢？这连一举手投足之劳都用不着，可他们就是不这样干。文化交流，盖亦难矣。"[①]

一、农耕文明和海洋文明视野下的中西方饮食文化

1. 农耕文明影响下的中国饮食文化

中华民族自远古时代起就以农立国，虽然牧、渔、猎业的发展历史亦十分久远，但种植业所处的地位依然居百业之冠，因而农耕在中华民族社会生活中一直居于主要位置。我

---

① 季羡林，2002.从哲学的高度来看中餐与西餐[J].学习月刊，2：1.

们的祖先从史前开始就以谷物为主食,并辅以蔬菜畜牧类菜品,因而传统饮食文化源于农耕文明,饮食与农耕生产关系深厚,饮食配合农耕生产发生相应转变。南方的烟雨蒙蒙,成就了鱼米之乡;北方的黄土滚滚,育就了旱作之乡。聚族而居的农耕文化、精耕细作的农业文明孕育了自给自足的生活方式和文化传统。《黄帝内经》明确提出:"五谷为养,五果为助,五畜为益,五菜为充",这是中国饮食文化千古不变的理论。对于中国人来说,四时、时令和节气不仅仅是历法上的计时概念,更是一种饮食、养生、食疗的生存法则。"应时、取宜、守则、和谐"是农耕文化的内涵,也是中国饮食文化的主要特点。传统中国的内政外交都强调以德理政,以中原为中心的华夷秩序对外部世界没有强烈的军事扩张意识,也不太注重经济、文化手段的同化。即使近代中国开始注重海防,也是受西方军事侵略的刺激而强化了防御意识。

2. 海洋文明影响下的西方饮食文化

西方文明起源于海洋,是海洋文明。它起源于古希腊克里特岛的迈锡尼文明。这附近多山岭,少平原,没有利于农业灌溉和交通的大河,导致这里不容易产生小农经济,发展的为商品农业。但该地临近地中海,拥有漫长的海岸线,特别是通往西方的航路上遍布岛屿,利于航海和文化的交流,适合发展商业,孕育出商业文明,更具有融合性与开放性。

在这种海洋性气候影响下,西方人秉承着游牧民族、航海民族的文化血统,以渔猎、养殖为主,以采集、种植为辅。西方饮食则强调原汁原味原色,比较注意动物蛋白质和脂肪的摄取,因此肉食在饮食中比重一直很高。

二、中西方饮食文化差异比较

如今,随着经济全球化的逐步加深,各国的饮食文化彼此交流、互相影响。中西餐都漂洋过海,实现异域生长。在这期间,中西餐必然会被放到一起讨论。了解其背后的文化差异性,才能更好实现交流沟通。在饮食之中,有两大重要问题,即"吃什么"和"怎么吃","吃什么"是饮食中最基础的物质性问题,"怎么吃"则属于饮食方式的问题。食物的种类和质量与民族区域的地理环境和物产状况有着很大的关系,进而决定饮食观念、饮食方式、烹饪方式、餐桌礼仪等。

1. 中西方饮食观念的差异

中西方饮食观念的差异可以概括为:中国的饮食观念相对感性,西方的饮食观念相对理性。

中国饮食文化的观念就是"美",而这个"美"讲究的是一个意境,很难用言语去形容。尽管我们用"色、香、味、形"来表达意境,但仅这几项很难概括意境的所有内容。中国的饮食理念和传统的哲学思想也是相符合的。中国哲学的显著特点是宏观、直觉。中国菜的烹调方式更多注重整体的协调性,这也很好地体现了中国哲学的丰富辩证法。中国八大菜系尽管风格迥异,但是它们的共同点就是注重对"色、香、味、形"的追求,所以说中国人看重饭菜的外在,注重饭菜带来的感官享受,饮食观念偏向于感性。关于饮食或烹饪,中国有不少经典表述或俗语,比如"民以食为天""饮食男女,人之大欲存焉""食不厌精,脍不厌细""治大国若烹小鲜",等等,这些表述或俗语很好地体现了饮食与自然本性、治国理政等的关系。

西方也有关于饮食的俗语,比如"An apple a day, keep the doctors away"(一天一苹果,医生远离我)、"Leave off with an appetite"(吃得七分饱,就该离餐桌)。西方人崇尚理性主义,他们关心食物是否能够给他们带来营养,而食物的味道、色彩、形状等不是他们关注的重点。因此,西方人的饮食观念是理性的。同样地,西方的饮食观念也符合整个西方的哲学体系。形而上学是最重要的特点,这个哲学观念给西方文化带来了至关重要的影响,西方饮食大部分都比较注重食物的原味,烹饪以煮和烤为主。

2. 中西方饮食内容的差异

中西方饮食内容的差异可以概括为:中国是植物性饮食,西方是动物性饮食。

中国地域辽阔、动植物资源丰富。中国早期以农业为主,种植业占比较高,这也就决定了中国人的饮食是以植物性的原料及其加工物为饮食对象的。因此,中国的主食以米、面为主,副食则有种类繁多的蔬菜和各种肉类,饮料则以茶、酒为主。农业社会时间比较充裕,食品加工也相对精细,在中国,"菜"为形声字,与植物有关,在中国美食的名称很多都带有"菜"字。

西方国家由于地理和气候等方面的原因,发扬着游牧民族和航海民族的文化传统。西方国家早期以畜牧业为主、农业为辅,动物的养殖技术水平较高,各种动物的原料品种多、质量好、产量大,价格相对较低,而农产品的品种则较少,且产量不稳定。渔猎和养殖是西方人获取食物的主要手段,因此,西方人的传统饮食习俗以动物性食料为主,食品结构主要以高热量的肉蛋奶为主,常见的西餐以面包、奶酪、肉类为主,并辅以洋葱、西红柿、生菜等蔬菜,饮料包括咖啡、葡萄酒与啤酒等。加工方式以煎、烤为主,烹调过程远不及中餐复杂。

3. 中西方烹饪方式的差异

中西方烹饪方式的差异可以概括为:中国的烹饪方式复杂多样,西方的烹饪方式相对简单便捷。

中国传统烹调技法包括炒、爆、炸、熘、煎、烧、烤、焖、炖、熬、煮、蒸、煨、焗、扒、氽、烩、涮、盐焗、拔丝与砂锅等,让人眼花缭乱。在中国厨师行业中有一句话:"厨师三分艺,用料七分功",充分说明了烹饪经验的重要性。百人百味,每个厨师的经历不同、手法不同、用料不同、火候掌握度不同,这些都会对菜的成品造成影响。即使是同一道菜,不同的厨师也会做出不同的口味,这也是中餐的独特魅力。

西方国家对饮食的烹饪讲究营养的合理搭配,力求保留最原汁原味的营养和味道。西方人的烹饪方法主要是烧、煎、炸、烤、焖等,只是进行简单的烹、烤处理,甚至是冷加工,没有复杂的环节,各种食材也是单独制作,很少掺和在一起。西餐认为高温会破坏食物的营养,所以注重生吃,特别是蔬菜,比如三明治中的蔬菜都是生的。还有汉堡、比萨等都是典型的西餐,由于西方人做菜简单机械,自然就形成了快餐文化,产生了肯德基、麦当劳这些快餐店。

4. 中西方饮食餐具的差异

中西方饮食方式的差异可以概括为:中国用筷子进食,西方用刀叉进食。

筷子是中国人发明使用的,是中餐最重要的餐具。筷子为单手使用,有利于锻炼手指灵活性以及手脑协调性。此外,中国的筷子具有丰富的文化寓意。"筷"谐音"快",寓意快乐。传统中式筷子下圆上方,暗喻天圆地方,天长地久。西餐进餐主要使用刀叉,双手并用,将肉切成小块,用叉子送入口中。据说刀叉最初的雏形来自农具。使用刀叉应严格遵循左叉右刀的原则。

5. 中西饮食环境的差异

中西饮食环境的差异可以概括为:中国人吃饭是共食制,西方人吃饭是分食制。

国学大师钱穆在《现代中国学术论衡》一书中指出:"文化异,斯学术亦异。中国重和合,西方重分别。"[①]在中国,大大小小的节日,无论庆祝的目的是什么,亲朋好友聚餐的方式只有一种,就是大家共享一席宴。中餐表现为圆桌围坐的方式,这是集体主义文化的体现,圆桌围坐可以方便亲族之间互相问候,交流感情,它符合我们民族普遍认同的大团圆的情感趋向。因为中国文化的核心就是圆,这就从形式上营造了一种团结、礼貌、共趣的氛围。美味佳肴放在一桌人的中心,它既是一桌人欣赏品尝的对象,也是一桌人感情交流的媒介物。人与人相互敬酒,相互让菜劝菜,体现出尊重和礼让的餐桌礼仪。

西方人吃饭的分食制,与他们对自由和独立的追求一脉相承。在西方的宴会中,尽管食物和酒都很重要,但这都是陪衬。人们会为新来的客人准备各种特色的美食,以此来增进大家的感情。西方很盛行的宴会形式是自助餐,这点和中国有很大的不同。自助餐中所有的食物(包括菜肴、主食、饮料和甜点等)都被展示出来,大家可以自由选择他们喜欢的,而不需要一直坐在一处享用美食,更利于相互交流。这样的方式也体现了西方人更尊重个性和自我的个性需求。在宴会中,人们轻声交谈,环境和气氛相对安静。

总之,中西方的人们都热爱美食,但他们各自基于不同的地理背景、文化土壤,形成了千差万别的饮食文化,从而让这个世界更加多元化。

思考与练习

1. 思考中国茶道文化之美与西方咖啡文化之美的异同是什么?哪些因素导致了二者的差异?阅读食物社会学的相关研究,从此视角进行分析。

2. 你在外出郊游的时候通常准备什么样的美食?查阅资料,看看美国年轻人郊游一般携带何种美食?并分析为什么会有这种差异。

3. 思考国外的咖啡馆与我国的茶馆之间的异同,"且将新火试新茶",学习国外咖啡文化的推广策略,撰写商业策划书,在全世界更好地推广茶文化,扩大茶文化在世界范围内的影响力。

---

① 钱穆,2016.现代中国学术论衡[M].上海:三联出版社.

后 记

  本书第一版完稿是在2012年的冬日,至今十余年倏忽而过。本书乃通识课《与风景对话——旅游文化赏析》课程讲稿多年的累积,虽每一学期都期望有所完善、能积跬步,但因能力所限,尚有诸多不足,还请方家多多指教!

  人生处处皆风景。诗意的人生,就是学会用审美的眼光和审美的心胸看待世界,照亮身边或远处的风景,体验它无限的意味和情趣,从而享受现在,为自己打造一个充盈的精神家园。在生活中,如能有意识地寻找景观之美,反思生活之美,或可涵养气质,提升自身人生境界。

编者

2023 年 3 月

教辅申请说明

北京大学出版社本着"教材优先、学术为本"的出版宗旨，竭诚为广大高等院校师生服务。为更有针对性地提供服务，请您按照以下步骤通过**微信**提交教辅申请，我们会在 1~2 个工作日内将配套教辅资料发送到您的邮箱。

◎扫描下方二维码，或直接微信搜索公众号"北京大学经管书苑"，进行关注；

◎点击菜单栏"在线申请"—"教辅申请"，出现如右下界面：

◎将表格上的信息填写准确、完整后，点击提交；

◎信息核对无误后，教辅资源会及时发送给您；如果填写有问题，工作人员会同您联系。

温馨提示：如果您不使用微信，则可以通过以下联系方式（任选其一），将您的姓名、院校、邮箱及教材使用信息反馈给我们，工作人员会同您进一步联系。

联系方式：

北京大学出版社经济与管理图书事业部
通信地址：北京市海淀区成府路 205 号，100871
电子邮箱：em@pup.cn
电　　话：010-62767312 /62757146
微　　信：北京大学经管书苑（pupembook）
网　　址：www.pup.cn